Wirtschaftsmacht Organisierte Kriminalität

Arndt Sinn

Wirtschaftsmacht Organisierte Kriminalität

Illegale Märkte und illegaler Handel

Springer

Arndt Sinn
Universitätsprofessor an der Universität Osnabrück
Inhaber des Lehrstuhls für Deutsches und Europäisches Straf- und Strafprozessrecht,
Internationales Strafrecht sowie Strafrechtsvergleichung
Direktor des Zentrums für Europäische und Internationale Strafrechtsstudien (ZEIS)
Osnabrück
Deutschland

ISBN 978-3-662-55268-1   ISBN 978-3-662-55269-8   (eBook)
DOI 10.1007/978-3-662-55269-8

Die Deutsche Nationalbibliothek verzeichnet diese Publikation in der Deutschen Nationalbibliografie;
detaillierte bibliografische Daten sind im Internet über http://dnb.d-nb.de abrufbar.

Gedruckt auf säurefreiem und chlorfrei gebleichtem Papier

Springer ist Teil von Springer Nature
Die eingetragene Gesellschaft ist Springer-Verlag GmbH Deutschland
Die Anschrift der Gesellschaft ist: Heidelberger Platz 3, 14197 Berlin, Germany

Vorwort

Der weltweite illegale Handel blüht, denn er ist profitabel. Das Portfolio an Waren, die illegal hergestellt, transportiert und gehandelt werden und das Angebot illegaler Dienstleitungen ist breit. Angebot und Nachfrage schaffen illegale Märkte. Durch den Ausbau von Logistik und Kommunikation anhand neuer technischer Möglichkeiten hat das Handelsvolumen von Produkten und Dienstleistungen enorm zugenommen. Staatsgrenzen verlieren durch die Verlagerung von Handelsplätzen in den virtuellen Raum an Bedeutung. Kriminelle Akteure nutzen dies zur Etablierung illegaler Märkte aus. Dort betätigen sich vermehrt organisierte kriminelle und terroristische Gruppierungen und erzielen hohe Gewinne. Im öffentlichen und politischen Bewusstsein sowie in der Wissenschaft und Praxis werden die auf illegalen Märkten herrschenden Mechanismen aber noch nicht hinreichend erfasst. In der wirtschaftssoziologischen Forschung wird sogar beklagt, dass illegale Märke als wirtschaftssoziologischer Untersuchungsgegenstand noch nicht einmal wahrgenommen werden. Der Forschungsstand zu illegalen Märkten oder dem illegalem Handel ist ebenso heterogen wie die Märkte selbst. Dabei ist es jedoch für präventive und repressive Maßnahmen gegen den illegalen Handel von ganz entscheidender Bedeutung, die Antriebsfaktoren und Wirkmechanismen auf illegalen Märkten zu kennen und zu verstehen. Erst dadurch wird es möglich, Verhaltensweisen zu erfassen, die für die Verbraucher und die Gesellschaft gefährlich sind. Schließlich können auch nur auf dieser Grundlage wirksame, nachhaltige und effektive Gegenmaßnahmen entwickelt werden, die auch die Wirtschaft und den Verbraucher in den Kreis der Akteure gegen illegalen Handel einbezieht.

Mit dieser Studie wird ein Überblick über den Forschungsstand zum illegalen Handel gegeben und ein personales Modell illegaler Märke vorgestellt. Es werden Fakten und Zahlen zu Art und Ausmaß des illegalen Handels in Deutschland und zur Rolle der organisierten Kriminalität widergegeben, bewertet und in den Kontext internationaler Studien gestellt. Beleuchtet werden die Einflussfaktoren und die Strukturmerkmale, die auf illegalen Märkten herrschen und wie diese von international agierender organisierter Kriminalität ausgenutzt werden. Damit soll der Blick für die durch den illegalen Handel bewirkten individuellen und gesamtgesellschaftlichen Gefahren geschärft werden. Mit der Analyse von Verfolgungsstrategien

und -kompetenzen sowie zukunftsweisenden Konzepten werden auch polizeiprak-
tische Fragen erörtert. Untersucht werden auch rechtliche Defizite, die eine Aufdeckung und Zerschlagung illegaler Märkte sowie der dort agierenden Gruppierungen
hemmen. Nicht zuletzt wird die Beteiligung der Wirtschaft als ein Schlüsselfaktor
bei der Verhinderung des illegalen Handels und der Aufklärung von Straftaten prob-
lematisiert. Am Ende der Studie werden aus den gewonnenen Erkenntnissen Hand-
lungsempfehlungen abgeleitet, die sich an Politik, Forschung, die Strafverfolgungspraxis, die Wirtschaft sowie den Verbraucher richten.

Mein Dank gilt dem Verlag Springer Science+Business Media und namentlich
Frau *Dr. Brigitte Reschke* für die Aufnahme der Studie in das Verlagsprogramm.
Ebenso danke ich der *Philip Morris GmbH* für die finanzielle Unterstützung dieser
Arbeit.

Möge der Band dazu beitragen, die Forschung zu illegalen Märkten zu bereichern
und eine Debatte anzustoßen, wie auf gesamtgesellschaftlicher Ebene der illegale
Handel und die organisierte Kriminalität zurückgedrängt werden können.

Bad Iburg, im Juli 2017   Arndt Sinn

Inhaltsverzeichnis

Kapitel 1
Einleitung

Die Globalisierung der legalen Märkte hat auf der Gegenseite auch eine Globalisierung der illegalen Märkte zur Folge. Landesgrenzen werden aufgrund technischer Möglichkeiten, wie dem Internet, neuen Kommunikationsmöglichkeiten oder dem Ausbau von Logistik und Reisemöglichkeiten, immer bedeutungsloser. Die jeweils in den Staaten herrschenden Regularien lassen sich vordergründig umgehen, wenn der illegale Handel von einem anderen Land, in dem eine niedrige Kontrolldichte herrscht oder das Verhalten sogar legal ist, betrieben wird. Das Strafbarkeits- und Entdeckungsrisiko beginnt erst dann, wenn sich eine Person im Zugriffsbereich einer zur Strafverfolgung bereiten Nation befindet und das Strafverfolgungsinteresse (Priorisierung der Kriminalitätsbereiche) hinreichend ausgeprägt ist, sodass dieser Kriminalitätsbereich auch „unter Beobachtung" steht.

Es ist nicht zu übersehen, dass der illegale Handel und die Entstehung von illegalen Märkten immer mehr an Bedeutung gewinnen. Neben den klassischen illegalen Märkten im Zusammenhang bspw. mit Drogen, Waffen und Tabak entstehen neue, ebenso lukrative oder auch noch profitablere Märkte, wie bspw. der illegale Handel mit gefälschten Arzneimitteln.[1] Gefälschte Produkte aller Art werden produziert, angeboten und konsumiert und sie werden zum Teil offen illegal, zum Teil aber auch als scheinbar legales Gut angeboten. Der legale Vertriebsweg über Online-Stores wird zum Betreiben illegaler Geschäfte ausgenutzt. Anlässlich der Operation IOS VII[2] wurden im Jahr 2016 unter der Leitung von Europol 4500 Domains gesperrt. Auf den Seiten wurden Luxusgüter, Sportbekleidung, Ersatzteile, Elektronik, Pharmaprodukte, Toilettenartikel und andere gefälschte Produkte angeboten.[3] Das Internet ist ein wichtiger Kanal für E-Commerce geworden, und Fälscher

---

[1] Vgl. dazu *Sinn*, in: Grenzenlose Sicherheit, S. 197 (208 ff.).

[2] „IOS (In Our Sites) ist eine regelmäßig von Ermittlungsbehörden aus 27 Ländern, Wirtschaftsverbänden und Markeninhabern durchgeführte Operation gegen den Handel mit gefälschten Produkten.

[3] https://www.europol.europa.eu/newsroom/news/over-4500-illicit-domain-names-seized-for-selling-counterfeit-products (zuletzt 16.12.2016).

© Springer-Verlag GmbH Deutschland 2018
A. Sinn, *Wirtschaftsmacht Organisierte Kriminalität,*
DOI 10.1007/978-3-662-55269-8_1

nutzen zunehmend das World Wide Web, um ahnungslose Verbraucher zu täuschen und ihnen die gefälschten Produkte direkt zu verkaufen und die Güter zu versenden. Die neuen technischen Möglichkeiten bieten auch neue Chancen, Angebote leichter und risikoärmer zu platzieren, um damit die Nachfrageseite für illegale Güter zu steigern.[4] Damit profitieren illegale Netzwerke und Märkte von derselben Technologie und Innovation, mit denen der legale Markt agiert. Deshalb liegt es nahe, dass jede Art technischer Innovation, soweit das Kosten-Nutzen-Kalkül stimmt, auch für kriminelle Zwecke missbraucht werden wird. Naheliegende Beispiele für diesen Missbrauch sind die Einbeziehung von Zahlungssystemen in illegale Webshops oder der Missbrauch von Call-Centern zur Etablierung eines großangelegten Betrügerrings.[5]

Die gefälschten Produkte können teilweise erhebliche Schäden beim Verbraucher verursachen.[6] In gefälschtem Kinderspielzeug wurden verbotene, gefährliche Chemikalien gefunden,[7] gefälschte Lebensmittel können krebserregende Farbstoffe[8] enthalten, und es sind Todesfälle im Zusammenhang mit gefälschten Arzneimitteln bekannt geworden.[9] Der illegale Handel insbesondere mit gefälschten Produkten führt zu schädlichen Auswirkungen auch auf die Volkswirtschaften: Innovation und Einnahmen nehmen ab und das Steueraufkommen sowie die Beschäftigungsquoten sinken.[10] Werden die illegalen Gewinne dann in den legalen Finanzkreislauf über die Geldwäsche eingeschleust, werden die legalen Märkte unterminiert, was letztendlich von gesamtgesellschaftlicher Bedeutung ist. Illegale Märkte sind ein Paradebeispiel für die Einbettung ökonomischen Handelns in soziale Netzwerke und Strukturen.[11] Die Verbindung zwischen dem illegalen Handel, den illegalen Märkten und der organisierten Kriminalität ist bekannt.[12] Organisierte Kriminalität missbraucht die realen Marktmechanismen, nutzt die Liberalisierung der Märkte und die neuen technischen Möglichkeiten und Freiheiten (Internet, Onlinehandel) aus und gefährdet das so Gleichgewicht. Das betrifft die Gouvernement-Strukturen,

---

[4] Vgl. a. *Ellis*, On Tap Europe, Organised Crime and Illicit Trade in Tobacco, Alcohol and Pharmaceuticals, RUSI Whitehall Report 2-17, 2017, S. 32 ff.

[5] Vgl. Bundeslagebild Wirtschaftskriminalität 2015, 2016, S. 7; vgl. auch einen Fall bei *Sinn,* ZJS 2014, S. 701 ff.

[6] Vgl. die Statistik des Zolls zum Gewerblichen Rechtsschutz 2015, S. 5.

[7] U.S. Chamber of Commerce, Measuring the Magnitude of Global Counterfeiting, 2016, S. 2.

[8] Vgl. http://www.lci-koeln.de/deutsch/veroeffentlichungen/lci-focus/verbotene-sudanfarbstoffe-in-lebensmitteln-eo-e-faelscher-e-am-werk (zuletzt 1.12.2016).

[9] Vgl. *Venhius* u. a., RIVM Report 040003001/2012, S. 15.

[10] U.S. Chamber of Commerce, Measuring the Magnitude of Global Counterfeiting, 2016, S. 2.

[11] *Wehinger*, Illegale Märkte, S. 104.

[12] Vgl. zuletzt *Sinn*, Organisierte Kriminalität 3.0, S. 51 ff. m. w. Nw; vgl. auch *ders.* in: International Law and Transnational Organised Crime, S. 24 ff.; vgl. a. *Ellis*, On Tap Europe, Organised Crime and Illicit Trade in Tobacco, Alcohol and Pharmaceuticals, RUSI Whitehall Report 2-17, 2017, S. 11 ff.

die Wirtschaftsentwicklung, die Produktsicherheit und die Integrität der Lieferkette.[13] Das wirtschaftliche Ausmaß illegaler Märkte zu messen ist schwierig.
Schätzungen zufolge erwirtschaftet die international organisierte Kriminalität jährlich ca. 870 Mrd. US-Dollar, was 1,5 % des globalen BIP entspricht.[14] Die OECD
geht in einer Studie aus dem Jahr 2016 allein für den Bereich der Produktpiraterie von einem Anteil von 2,5 % am Welthandel aus, was ca. 461 Mrd. US-Dollar
entspricht.[15] Nach Schätzungen in einer anderen Studie vom März 2017[16] sind die
Einnahmen aus den illegalen Geschäften der transnational agierenden kriminellen
Gruppierungen sogar noch viel höher und sollen zwischen 1600 Mrd. US-Dollar
und 2200 Mrd. US-Dollar liegen. Auf den Bereich der Produktpiraterie und den
Markt für gefälschte Produkte sollen allein zwischen 923 Mrd. US-Dollar und
1130 Mrd. US-Dollar entfallen. In Deutschland belegen die Steuer- und Zolldelikte
hinsichtlich der Schadenssumme von 268 Mio. Euro im Jahr 2015 den ersten Rang
innerhalb der Lage zur organisierten Kriminalität.[17]

In der Vergangenheit wurden weit weniger die Berührungspunkte zwischen der
Finanzierung des Terrorismus und dem illegalen Handel beachtet. Nach den Terror-
anschlägen in Europa in den Jahren 2015 und 2016 werden aber auch diese Verbindungen[18] nun ernst genommen und anlässlich der Vorstellung des Bundeslagebildes
zur organisierten Kriminalität (Berichtsjahr 2015) wurde bekannt gegeben, nun
auch Ermittlungsergebnisse aus der organisierten Kriminalität vermehrt zur Terror-
abwehr nutzen zu wollen.[19]

Mit dieser Studie soll auf der Grundlage der nationalen und internationalen
Datenlage ein Überblick über die Struktur, die Antriebsfaktoren, das Ausmaß, die
rechtlichen Interventionsmöglichkeiten und Schwierigkeiten sowie die Möglichkeiten zur Eindämmung des illegalen Handels gegeben werden.

---

[13] OECD, Illicit Trade, S. 5.

[14] OECD, Illicit Trade, S. 13.

[15] OECD/EUIPO, Trade in Counterfeit and Pirated Goods: Mapping the Economic Impact, 2016,
S. 11 (für das Jahr 2013).

[16] *May*, Transnational Crime and the Developing World, 2017, S. xi.

[17] Bundeslagebild Organisierte Kriminalität 2015, S. 28.

[18] Vgl. den Überblick über die Verbindungen zwischen Terrorismus und illegalem Handel in
UNIFAB, Counterfeiting & Terrorism Report 2016, S. 1 ff.

[19] http://www.tagesschau.de/inland/bka-organisierte-kriminalitaet-101.html (zuletzt 30.1.2017).

Kapitel 2
Schwierigkeiten bei der Beschreibung illegaler Märkte

Die Schwierigkeit bei der Beschreibung illegaler Märkte, des illegalen Handels oder auch nur der Produktfälschungen und -piraterie ist der Vielfältigkeit der Waren und Produktgruppen sowie der Dienstleistungen und den mannigfaltigen Verhaltensweisen im Umgang damit geschuldet. Dabei ist zu beachten, dass streng wirtschaftlich betrachtet weder ein „illegaler Markt" noch strikt rechtlich besehen das „illegale Produkt" existieren. Vielmehr geht es stets um *Verhaltensweisen* von Personen im Zusammenhang mit bestimmten Gütern, Dienstleistungen und Produkten, die reglementiert werden. Das ist deshalb von entscheidender Bedeutung, weil das Recht das Instrument ist, um Verhaltensweisen zu steuern, also den Umgang mit Gütern u. a. verbieten kann. Nur in diesem Kontext kann es Illegalität geben, nämlich bezogen auf Verhaltensweisen von Personen. Nur in diesem Kontext ist es sinnvoll, Verbote und Gebote aufzustellen, denn diese können nur von Personen befolgt werden, nicht aber von Waren oder Gütern. Da Waren und Güter unterschiedlich sind, von ihnen ausgehende Gefahren verschiedene Grade aufweisen können, ihre Akzeptanz in der Gesellschaft variieren kann oder ihre Verkehrsfähigkeit gesamtgesellschaftlich fraglich ist oder mit ihnen bestimmte Ansprüche für eine Person verbunden sein können, sind auch die Verhaltensverbote und -gebote völlig unterschiedlich mit einem Gut oder einer Ware oder Dienstleistung verbunden. Genau betrachtet ist es also nicht das Produkt, das verboten ist, sondern der Umgang mit einem Produkt („herstellen", „besitzen", „verkaufen", „erwerben" usw.). Will man also illegale Märkte regulieren, muss man an die durch menschliches Verhalten konstituierten Marktmechanismen auf diesen Märkten anknüpfen. Das ist eine Einsicht, die zu einem personalen Modell illegaler Märkte führen muss (vgl. dazu Abschn. 3.2).

Die Beschreibung illegaler Märkte ist auch deshalb schwierig, weil das Phänomen illegaler Märkte in der Forschung aus der Sicht verschiedener Wissenschaftsdisziplinen mit dem jeweils damit verbundenen, unterschiedlichen Erkenntnisinteresse beleuchtet wird: sozialwissenschaftlich, wirtschaftswissenschaftlich, historisch, politisch, kriminologisch, rechtswissenschaftlich etc. Die Ergebnisse werden jedoch kaum interdisziplinär miteinander verknüpft. Das hat dazu geführt, dass der Forschungsstand (vgl. Kap. 3) zu illegalen Märkten oder dem illegalem Handel ebenso

© Springer-Verlag GmbH Deutschland 2018
A. Sinn, *Wirtschaftsmacht Organisierte Kriminalität*,
DOI 10.1007/978-3-662-55269-8_2

heterogen ist wie die Märkte selbst. Selbst innerhalb der Rechtswissenschaft kann man illegale Märkte durchaus mit einem unterschiedlichen Erkenntnisinteresse beleuchten. Dem Zivilrecht wird es eher auf die privaten Rechtsdurchsetzungsmechanismen und einer damit verbundenen Verbraucherperspektive ankommen, während es dem Strafrecht auf die Voraussetzungen der Strafbarkeit und die Beschreibung verbotener Verhaltensweisen ankommt, was traditionell eine Beschäftigung mit dem Täterverhalten voraussetzt. Im Bereich des öffentlichen Rechts werden verwaltungsrechtliche Kontrollmöglichkeiten und ordnungsrechtliche Fragestellungen dominieren und im Steuerrecht geht es um die Sicherung des Aufkommens der Steuern und Abgaben im staatlichen Interesse. Selbst innerhalb der Strafrechtswissenschaft beschäftigt man sich mit völlig verschiedenen Regelungsbereichen. Dabei spielt das Zollstrafrecht in der Strafrechtswissenschaft eher eine unterbeleuchtete Rolle. Nur wenige Personen verfügen über das entsprechende Expertenwissen und arbeiten wissenschaftlich in diesem Bereich. Die unterschiedliche Regelungstechnik und Regelungstiefe bezüglich der einzelnen Produktbereiche hinsichtlich der verbotenen Verhaltensweisen erschwert nicht nur den Zugang zu dieser Materie, sondern schreckt auch ab. Die verbotenen Verhaltensweisen sind teilweise sehr unübersichtlich formuliert. Sie sind im Nebenstrafrecht untergebracht und erfreuen sich nicht der größten Beliebtheit des Rechtsanwenders. Die Vorschriften sind teilweise unbekannt oder schwer aufzufinden. Die einschlägige Literatur gehört nicht zum Kernbestand einer juristischen Bibliothek, und die einschlägigen Gesetze werden häufig in Handbüchern zum Wirtschafts- und Steuerstrafrecht beschrieben. Nicht zuletzt sind auch einschlägige Verwaltungsvorschriften für den Rechtsanwender außerhalb der Zollbehörden und Zollverwaltungen nicht einfach einzusehen. Das liegt weniger am Geheimhaltungsinteresse, sondern vielmehr daran, dass der Bedarf nach der Lektüre eher in den Finanzverwaltungen zu suchen sein dürfte als in den juristischen Fakultäten. So wird, wenn überhaupt, im Rahmen eines Schwerpunkts zum Wirtschaftsstrafrecht der Student an die Materie „Steuerstrafrecht" rudimentär herangeführt. Das ändert sich auch im Laufe der Ausbildung nicht.[1] Allein im Rahmen von Fortbildungsprogrammen der Richter und Staatsanwälte lassen sich vertiefte Kenntnisse erwerben. Die breite Masse der Juristen bleibt aber von den Tiefen des Steuer- und insbesondere des Zollstrafrechts unberührt.

Die vorliegende Studie will deshalb gar nicht versuchen, alle Facetten der Problematik um illegale Märkte und die dort handelnden Personen zu beleuchten, alle Wissenschaftsdisziplinen abzubilden oder auch nur annähernd einen vollständigen Überblick über die Marktlage zu geben. Es soll vielmehr versucht werden, einen Überblick über die gegenwärtige Situation zu geben, ohne die anderen Wissenschaftsdisziplinen aus den Augen zu verlieren. Das soll die Grundlage für weitere inter- und intradisziplinäre Forschungsansätze sein. Der Forschungsbedarf ist enorm. Nur wenn das Phänomen aus der Perspektive der unterschiedlichen Wissenschaftsdisziplinen untersucht wird und deren Methoden zusammengeführt werden, können tragfähige Ansätze, die handlungsleitend für die gesamte Gesellschaft sein können, gefunden werden.

---

[1] In Deutschland wird nur an der Juristischen Fakultät der Universität Osnabrück ein Masterstudiengang „Wirtschaftsstrafrecht" angeboten, der auch Vorlesungen zum Steuerrecht und Steuerstrafrecht enthält.

Kapitel 3
Illegale Märkte und illegaler Handel – Stand der Forschung

Die Erhebung des Forschungsstandes zu illegalen Märkten ist die Grundlage für das Verstehen von Marktmechanismen. Wie ausgeführt, kann sich die rechtliche und präventive Regulierung auf illegalen Märkten nicht an Produkte richten, weil diese für Verhaltensanweisungen unempfänglich sind, sondern nur an Personen. Soll das Recht eine verhaltenssteuernde Funktion wahrnehmen, so müssen die Marktmechanismen verstanden werden. Hinzu kommt, dass auf „Märkten" bestimmte Grundsätze der Wirtschaft gelten, weshalb auch wirtschaftliche Aspekte berücksichtigt werden müssen, wenn es um Verhaltenssteuerung, also Reglementierung geht. So verwundert es auch nicht, dass in der wirtschaftssoziologischen Forschung Untersuchungen zu „Märkten" eine ganz zentrale Rolle spielen.[1] Beklagt wird aber nicht nur, dass den illegalen Märkten, der Entstehung, den Antriebsfaktoren und Mechanismen weit weniger Aufmerksamkeit geschenkt wird, vielmehr würden sie als wirtschaftssoziologischer Untersuchungsgegenstand noch nicht einmal wahrgenommen.[2] Die Fixierung auf das Normale und Legale wird als ein Defizit soziologischer Theoriebildung gesehen. Wirtschaftssoziologisch sind illegale Märkte also bisher wenig untersucht worden. Grundlegend für das Verständnis über die Entstehung, die Beziehungen auf und die in illegalen Märkten zu beobachtenden Mechanismen ist die Arbeit von *Wehinger*,[3] in die auch Erkenntnisse anderer Wissenschaftsdisziplinen (u. a. Kriminologie, Strafrecht) eingeflossen sind.[4]

---

[1] *Wehinger*, Illegale Märkte, S. 1.

[2] *Wehinger*, Illegale Märkte, S. 1; vgl. a. *Beckert/Wehinger,* Socio-Economic Review 11, S. 5 ff.

[3] *Wehinger*, Illegale Märkte, 2011.

[4] Vgl. *Wehinger*, Illegale Märkte, S. 2.

© Springer-Verlag GmbH Deutschland 2018
A. Sinn, *Wirtschaftsmacht Organisierte Kriminalität,*
DOI 10.1007/978-3-662-55269-8_3

3.1 Das sozialwissenschaftliche Markttypen-Modell bei *Wehinger*

Bei *Wehinger*[5] werden fünf Typen illegaler Märkte unterschieden:
Typ I – Markt für illegale Güter
Das *gehandelte* Gut selbst ist verboten. Darunter fallen alle Güter, deren Herstellung bereits verboten ist. Genannt werden in diesem Zusammenhang Drogen, Menschenhandel, Kinderpornografie und Kinderprostitution.

Typ II – Markt für kriminell erworbene Güter
Das Gut wurde gestohlen.

Typ III – Markt für illegal hergestellte Güter
Das Gut wurde gefälscht.

Typ IV – Markt für nicht handelbare Güter
Der Handel mit dem Gut ist verboten, also der Verkauf und meist auch der Kauf. Als Beispiele werden Adoptionen, Organe, Ersatzmutterschaft, personenbezogene Daten (ohne Einwilligung) genannt.

Typ V – Markt für beschränkt handelbare Güter
Es wird gegen eine bestimmte Vorschrift, welche die Herstellung des oder den Handel mit dem betreffenden Gut einschränkt, verstoßen (Regulierungsverstöße; zum Beispiel Waffen, Zigaretten, Diamanten, Holz, Glücksspiel, Sicherheit):

- Normen, die den Herstellungsprozess betreffen, zum Beispiel arbeits(schutz)rechtliche Bestimmungen, Herstellungsnormen, welche die Umwelt betreffen etc.;
- Normen, die die Produkteigenschaften betreffen, zum Beispiel Gestaltung, Qualität (Sicherheit);
- Normen, die die Transaktion betreffen;
  - Geschäftsparteien: generell, zum Beispiel Anforderungen an die Geschäftsfähigkeit; im Einzelfall: Genehmigungspflicht von Exporten (zum Beispiel Waffen, Technologie, geschützte Arten), allgemein oder in bestimmten Staaten, Genehmigungspflicht der Herstellung (zum Beispiel legale Herstellung von Rauschmitteln zu Forschungszwecken), Genehmigungspflicht des Erwerbs (zum Beispiel Rauschmittel);
  - dritte Parteien: Abgaben an den Staat (Steuern, Sozialversicherungen), Abgaben an Private (GEMA-Gebühren);
- Normen, die den Besitz betreffen, zum Beispiel Lagerung (Waffen, Chemikalien, Abfälle), Dokumentationspflichten.

---

[5] *Wehinger*, Illegale Märkte, S. 2 f.

Das dargestellte Modell illegaler Märkte mit den entsprechenden Typisierungen birgt zahlreiche Schwierigkeiten, wenn man die unterschiedlichen Güter den Märkten zuordnen will. Dieses Problem wird auch von den Anhängern dieses Marktmodells erkannt. Genannt werden Probleme bei der Typenzuordnung, der Abgrenzbarkeit gegenüber legalen Märkten, des Marktcharakters, der zu beobachtenden Handelstätigkeiten, der Aufspaltbarkeit in Einzelmärkte und der Charakterisierung des Marktes als „illegal".[6] Die Probleme beginnen bereits bei der Typisierung der Märkte, denn Güter werden nicht nur gestohlen (Typ II), nicht ausschließlich gefälscht (Typ III) oder entgegen gesetzlicher Vorschriften hergestellt (Typ V). So werden etwa Arzneimittel entgegen gesetzlichen Vorschriften hergestellt, ohne dass es sich um gefälschte Arzneimittel handeln muss. Allerdings werden Arzneimittel auch gestohlen (Typ II), um dann in die legale Kette wieder zurückgeführt zu werden. Außerdem werden sie angeboten oder gehandelt. Gleiches trifft für andere Waren zu. Auch Kunst wird gefälscht, gestohlen und verkauft. Bereits aus diesen Gründen soll in der hier vorliegenden Studie der Typisierung nicht gefolgt werden.[7] Das bedeutet nicht, die Erkenntnisse der wirtschaftssoziologischen Forschung vollständig ablehnen zu müssen. Denn beide Wissenschaftsdisziplinen (Recht und Wirtschaftssoziologie) vereint das Interesse daran, wie Verhaltenssteuerung[8] in bestimmten Kontexten gewährleistet werden kann. Im Zusammenhang mit der Verhaltenssteuerung leistet das Recht einen ganz entscheidenden Beitrag. Deshalb soll hier einem rechtlich fundierten *personalen Marktmodell* (s. Abschn. 3.2) gefolgt werden, das an die auf illegalen Märkten zu beobachtenden Verhaltensweisen anknüpft, die ihrerseits Anlass zu strafrechtlicher Reglementierung geben können. Wie bereits ausgeführt können Güter an sich nicht verboten sein, sondern nur der Umgang mit ihnen (vgl. Kap. 2).

3.2   Das personale Modell illegaler Märkte

Das hier entwickelte personale Modell illegaler Märkte vermeidet die o. g. Schwierigkeiten des sozialwissenschaftlichen Markttypen-Modells, indem es das Gut stets im Kontext einer Verhaltensweise (Umgang mit dem Gut/Produkt) betrachtet. Dadurch wird es möglich, das Produkt und dessen angenommene Gefährlichkeit mit einer durch das Recht reglementierbaren Verhaltensweise in einen Zusammenhang zu bringen.

   Das personale Modell illegaler Märkte geht von der Erkenntnis aus, dass ein Produkt einen bestimmten Markt bestimmt. Insoweit ist das Modell produktorientiert. Dabei wird der Markt in funktioneller Hinsicht als „das Zusammentreffen von Angebot und Nachfrage, durch das sich im Falle eines Tausches Preise bilden"

---

[6] *Wehinger*, Illegale Märkte, S. 3.

[7] Zu den weiteren Problemen vgl. *Wehinger*, Illegale Märkte, S. 3 ff.

[8] Vgl. dazu *Sinn*, Straffreistellung, S. 107, 131, 280.

definiert. „Mindestvoraussetzung für das Entstehen eines Marktes ist eine potenzielle Tauschbeziehung, d. h. abgesehen vom Tauschmittel (i. d. R. Geld) mindestens ein Tauschobjekt (knappes Gut), mindestens ein Anbieter und mindestens ein Nachfrager."[9] Die Begriffsbestimmung verdeutlicht, dass es bei Märkten zunächst um rechtlich neutrale Handlungsräume, um „Arenen sozialen Handelns" geht.[10] Insoweit verwundert es nicht, wenn die Wirtschaftssoziologie die Legalität des Marktes voraussetzt und die Erforschung illegaler Märkte einer juristischen Betrachtung vorbehalten ist. Denn erst wenn bei Tauschbeziehungen auf Märkten die rechtlichen Regelungen nicht eingehalten werden, beginnt der Bereich des illegalen Marktes[11] und die Marktteilnehmer beteiligen sich am illegalen Handel. Erst durch das Recht wird eine Unterscheidung von illegal und legal möglich.[12] Deshalb geht das personale Modell illegaler Märkte davon aus, dass strafrechtlich relevante Regulierung, die auf eine Sanktionierung bestimmter Verhaltensweisen abzielt, sich an menschliche *Verhaltensweisen* orientieren muss (vgl. auch Kap. 2). Güter und Waren können dementsprechend nicht an sich verboten sein. Strafrechtliche Verbote und Gebote knüpfen immer an menschliches Verhalten an. Deshalb muss der Markt mit einem bestimmten menschlichen Verhalten in Zusammenhang stehen. Erst dann können diese Verhaltensweisen Anlass dazu geben, sie strafrechtlichen Sanktionsmechanismen zuzuführen. Von besonderer Bedeutung ist für das strafrechtlich personale Modell illegaler Märkte weiterhin die Erkenntnis aus den Wirtschaftswissenschaften, dass ein Markt erst durch das Zusammenspiel von *Angebot* und *Nachfrage* entsteht. Fasst man diese Einsichten in einem Modell zusammen, so kann man der einen Seite des Marktes, dem Angebot, bestimmte menschliche Verhaltensweisen zuordnen, die erst dazu führen, dass ein Gut überhaupt angeboten werden kann. Zu diesen Verhaltensweisen zählen bspw. folgende:

* Besitz
* herstellen
* lagern
* Einfuhr
* Ausfuhr
* wegnehmen
* fälschen

Diese Verhaltensweisen sind stark *güterbezogen*. Mit ihnen steht der Absatz des Gutes noch nicht im unmittelbaren Zusammenhang. Vielmehr wird mit diesen Verhaltensweisen erst die Voraussetzung dafür geschaffen, die Güter auf einem

---

[9] *Mecke/Piekenbrock/Sauerland*, in: Gabler Wirtschaftslexikon, Stichwort: Markt, online im Internet: http://wirtschaftslexikon.gabler.de/Archiv/4487/markt-v14.html.

[10] *Aspers/Beckert*, Handbuch der Wirtschaftssoziologie, 2008, S. 225; *Beckert*, Die soziale Ordnung von Märkten, S. 43 ff. (49).

[11] *Wehinger*, Illegale Märkte, S. 2.

[12] Bei *Max Weber* sind die rechtlichen Regelungen, die den Markt beeinflussen, ein Teil der Marktregulierung, vgl. *Weber*, Wirtschaft und Gesellschaft, S. 43.

illegalen Markt zu platzieren. Diese Verhaltensweisen sind dem illegalen Handel, der mindestens einen weiteren Marktteilnehmer erfordert, also vorgelagert.

Ebenso lassen sich bestimmte Verhaltensweisen dem anderen Aspekt des Marktes, der Nachfrage, zuordnen. Dabei geht es um Verhaltensweisen, die direkten Einfluss auf die Nachfrageseite (ohne selbst Nachfrage zu sein) haben. Ihnen wohnt ein kommunikatives, auf die *Platzierung* eines Gutes auf dem Markt gerichtetes Element inne.

- anbieten
- werben
- vertreiben
- vermitteln
- verkaufen
- Handel treiben

Damit blendet dieses Modell die eigentliche „Nachfrage" als solche nicht aus. Derartige Verhaltensweisen auf der Seite des Erwerbers eines Gutes oder der Inanspruchnahme einer Dienstleistung können bspw. als „ankaufen", „erwerben" oder „sich verschaffen" erfasst werden und sind ebenfalls abhängig vom Gut oder der Dienstleistung (bspw. bei Prostitution, Kinderpornografie, Drogen).

Das personale Modell illegaler Märkte hat den Vorteil, dass nicht das Produkt dem Markt folgt, sondern das Produkt erst den Markt konstituiert und über die Verhaltensweisen auf dem Markt menschliches Verhalten gesteuert und damit der Markt reguliert werden kann. Folgt man einem solchen Modell, entgeht man dann auch den oben genannten Schwierigkeiten, dass bestimmte Güter verschiedenen Märkten zuzuordnen sind. Für ein strafrechtliches personales Modell illegaler Märkte sind die Orientierung am Produkt als Ausgangspunkt für den Markt und die auf dem Markt herrschenden und zu beobachtenden Verhaltensweisen eher geeignet, konkret und funktional auf das Strafrecht bezogene Schlussfolgerungen zu treffen. Eine der Schlussfolgerungen ist bspw., dass eine Verhaltensweise, die erst die Voraussetzungen für ein Angebot auf einem Markt schafft, güterbezogen[13] *abstrakt gefährlich* bleibt. Dies lässt sich damit begründen, dass etwa das Herstellen eines Gutes noch keinen Bezug zu einem weiteren Teilnehmer am illegalen Markt hat. Insoweit bleibt das Herstellen als Voraussetzung für die Schaffung eines Angebots für ein Gut marktbezogen abstrakt gefährlich. Den Verhaltensweisen wie bspw. dem Besitz, dem Herstellen oder Wegnehmen mangelt es an einem kommunikativen Akt der weiteren Verbreitung dieses Gutes. Anders ist dies zu beurteilen, wenn die Verhaltensweise nachfragebezogen zu interpretieren ist. Bringt man die Nachfrage mit den Verhaltensweisen wie bspw. dem Anbieten in Zusammenhang, so ist das

---

[13] Selbstverständlich kann die Herstellung eines bestimmten Gutes auch mit der Verletzung weiterer auch personaler Rechtsgüter einhergehen, wie dies bspw. bei der Anfertigung kinderpornografischer Aufnahmen etc. der Fall ist. In diesen Fällen geht aber die Herstellung der Aufnahmen mit der Verletzung der Freiheit, der sexuellen Selbstbestimmung und der körperlichen Integrität einher und kann dementsprechend auch (härter) bestraft werden.

Anbieten gerade auf eine Kommunikation mit weiteren Teilnehmern am illegalen Markt gerichtet. Damit bleibt die Gefahr, dass sich das illegale Gut weiterverbreitet, mit all den weiteren Möglichkeiten einer Gefährdung für weitere Rechtsgüter, nicht mehr nur abstrakt, vielmehr wird die Gefahr *konkret*, dass ein dynamischer Kreislauf entsteht. Strafrechtlich betrachtet bedeutet das, dass alle Verhaltensweisen, die auf die Angebotsseite gerichtet sind, im Strafmaß hinter den Verhaltensweisen, die auf Nachfrageseite abzielen, zurückbleiben müssen. Den Verhaltensweisen auf Angebots- und auf Nachfrageseite ist jedoch gemeinsam, dass sie abstrakt gefährlich oder konkret gefährlich dazu beitragen, dass ein illegaler Markt entsteht. Und das kann der Ausgangspunkt für den Gesetzgeber sein, rechtliche Mechanismen zu entwickeln, die diesen Marktmechanismen entgegenwirken.

3.3   Zusammenfassung

Zusammenfassend kann festgehalten werden, dass sich illegale Märkte nicht über die Kontrolle von Gütern per se, sondern über menschliche Verhaltensweisen im Umgang mit diesen Gütern reglementieren lassen. Ausgangspunkt der Überlegung für gesetzgeberische Maßnahmen muss also in einem ersten Schritt sein, die Gefährlichkeit eines Gutes für Personen, die Gesellschaft, die Wirtschaft etc. festzustellen. In einem zweiten Schritt muss diese Gefährlichkeit mit einer menschlichen Verhaltensweise in Zusammenhang gebracht werden, mit der sich diese Gefährlichkeit realisieren kann. Diese Verhaltensweise kann auf Angebots- oder Nachfrageseite gefunden werden. Erst über den Zusammenhang von Gut – Gefährlichkeit – Verhaltensweise wird es möglich, rechtliche Kontrollmechanismen zu entwickeln, die sich naturgemäß nur an Personen richten können.

Kapitel 4
Fakten und Zahlen zu Art und Ausmaß des illegalen Handels in Deutschland

4.1 Einleitung

Die Datenlage zum Ausmaß des illegalen Handels in Deutschland ist sehr unübersichtlich. Zwar werden Statistiken beim Zoll und bei der Polizei geführt, die einige der auch in Kap. 6 angesprochenen illegalen Märkte und die dort gehandelten Produkte betreffen. Ein ganzheitliches Bild vom Ausmaß des Phänomens fehlt jedoch. Hinzu kommt, dass die systematisch-wissenschaftliche Aufarbeitung des illegalen Handels noch in den Anfängen steckt.[1] Das liegt einerseits daran, dass eine Marktanalyse im Zusammenhang mit Regulierung und Illegalität immer juristisch-kriminologische Aspekte mit wirtschaftswissenschaftlich-soziologischen Perspektiven zu kombinieren hat, was einen interdisziplinären Forschungsansatz bedingt. Andererseits werden die Daten zum illegalen Handel von verschiedenen Behörden geführt, weil diese für jeweils verschiedene illegale Märkte und die in diesem Zusammenhang begangenen Straftaten zuständig sind. Am offensichtlichsten ist dies hinsichtlich der Zuständigkeiten des Zolls und der Polizei. So erheben bspw. beide Behörden Daten zum Ausmaß der Rauschgiftkriminalität unabhängig voneinander auf der Grundlage ihrer Zuständigkeiten (Zoll: insbesondere Grenzzuständigkeit, Polizei: Inlandszuständigkeit). Gleiches gilt für Verstöße im Zusammenhang mit Waffen. Strafrechtsdogmatisch werden die Verstöße aber unterschiedlichen Straftatbeständen zugeordnet. Das ist bedingt durch die Zuständigkeit des Zolls zur Überwachung aller Verbote und Beschränkungen (vgl. Abschn. 4.2.8) und der in der Regel verfahrensrechtlichen Hoheit bei der Aufklärung des Bannbruchs, während die Polizei die in der Regel spezialgesetzlich einschlägigen Regelungen anwendet. Diese juristischen Konstruktionen führen zu einer großen Intransparenz der Daten und lassen viel Raum für Interpretationen. Hinzu kommt, dass mit dem Phänomen „illegaler Handel" viele Güter verbunden sein können, aber Statistiken dazu nicht oder nicht detailreich geführt werden. In den Strafverfolgungsstatistiken, die jährlich vom

---

[1] In Deutschland liegt allein die Studie von *Wehinger*, Illegale Märkte, 2011, vor.

© Springer-Verlag GmbH Deutschland 2018
A. Sinn, *Wirtschaftsmacht Organisierte Kriminalität*,
DOI 10.1007/978-3-662-55269-8_4

Statistischen Bundesamt[2] veröffentlicht werden, tauchen bspw. Verstöße gegen das Markengesetz oder die Abgabenordnung ohne weitere Differenzierung nach der Art der Zuwiderhandlung auf. Rückschlüsse auf bestimmte Güter oder die konkrete Begehungsweise der Straftat sind nicht möglich.

Ausgangspunkt für diese Studie und die Erhellung illegaler Märkte und der dort gehandelten Güter sollen die Jahresstatistiken des Zolls und die dort genannten Rubriken sein.[3] Ergänzt werden diese, soweit möglich und erforderlich, durch die Statistik des Zolls zum Gewerblichen Rechtsschutz sowie die vom Bundeskriminalamt in den Lagebildern oder in der polizeilichen Kriminalstatistik erhobenen Daten. Es wurden die Daten der vergangenen fünf Jahre beginnend mit 2011 ausgewertet. Die Jahresstatistik des Zolls für 2016 liegt ebenfalls vor. Allerdings werden die Lagebilder des BKA und die Polizeiliche Kriminalstatistik erst am Ende des Jahres veröffentlicht. Um eine Vergleichbarkeit der Daten zu gewährleisten, wurde deshalb auf eine detaillierte Darstellung der Jahresstatistik des Zolls (Berichtsjahr 2016) verzichtet. Bereichsspezifisch wird auf neue Trends eingegangen.

4.2   Die Jahresstatistiken des Zolls 2011–2015 im Abgleich mit Polizeistatistiken

In den Statistiken des Zolls werden im Kapitel „Schutz von Sicherheit und Ordnung" (nur) sieben Rubriken in folgender Reihenfolge unterschieden:[4]

• Bekämpfung der Rauschgiftkriminalität
• Bekämpfung des Zigarettenschmuggels
• Bekämpfung des Waffenschmuggels
• Überwachung des grenzüberschreitenden Bargeld- und Barmittelverkehrs
• Anzahl der verfolgten Zolldelikte und Tatverdächtigen
• Bekämpfung der Marken- und Produktpiraterie
• Artenschutz

Statistische Daten zu anderen illegal gehandelten Gütern (Kinderpornografie, Embargogüter außerhalb von Waffen) werden nicht erfasst. Auch im Bereich des Menschenhandels werden vom Zoll keine Daten erhoben. Dabei wird von der Gewerkschaft der Polizei-Bezirksgruppe Zoll zu Recht durchaus eine hinreichende Nähe zwischen den Aufgaben und den Zuständigkeiten des Zolls und diesem Themenbereich gesehen.[5] In allen Fällen von Menschenhandel zum Zwecke der

---

[2] Fachserie 10, Reihe 3.

[3] Alle verfügbaren Statistiken auszuwerten, die von Polizei, Verbänden, Organisationen und Forschungsinstituten zu den verschiedensten Gütern und Dienstleistungen, die auf illegalen Märkten angeboten werden, erstellt werden, würde den Umfang dieser Studie sprengen.

[4] In dieser Studie wird der Reihenfolge in der Jahresstatistik des Zolls gefolgt.

[5] Vgl. http://www.gdp-zoll.de/2016/10/bekaempfung-des-menschenhandels-zum-zwecke-der-arbeitsausbeutung-ist-bedeutendes-thema-fuer-den-zoll/ (zuletzt 24.11.2016).

Arbeitsausbeutung wird sich nämlich ein Zusammenhang zu den Überprüfungen der Finanzkontrolle Schwarzarbeit (FKS) feststellen lassen.

Güterspezifisch werden in den Jahresstatistiken des Zolls auch nur die sichergestellten Mengen erfasst. Die Anzahl der mit einer bestimmten Gruppe von Gütern im Zusammenhang stehenden Straftaten oder Strafverfahren werden nicht zugeordnet. Es erfolgt lediglich ein Ausweis der Gesamtanzahl der verfolgten Zolldelikte und Tatverdächtigen. Insoweit lässt die Statistik also keine unmittelbaren Rückschlüsse auf das Ausmaß kriminellen Verhaltens hinsichtlich bestimmter Güter zu. Vielmehr wird nur die Illegalität des Umgangs mit einem bestimmten Gut mengenmäßig ausgewiesen. Die Verfahrensanzahl lässt sich nur aus weiteren Quellen erschließen (vgl. Abschn. 4.2.8).

4.2.1   Rauschgiftkriminalität

4.2.1.1   Jahresstatistik des Zolls

Im Bereich der Rauschgiftkriminalität werden folgende Rauschmittel erfasst:

* Heroin
* Opium
* Kokain
* Amphetamine
* Metamphetamin/Crystal (seit 2012)
* Haschisch
* Marihuana
* sonstige Betäubungsmittel
* Amphetaminderivate

In einigen Bereichen der Rauschgiftkriminalität sind die sichergestellten Mengen zurückgegangen. Bei Heroin um fast zwei Drittel im Vergleich zu 2011. Das ist in den letzten fünf Jahren der niedrigste Stand. Dieser Trend setzte sich auch im Jahr 2016 fort.[6] Bei Amphetaminen sind stabile Sicherstellungsmengen zu verzeichnen. Bei Opium schwanken die Zahlen stark, aber hier ist der Trend rückläufig. Stabil sind die Mengen bei Kokain, Metamphetamin, Haschisch und Marihuana. Die sichergestellte Menge sonstiger Betäubungsmittel hat sich im Vergleich zu 2011 halbiert und bezogen auf 2016 sogar noch drastisch verringert (3621).[7] Der gleiche Trend war bei den Amphetaminderivaten zwischen 2011 und 2015 zu beobachten. Im Jahr 2016 sind die sichergestellten Mengen (1.894.680) jedoch wieder enorm angestiegen.

---

[6] Vgl. Jahresstatistik des Zolls 2016, S. 10.
[7] Vgl. Jahresstatistik des Zolls 2016, S. 10.

4.2.1.2   Vergleich mit dem Bundeslagebild Rauschgiftkriminalität des BKA

Vergleicht man die Sicherstellungsmengen des Zolls mit denen aus dem Bundeslagebild Rauschgiftkriminalität des BKA, so fällt auf, dass tendenziell im Inland
mehr Betäubungsmittel sichergestellt werden als an den Grenzen (Abb. 4.1). Besonders auffällig ist dies bei Amphetaminen, Haschisch und Marihuana.

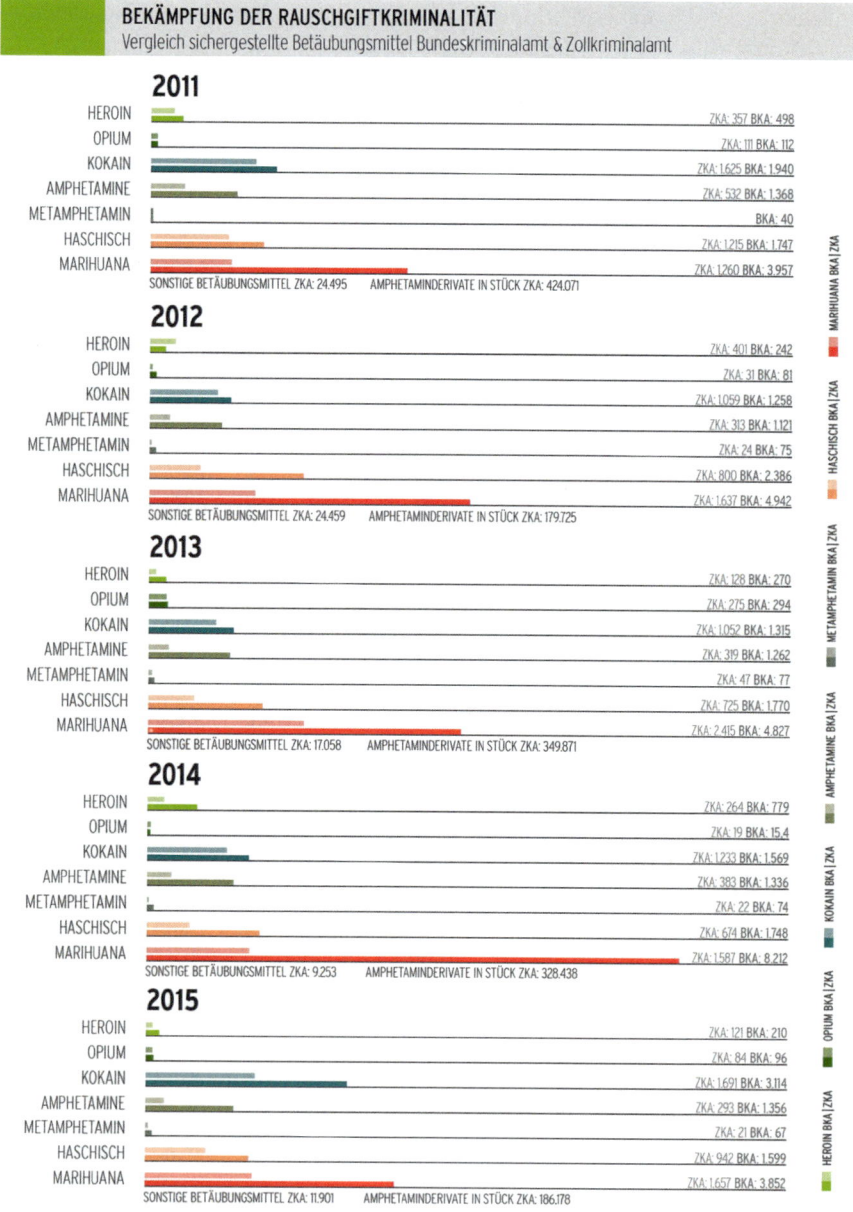

Abb. 4.1 Vergleich der Sicherstellungsmengen bei BtM zwischen den Statistiken des BKA und
des ZKA

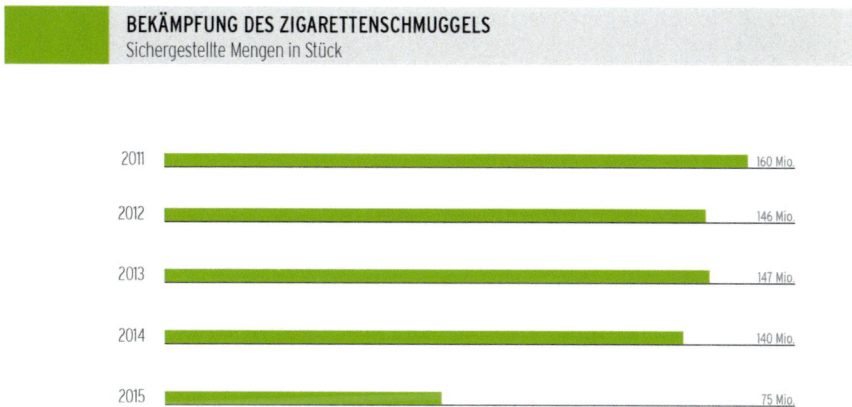

BEKÄMPFUNG DES ZIGARETTENSCHMUGGELS
Sichergestellte Mengen in Stück

2011		160 Mio.
2012		146 Mio.
2013		147 Mio.
2014		140 Mio.
2015		75 Mio.

Abb. 4.2 Sicherstellungsmengen Zigarettenschmuggel

4.2.2 Zigarettenschmuggel

Im Bereich des Zigarettenschmuggels waren die sichergestellten Mengen bis zum Jahr 2015 zum Teil drastisch rückläufig (Abb. 4.2). 2015 wurde das niedrigste Niveau seit 2011 erreicht. Das Bundeslagebild zur organisierten Kriminalität (OK) aus dem Jahr 2015 weist demgegenüber den Zigarettenschmuggel erneut als das Hauptbetätigungsfeld der OK-Gruppierungen innerhalb der Steuer- und Zollkriminalität mit enormen Schadenssummen aus (vgl. Abschn. 4.3).[8] Im Jahr 2015 wurde im OK-Lagebild des BKA ein Verfahren mit einem Gesamtschaden von ca. 70 Mio. Euro im Zusammenhang mit dem Schmuggel von Zigaretten erfasst.[9]

Für das Jahr 2016 weist die Jahresstatistik des Zolls[10] wieder einen Anstieg (140 Mio. Stück) der sichergestellten Zigaretten aus. Damit wurde das Niveau aus dem Jahr 2014 wieder erreicht.

4.2.3 Waffenschmuggel

Im Bereich des Waffenschmuggels unterscheidet die Statistik zwischen Kriegswaffen, Lang- und Faustfeuerwaffen (keine Kriegswaffen) und anderen Waffen (hauptsächlich Luftdruck-, CO_2-, Softair-Waffen), Munition sowie Sprengstoff (Abb. 4.3).

---

[8] Bundeslagebild Organisierte Kriminalität 2015, S. 28.

[9] Bundeslagebild Organisierte Kriminalität 2015, S. 28.

[10] Vgl. Jahresstatistik des Zolls 2016, S. 10.

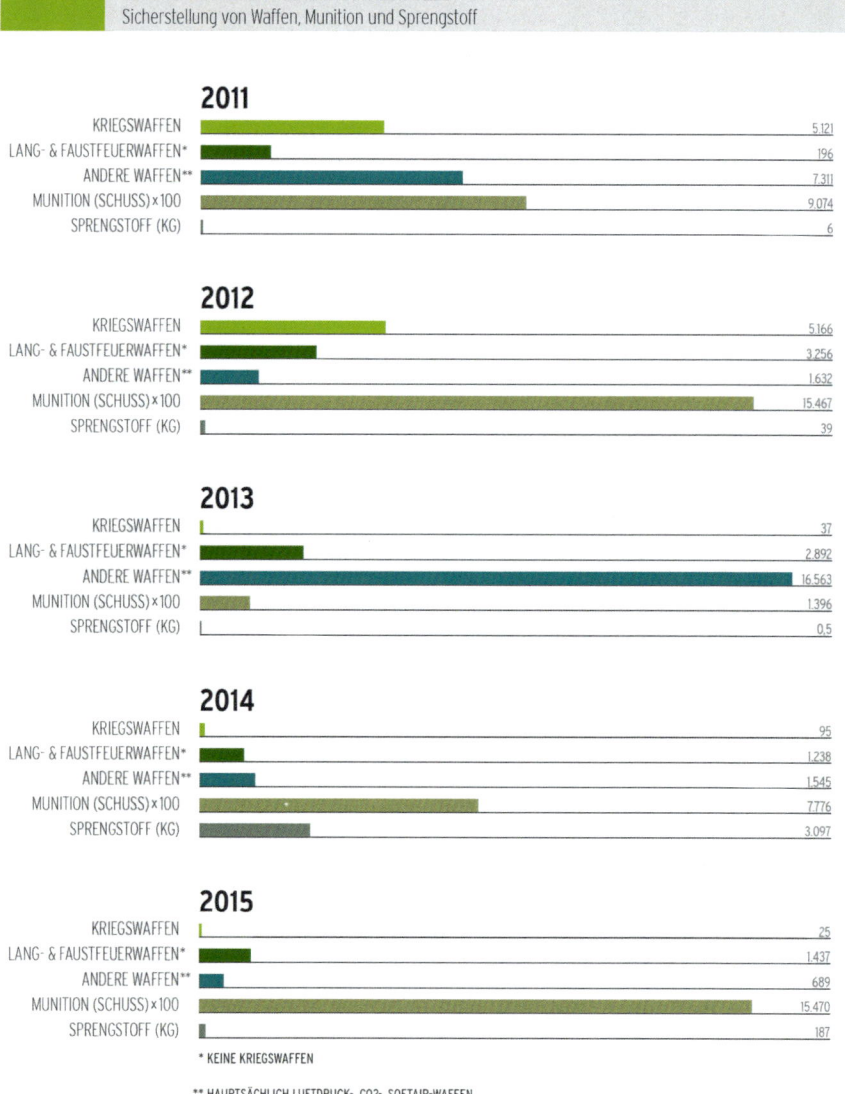

BEKÄMPFUNG DES WAFFENSCHMUGGELS
Sicherstellung von Waffen, Munition und Sprengstoff

2011

KRIEGSWAFFEN	5.121
LANG- & FAUSTFEUERWAFFEN*	196
ANDERE WAFFEN**	7.311
MUNITION (SCHUSS) × 100	9.074
SPRENGSTOFF (KG)	6

2012

KRIEGSWAFFEN	5.166
LANG- & FAUSTFEUERWAFFEN*	3.256
ANDERE WAFFEN**	1.632
MUNITION (SCHUSS) × 100	15.467
SPRENGSTOFF (KG)	39

2013

KRIEGSWAFFEN	37
LANG- & FAUSTFEUERWAFFEN*	2.892
ANDERE WAFFEN**	16.563
MUNITION (SCHUSS) × 100	1.396
SPRENGSTOFF (KG)	0.5

2014

KRIEGSWAFFEN	95
LANG- & FAUSTFEUERWAFFEN*	1.238
ANDERE WAFFEN**	1.545
MUNITION (SCHUSS) × 100	7.776
SPRENGSTOFF (KG)	3.097

2015

KRIEGSWAFFEN	25
LANG- & FAUSTFEUERWAFFEN*	1.437
ANDERE WAFFEN**	689
MUNITION (SCHUSS) × 100	15.470
SPRENGSTOFF (KG)	187

* KEINE KRIEGSWAFFEN

** HAUPTSÄCHLICH LUFTDRUCK-, CO2-, SOFTAIR-WAFFEN

Abb. 4.3 Sicherstellungsmengen Waffenschmuggel

Bei den Kriegswaffen sind die Sicherstellungsmengen sehr deutlich zurückgegangen. Im Vergleich mit den 2011 sichergestellten Kriegswaffen hat sich das Volumen auf ca. 0,5 % verringert. Bei den Lang- und Faustfeuerwaffen (keine Kriegswaffen) sind die Mengen in den vergangenen fünf Jahren sehr unterschiedlich. Rückläufig sind die Zahlen im Bereich der anderen Waffen (hauptsächlich Luftdruck-, CO2-, Softair-Waffen). Hier wurde nach einem Hoch im Jahr 2013 und immer weiter abnehmender Tendenz in den Jahren 2012 und 2014 das niedrigste Niveau im Jahr 2015 erreicht. Im Jahr 2016 sind die Sicherstellungsmengen in diesem Sektor aber wieder stark angestiegen (7933).[11] Tendenziell hoch sind die Mengen an sichergestellter Munition, wobei im Jahr 2016 ein starker Rückgang (63.633) zu beobachten war. Die Zahlen zu den sichergestellten Sprengstoffmengen in den Jahren 2011–2015 schwanken sehr stark.

Weitere Zahlen zum Ausmaß des illegalen Waffenhandels können sich in konzentrierter Form auch aus dem Bundeslagebild zur Waffenkriminalität ergeben. Die Daten, die dort bewertet werden, stammen im Wesentlichen aus der polizeilichen Kriminalstatistik (PKS). Sachverhalte mit Bezug zur Waffenkriminalität werden in der PKS sowohl als „Verstoß gegen das Waffengesetz (WaffG)" und als „Verstoß gegen das Kriegswaffenkontrollgesetz (KrWaffKontrG)" als auch als sonstige „Straftat unter Verwendung einer Schusswaffe" registriert. Das bedeutet, dass sich gegebenenfalls Abweichungen bzw. Schwankungen bei den Fallzahlen ergeben können.[12] Im Zentrum der waffenrechtlichen Verstöße im Zusammenhang mit dem Waffengesetz stehen die Fälle des illegalen Besitzes, der illegalen Einfuhr, des illegalen Handels und der illegalen Herstellung von Schusswaffen. Die Fallentwicklung war in den Jahren 2010–2015 rückläufig. Im Jahr 2015 wurden 30.506 Fälle gegen das Waffen- und Kriegswaffenkontrollgesetz registriert. Verstöße gegen das Kriegswaffenkontrollgesetz spielten mit 502 Fällen und einem Anteil von 1,6 % eine untergeordnete Rolle. Auch dieser Wert hat sich in den vergangenen fünf Jahren kaum verändert.[13]

Während im Bundeslagebild Waffenkriminalität aus dem Jahr 2010[14] die sichergestellten Waffen den damit zusammenhängenden Verstößen aus der Falldatei BKA-Waffen zugeordnet wurden, werden seit 2011 nur noch Sicherstellungen im Zusammenhang mit Straftaten nach dem StGB ausgewiesen.

Im Berichtsjahr 2015 wurden 470 Waffen an Tatorten im Zusammenhang mit Straftaten nach dem StGB sichergestellt (2010: 516; 2011: 448; 2012: 431; 2013: 412; 2014: 443). In 72,4 % der Fälle handelte es sich um erlaubnisfreie Gas-, Alarm- und Luftdruckwaffen (2010: 69,3 %; 2011: 72 %; 2012: 68,5 %; 2013: 69,6 %; 2014: 75,7 %). Der Anteil der erlaubnispflichtigen Schusswaffen betrug 27,6 % (2010: 25,3 %; 2011: 28 %; 2012: 31,5 %; 2013: 30,4 %; 2014: 24,3 %). Von den sichergestellten Waffen befanden sich 4,9 % in legalem Besitz[15] (2010: 5,4 %; 2011: 4 %; 2012: 3,9 %; 2013: 4,7 %; 2014: 4,9 %).[16]

Die polizeilichen Daten im Bereich des illegalen Waffenhandels lassen bezüglich des Ausmaßes eines illegalen Waffenmarktes in Deutschland nur wenige

---

[11] Vgl. Jahresstatistik des Zolls 2016, S. 11.

[12] Bundeslagebild Waffenkriminalität 2015, S. 3.

[13] Bundeslagebild Waffenkriminalität 2015, S. 3.

[14] Bundeslagebild Waffenkriminalität 2010, S. 8.

[15] Bundeslagebild Waffenkriminalität 2015, S. 6.

[16] Vgl. Bundeslagebild Waffenkriminalität 2010, S. 8; 2011, S. 11; 2012, S. 6; 2013, S. 8; 2014, S. 6.

Rückschlüsse zu. Das liegt auch daran, dass mit dem Jahr 2011 eine detaillierte Erfassung des illegalen Umgangs mit Waffen außerhalb eines Zusammenhangs mit einer weiteren Straftat nach dem Strafgesetzbuch aufgegeben wurde (s. o.). So wurden im Jahr 2010 insgesamt 12.868 Waffen und Teile sichergestellt und im Jahr davor 21.373. Ähnlich hoch sind auch die Zahlen bei der Munition: 2009: 446.129; 2010: 333.668.[17] In den Folgejahren wurden keine vergleichbaren Daten erhoben. Interessant ist aber die Angabe zu den verschwundenen (Diebstahl/Verlust) Waffen und Teilen im Jahr 2010, die mit 23.878 für 2010 und mit 17.040 für 2009 angeben wird.[18]

Die Ermittlungen im Zusammenhang mit illegalen Waffenhandelsaktivitäten gestalten sich schwierig, da oftmals auch bestehende legale Geschäftsstrukturen zur Abwicklung illegaler Geschäfte genutzt werden.[19] Gezielte Manipulationen der Geschäfts- und Waffenhandelsbücher haben im Berichtszeitraum 2010 dazu geführt, die Erlaubnispflicht bestimmter Waffen zu umgehen. Sicherstellungen innerhalb Deutschlands und Europas sowie aufwendige Herkunftsermittlungen zu den Schusswaffen haben nach Angaben des BKA diese Praktiken belegt. Beklagt wird auch, dass ein erheblicher Teil der in Deutschland sichergestellten illegalen Waffen aus Produktionsstätten außerhalb der EU-Staaten stamme und über unbekannte Vertriebswege nach Deutschland gelangt sei.[20]

4.2.4 *Überwachung des grenzüberschreitenden Bargeld- und Barmittelverkehrs*

Bei der Überwachung des grenzüberschreitenden Bargeld- und Barmittelverkehrs werden in der Statistik die vorläufig sichergestellten Zahlungsmittel (in Mio. Euro), die Anzahl der Bußgeldbescheide sowie die festgesetzten Bußgelder ausgewiesen (Abb. 4.4).

In den Jahren 2011–2015 zeigt sich ein stabiles Niveau der Höhe der sichergestellten Bargeldmengen. Allein im Jahr 2013 wurde eine wesentlich größere Menge als in den anderen Jahren sichergestellt. Dementsprechend gleich sind auch die Zahlen zu den verhängten Bußgeldbescheiden. An diesem Befund hat sich auch im Berichtsjahr 2016 nichts geändert.[21]

---

[17] Bundeslagebild Waffenkriminalität 2010, S. 8.

[18] Bundeslagebild Waffenkriminalität 2010, S. 8.

[19] Bundeslagebild Waffenkriminalität 2010, S. 8.

[20] Bundeslagebild Waffenkriminalität 2010, S. 8.

[21] Vgl. Jahresstatistik des Zolls 2016, S. 11.

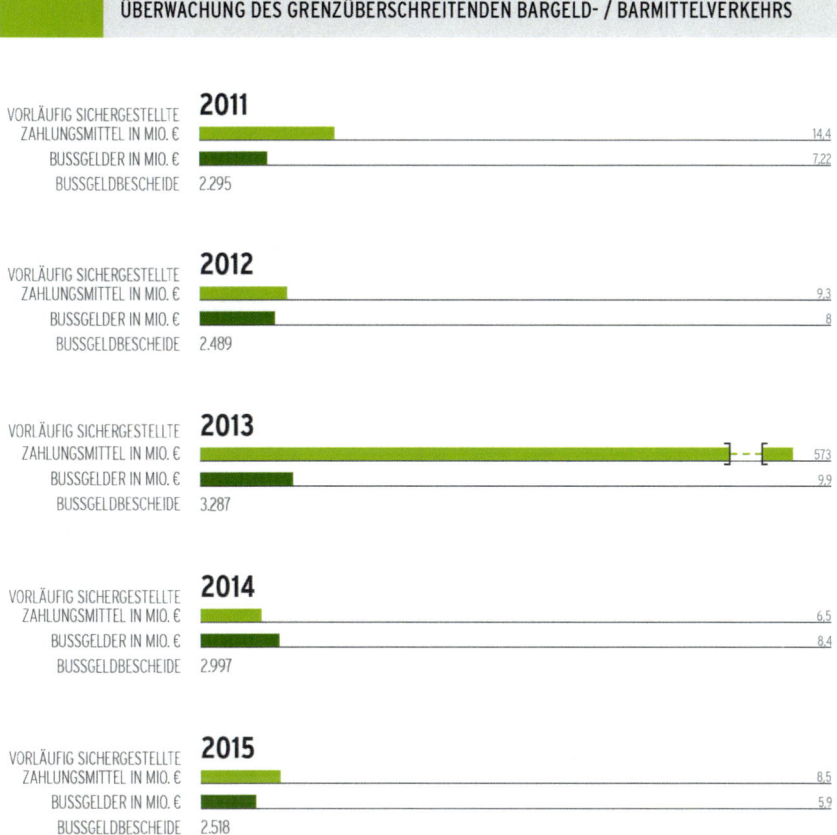

Abb. 4.4 Überwachung des grenzüberschreitenden Bargeld-/Barmittelverkehrs

4.2.5   Anzahl der verfolgten Zolldelikte und Tatverdächtigen

Verfahrenszahlen zu den Zolldelikten werden nur in ihrer Gesamtheit erhoben (Abb. 4.5). Es fehlen Güter- oder deliktspezifische Aussagen.

So lässt sich der Statistik für die Jahre 2011–2015 allein entnehmen, dass die Anzahl der Ermittlungsfälle auf gleichem Niveau geblieben ist. Gleiches gilt für die Anzahl der Tatverdächtigen. Für das Jahr 2016[22] ist ein Anstieg der Ermittlungsfälle (17.333) und der Tatverdächtigen (21.925) festzustellen.

---

[22] Vgl. Jahresstatistik des Zolls 2016, S. 11.

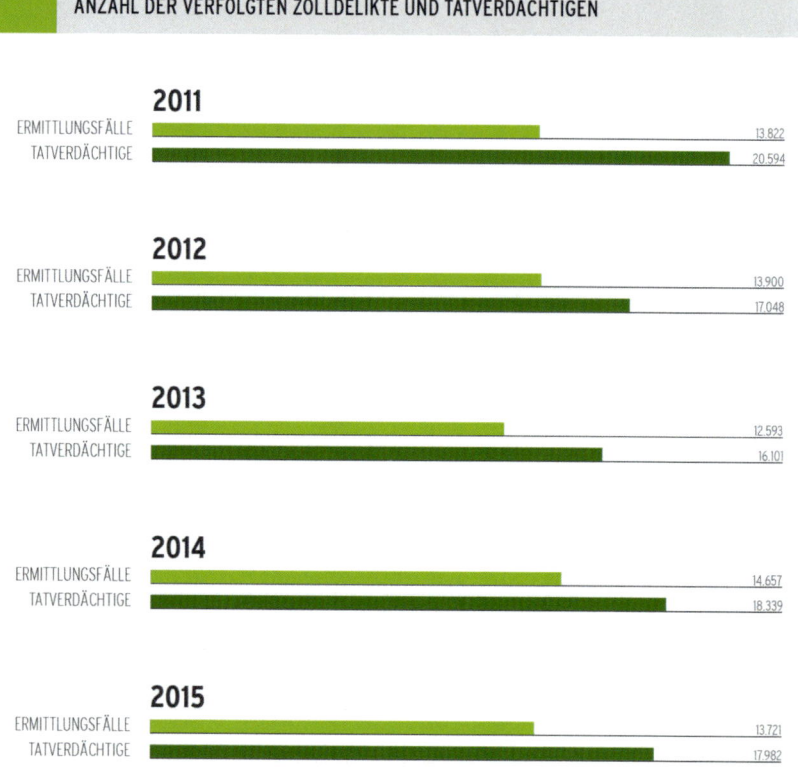

Abb. 4.5 Anzahl der verfolgten Zolldelikte und Tatverdächtigen

4.2.6 Marken- und Produktpiraterie

In der Kategorie „Bekämpfung der Marken- und Produktpiraterie" der Jahresstatistik des Zolls werden die Zahlen zu den Beschlagnahmen durch die Zolldienststellen (Abschn. 4.2.6.1), die Aufteilung nach Warenkategorien (Abschn. 4.2.6.2)
sowie die Aufteilung nach Herkunftsländern (Abschn. 4.2.6.3) bekannt gegeben.
In der Rubrik „Aufteilung nach Warenkategorien" werden der Wert und die Anzahl
beschlagnahmter Waren sowie die Anzahl der Beschlagnahmen zusammengefasst.
Die große Bedeutung der Marken- und Produktpiraterie als eine immer stärker spru-
delnde Quelle für illegale Märkte und den illegalen Handel lassen diese Daten nur
bedingt sichtbar werden, weil die Jahresstatistik keine Erklärung, Interpretation oder
Trendaussage[23] enthält. Deshalb wird in Kap. 5 noch einmal auf die Produkt- und

---

[23] Demgegenüber enthalten die Bundeslagebilder des BKA mehr Informationen und auch Trendaussagen sowie Fallbeispiele. Die Statistik des Zolls zum Gewerblichen Rechtsschutz ist bezüglich
der dort genannten Warengruppen etwas detailreicher.

Markenpiraterie im Kontext weiterer Quellen und rechtlicher Rahmenbedingungen eingegangen.

Hinsichtlich aller Warengruppen ergibt sich folgendes Bild:

4.2.6.1   Beschlagnahmen durch Zolldienststellen

Sieht man von 2014 ab, so haben sich die Fälle von Grenzbeschlagnahmen in den vergangenen fünf Jahren kaum verändert (Abb. 4.6 und Abb. 4.7). Gleiches gilt für 2016 (1276). Obwohl die Anzahl der beschlagnahmten Waren im Jahr 2015 im Vergleich zum Vorjahr deutlich abgenommen hat, war wertmäßig damit keine Veränderung verbunden. Trotz rückläufiger Beschlagnahmezahlen auch im Jahr 2016 hat sich aber der Wert der Waren erhöht (180,04 Mio. Euro).

Dass die Anzahl der Aufgriffe und Beschlagnahmen rückläufig ist, wird vom Zoll damit begründet, dass mit der neuen VO (EU) Nr. 608/2013 auch ein neuartiges vereinfachtes Verfahren für Kleinstsendungen eingeführt wurde, das im Jahr 2014 lebhaften Zuspruch seitens der Rechteinhaber erfuhr. Nach den ersten

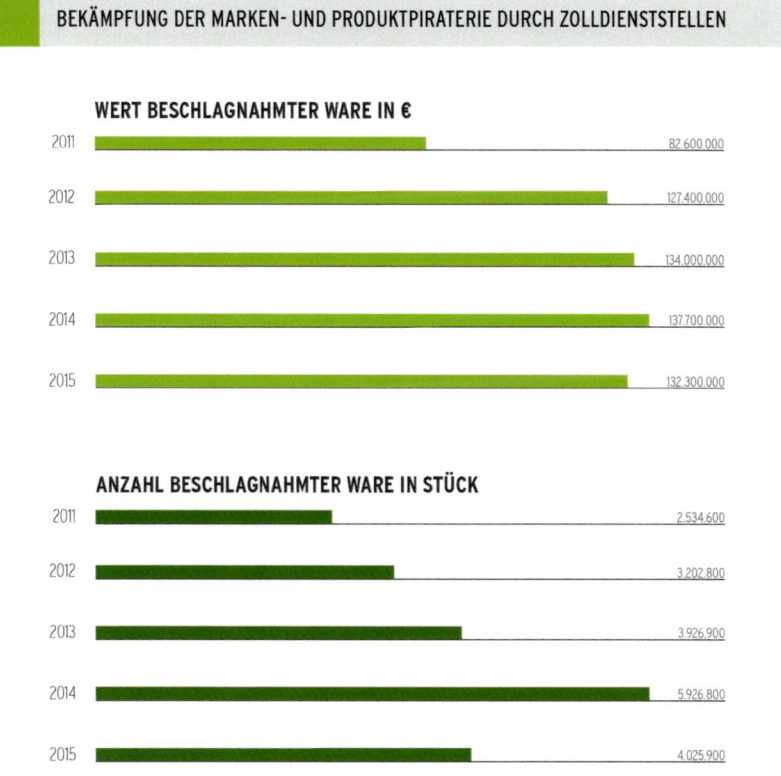

Abb. 4.6 Marken- und Produktpiraterie – Wert und Anzahl beschlagnahmter Ware

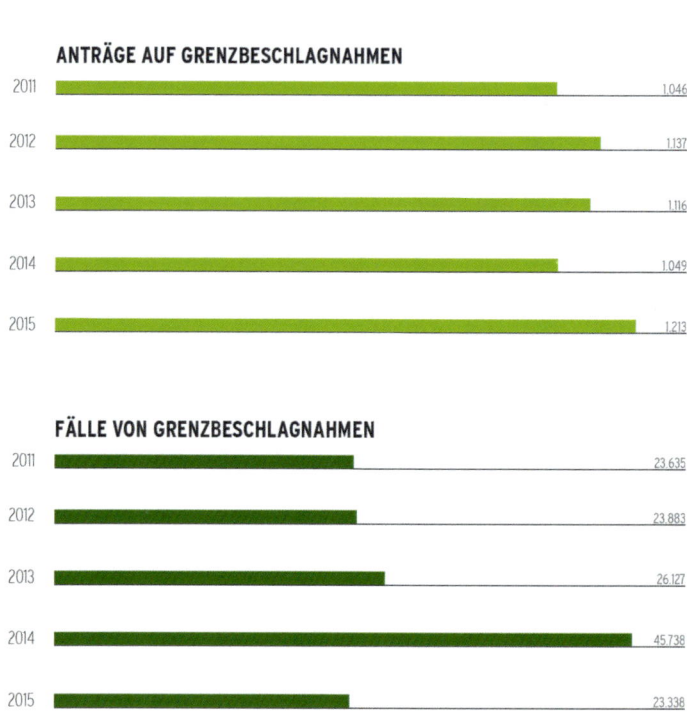

BEKÄMPFUNG DER MARKEN- UND PRODUKTPIRATERIE DURCH ZOLLDIENSTSTELLEN

ANTRÄGE AUF GRENZBESCHLAGNAHMEN

Jahr	Anzahl
2011	1.046
2012	1.137
2013	1.116
2014	1.049
2015	1.213

FÄLLE VON GRENZBESCHLAGNAHMEN

Jahr	Anzahl
2011	23.635
2012	23.883
2013	26.127
2014	45.738
2015	23.338

Abb. 4.7 Marken- und Produktpiraterie – Anträge/Fälle von Grenzbeschlagnahmen

Erfahrungen mit dieser besonderen Abwicklungsweise hätten sich einige Firmen davon jedoch auch wieder abgekehrt.[24] Die Stabilität des Warenwertes bei rückläufigen Beschlagnahmezahlen lässt sich darauf zurückführen, dass die Fälscher mehr und mehr hochwertige Waren plagieren. Die Zahlen unterstreichen die Bedeutung des Zolls bei der Feststellung von Fällen der Produktpiraterie, denn in der polizeilichen Kriminalstatistik (PKS) werden weit weniger Fälle in der zusammenfassenden Rubrik „Straftaten i. Z. m. Urheberrechtsbestimmungen" ausgewiesen.[25]

4.2.6.2 Aufteilung nach Warenkategorien

In der Rubrik „Aufteilung nach Warenkategorien" werden folgende Produktgruppen unterschieden:

---

[24] Vgl. die Statistik des Zolls zum Gewerblichen Rechtsschutz 2015, S. 8.

[25] 2011: 7.021; 2012: 7.417; 2013: 8.089; 2014: 8.762; 2015: 7.699.

- Schuhe (einschließlich Bestandteilen und Zubehör);
- in der Kategorie „persönliches Zubehör" werden insgesamt Sonnenbrillen und andere Brillen, Taschen, Handtaschen, Reisegepäck, Brieftaschen, Geldbeutel, Zigarettenetuis und andere in Taschen mitgeführte ähnliche Artikel, Uhren, Schmuck und anderes Zubehör erfasst;
- Kleidung und Zubehör;
- in die Kategorie „Sonstiges" fallen Maschinen und Werkzeuge, Fahrzeuge einschließlich Zubehör und Bauteilen, Bürobedarf, Feuerzeuge, Etiketten, Anhänger, Aufkleber, textile Waren, Verpackungsmaterialien und andere Waren;
- Mobiltelefone (einschließlich Zubehör);
- Körperpflegeprodukte;
- elektrische/elektronische Ausrüstung;
- Spielzeug, Spiele und Sportgeräte;
- Arzneimittel;
- CDs, DVDs, Kassetten; Nahrungsmittel, Getränke;
- Tabakwaren

Die Anzahl beschlagnahmter Waren wird abhängig von den unterschiedlichen Produktgruppen erst ab dem Jahr 2012 zollstatistisch im Jahresbericht erfasst (Abb. 4.8). Dabei handelt es sich um eine sehr wichtige Größe, um den Umfang des illegalen Handels einschätzen zu können. Denn allein aus dem Wert der beschlagnahmten Waren können wegen der unterschiedlichen Wertigkeit der Güter kaum Rückschlüsse auf die Größe des illegalen Marktes gewonnen werden. Bei der Betrachtung der einzelnen Produkte fallen die *Schwankungen* bei den Warengruppen „Körperpflegeprodukte", „Kleidung und Zubehör", „Spielzeug, Spiele, Sportgeräte" sowie „Sonstiges" auf. Größere Schwankungen sind bei dem „persönlichen Zubehör" und den „Schuhen", leichtere Schwankungen bei den „Nahrungsmitteln und Getränken" sowie den „Arzneimitteln" zu erkennen, während bei den restlichen Produktgruppen keine Auffälligkeiten zu beobachten sind. Auf sehr hohem Niveau sind die Beschlagnahmezahlen hinsichtlich sonstiger Waren. In dieser Gruppe werden Maschinen und Werkzeuge, Fahrzeuge einschließlich Zubehör und Bauteilen, Bürobedarf, Feuerzeuge, Etiketten, Anhänger, Aufkleber, textile Waren, Verpackungsmaterialien und andere Waren erfasst. Jährlich werden ca. 1 Mio. Güter, die dieser Gruppe zugeordnet werden können, beschlagnahmt.

Der Wert der sichergestellten Waren ist in den letzten Jahren mit ca. 130 Mio. Euro stabil geblieben (Abb. 4.9). Für 2016 ist ein Anstieg auf ca. 180 Mio. Euro zu verzeichnen.[26] Die wertmäßig dominante Warengruppe ist das persönliche Zubehör, das Sonnen- und andere Brillen, (Hand-)Taschen, Reisegepäck, Brieftaschen, Geldbeutel, Zigarettenetuis und andere in Taschen mitgeführte ähnliche Artikel, Uhren, Schmuck und anderes Zubehör umfasst. Dahinter rangieren Körperpflegeprodukte und Schuhe.

---

[26] Vgl. Jahresstatistik des Zolls 2016, S. 12.

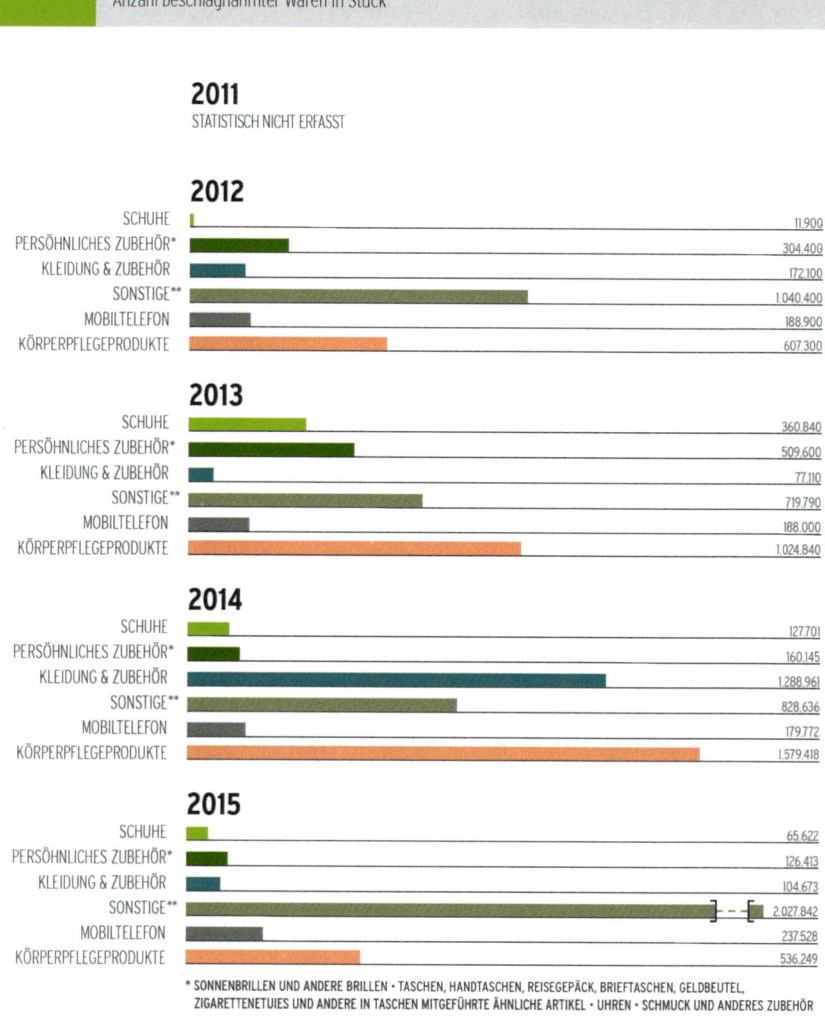

Anzahl beschlagnahmter Waren in Stück

2011
STATISTISCH NICHT ERFASST

2012

SCHUHE	11.900
PERSÖHNLICHES ZUBEHÖR*	304.400
KLEIDUNG & ZUBEHÖR	172.100
SONSTIGE**	1.040.400
MOBILTELEFON	188.900
KÖRPERPFLEGEPRODUKTE	607.300

2013

SCHUHE	360.840
PERSÖHNLICHES ZUBEHÖR*	509.600
KLEIDUNG & ZUBEHÖR	77.110
SONSTIGE**	719.790
MOBILTELEFON	188.000
KÖRPERPFLEGEPRODUKTE	1.024.840

2014

SCHUHE	127.701
PERSÖHNLICHES ZUBEHÖR*	160.145
KLEIDUNG & ZUBEHÖR	1.288.961
SONSTIGE**	828.636
MOBILTELEFON	179.772
KÖRPERPFLEGEPRODUKTE	1.579.418

2015

SCHUHE	65.622
PERSÖHNLICHES ZUBEHÖR*	126.413
KLEIDUNG & ZUBEHÖR	104.673
SONSTIGE**	2.027.842
MOBILTELEFON	237.528
KÖRPERPFLEGEPRODUKTE	536.249

* SONNENBRILLEN UND ANDERE BRILLEN · TASCHEN, HANDTASCHEN, REISEGEPÄCK, BRIEFTASCHEN, GELDBEUTEL, ZIGARETTENETUIES UND ANDERE IN TASCHEN MITGEFÜHRTE ÄHNLICHE ARTIKEL · UHREN · SCHMUCK UND ANDERES ZUBEHÖR

** MASCHINEN UND WERKZEUGE · FAHRZEUGE EINSCHLIESSLICH ZUBEHÖR UND BAUTEILE · BÜROBEDARF · FEUERZEUGE ETIKETTEN, ANHÄNGER, AUFKLEBER · TEXTILE WAREN · VERPACKUNGSMATERIALIEN UND ANDERE WAREN

Abb. 4.8 Marken- und Produktpiraterie – Anzahl beschlagnahmter Waren nach Produktgruppen

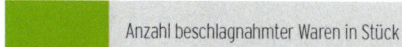

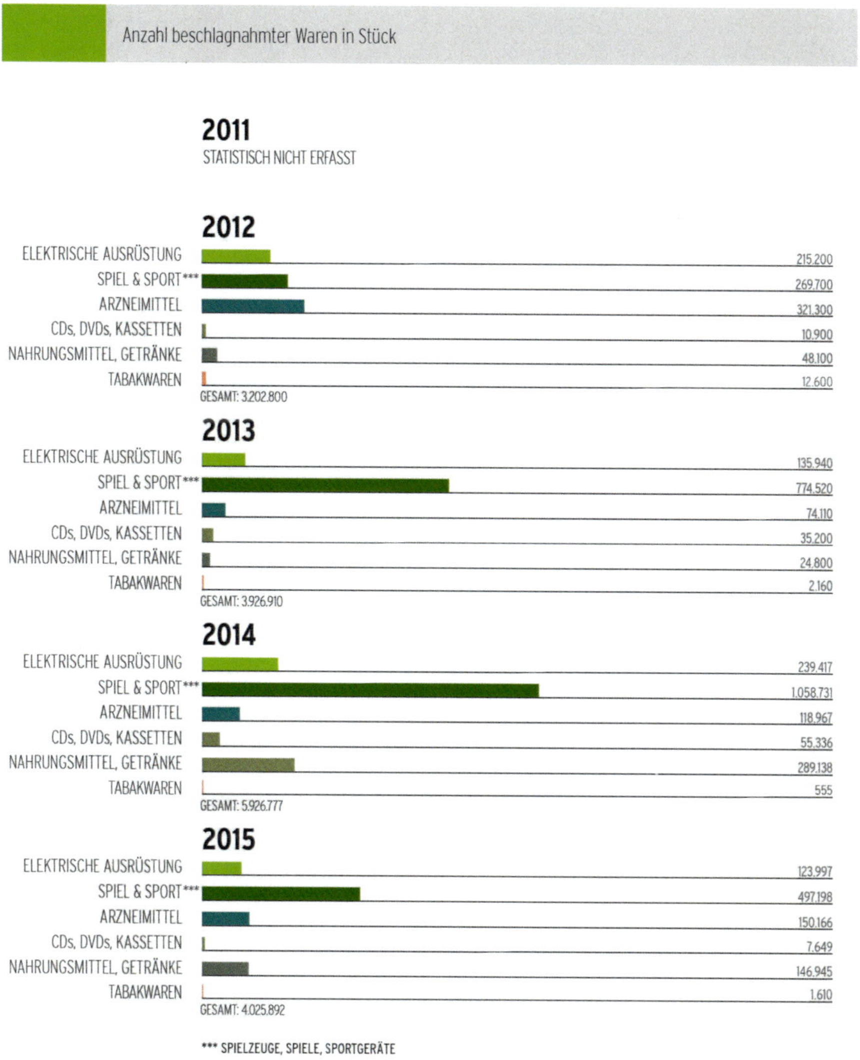

Anzahl beschlagnahmter Waren in Stück

2011
STATISTISCH NICHT ERFASST

2012

ELEKTRISCHE AUSRÜSTUNG	215.200
SPIEL & SPORT***	269.700
ARZNEIMITTEL	321.300
CDs, DVDs, KASSETTEN	10.900
NAHRUNGSMITTEL, GETRÄNKE	48.100
TABAKWAREN	12.600

GESAMT: 3.202.800

2013

ELEKTRISCHE AUSRÜSTUNG	135.940
SPIEL & SPORT***	774.520
ARZNEIMITTEL	74.110
CDs, DVDs, KASSETTEN	35.200
NAHRUNGSMITTEL, GETRÄNKE	24.800
TABAKWAREN	2.160

GESAMT: 3.926.910

2014

ELEKTRISCHE AUSRÜSTUNG	239.417
SPIEL & SPORT***	1.058.731
ARZNEIMITTEL	118.967
CDs, DVDs, KASSETTEN	55.336
NAHRUNGSMITTEL, GETRÄNKE	289.138
TABAKWAREN	555

GESAMT: 5.926.777

2015

ELEKTRISCHE AUSRÜSTUNG	123.997
SPIEL & SPORT***	497.198
ARZNEIMITTEL	150.166
CDs, DVDs, KASSETTEN	7.649
NAHRUNGSMITTEL, GETRÄNKE	146.945
TABAKWAREN	1.610

GESAMT: 4.025.892

*** SPIELZEUGE, SPIELE, SPORTGERÄTE

Abb. 4.8 Fortsetzung

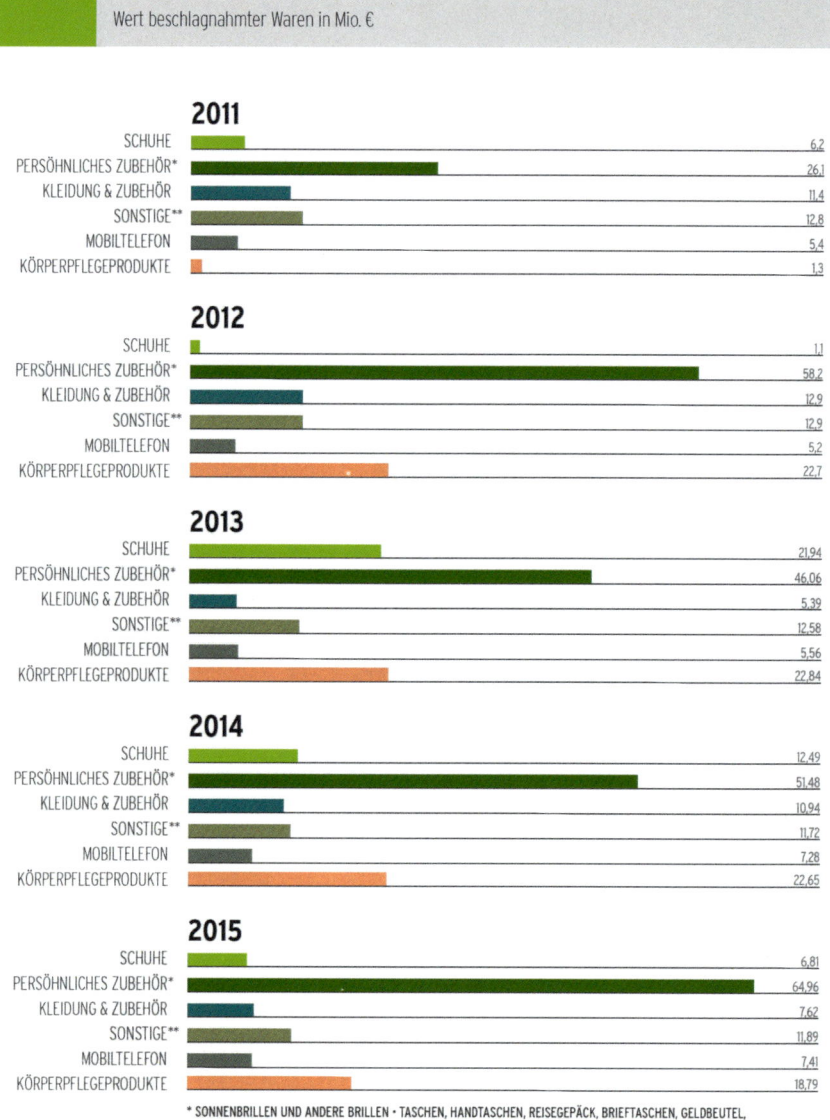

Wert beschlagnahmter Waren in Mio. €

2011

SCHUHE	6,2
PERSÖHNLICHES ZUBEHÖR*	26,1
KLEIDUNG & ZUBEHÖR	11,4
SONSTIGE**	12,8
MOBILTELEFON	5,4
KÖRPERPFLEGEPRODUKTE	1,3

2012

SCHUHE	1,1
PERSÖHNLICHES ZUBEHÖR*	58,2
KLEIDUNG & ZUBEHÖR	12,9
SONSTIGE**	12,9
MOBILTELEFON	5,2
KÖRPERPFLEGEPRODUKTE	22,7

2013

SCHUHE	21,94
PERSÖHNLICHES ZUBEHÖR*	46,06
KLEIDUNG & ZUBEHÖR	5,39
SONSTIGE**	12,58
MOBILTELEFON	5,56
KÖRPERPFLEGEPRODUKTE	22,84

2014

SCHUHE	12,49
PERSÖHNLICHES ZUBEHÖR*	51,48
KLEIDUNG & ZUBEHÖR	10,94
SONSTIGE**	11,72
MOBILTELEFON	7,28
KÖRPERPFLEGEPRODUKTE	22,65

2015

SCHUHE	6,81
PERSÖHNLICHES ZUBEHÖR*	64,96
KLEIDUNG & ZUBEHÖR	7,62
SONSTIGE**	11,89
MOBILTELEFON	7,41
KÖRPERPFLEGEPRODUKTE	18,79

* SONNENBRILLEN UND ANDERE BRILLEN · TASCHEN, HANDTASCHEN, REISEGEPÄCK, BRIEFTASCHEN, GELDBEUTEL,
ZIGARETTENETUIES UND ANDERE IN TASCHEN MITGEFÜHRTE ÄHNLICHE ARTIKEL · UHREN · SCHMUCK UND ANDERES ZUBEHÖR

** MASCHINEN UND WERKZEUGE · FAHRZEUGE EINSCHLIESSLICH ZUBEHÖR UND BAUTEILE · BÜROBEDARF · FEUERZEUGE
ETIKETTEN, ANHÄNGER, AUFKLEBER · TEXTILE WAREN · VERPACKUNGSMATERIALIEN UND ANDERE WAREN

Abb. 4.9 Marken- und Produktpiraterie – Wert beschlagnahmter Waren

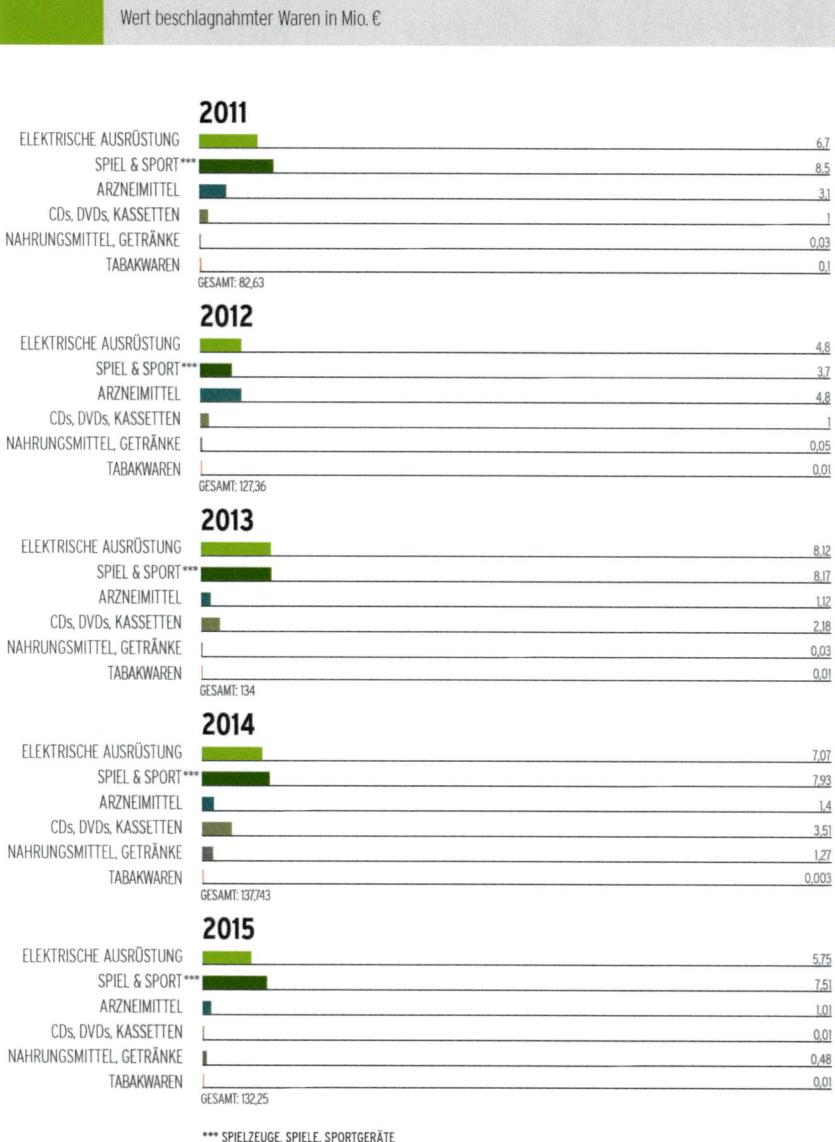

Abb. 4.9 Fortsetzung

4.2.6.3   Aufteilung nach Herkunftsländern

Außerdem werden die Herkunftsländer der Waren identifiziert (Abb. 4.10). Dies erfolgt in der Jahresstatistik unabhängig vom Produkt.[27]

---

[27] Die Daten in der Statistik des Zolls zum Gewerblichen Rechtsschutz sind demgegenüber detaillierter, weil den einzelnen Produktgruppen die Herkunftsländer zugeordnet werden, vgl. die Statistik des Zolls zum Gewerblichen Rechtsschutz 2015, S. 26 ff.

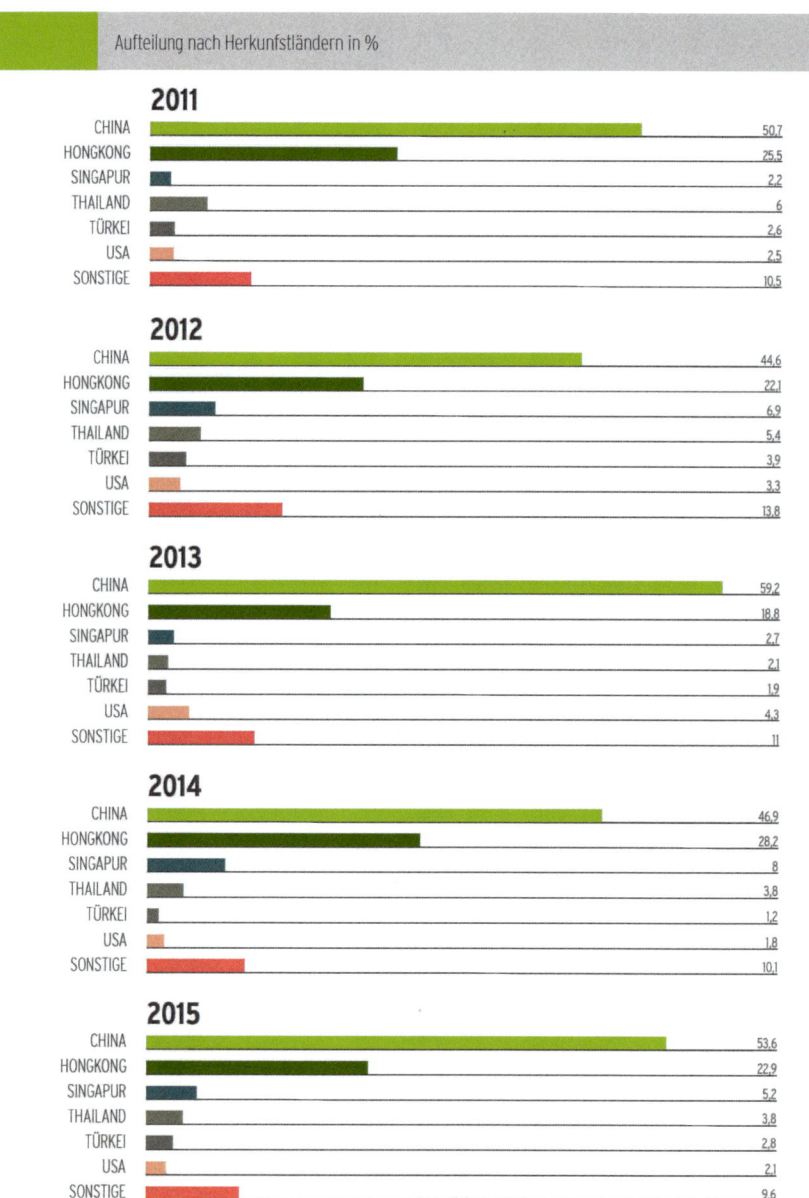

Abb. 4.10 Marken- und Produktpiraterie – Herkunftsländer

Hier zeigt sich, dass China (inkl. Hongkong) in den Jahren 2011–2015 konstant mit durchschnittlich 75 %igem Anteil am Gesamtvolumen den Spitzenplatz der Herkunftsländer gefälschter Waren einnimmt. Durch die rückläufigen Zahlen Hongkong betreffend, hat sich der Anteil im Jahr 2016 etwas verringert (ca. 67 %). In ca. durchschnittlich 25 % aller Fälle konnte Hongkong als Herkunftsort identifiziert werden. Singapur, Thailand, die Türkei sowie die USA rangieren mit einem Gesamtanteil von ca. 15 % jeweils nur im einstelligen Prozentbereich. Ungefähr weitere 10 % verteilen sich auf sonstige, nicht explizit ausgewiesene Staaten. Die Statistik für 2016 weist nun auch Mazedonien (3,4 %) und Malaysia (2,4 %) unter den Herkunftsländern aus, während Thailand nicht mehr explizit erwähnt wird.

4.2.6.4 Transportwege

Bei den *Transportwegen* muss auf die Statistik des Zolls zum Gewerblichen Rechtsschutz zurückgegriffen werden. Es wird festgestellt, dass die Verbraucher seit einiger Zeit ihr Einkaufsverhalten geändert haben. Zunehmend bestellen die Kunden im internationalen Onlinehandel, und die weitaus größte Anzahl der Aufgriffe verdächtiger Waren betrifft den Postverkehr (89,63 % aller Aufgriffe im Jahr 2015).[28] Demgegenüber werden im Straßenverkehr (39,71 % aller Aufgriffe im Jahr 2015)[29] und im Seeverkehr (37,55 % aller Aufgriffe im Jahr 2015)[30] mengenmäßig die meisten illegalen Waren festgestellt,[31] was an den quantitativ beschränkten Versandmöglichkeiten im Postverkehr (8,87 % aller Aufgriffe im Jahr 2015)[32] liegt.[33] Hinsichtlich des Wertes der aufgegriffenen Waren dominiert ebenfalls der Postverkehr (38,85 % aller Aufgriffe im Jahr 2015)[34], gefolgt vom See-, vom Luft-, Straßen- und sonstigen Verkehr (23,78 %, 23,14 %, 14,21 % und 0,02 %)[35] aller Aufgriffe im Jahr 2015).[36] Interessant ist, dass im Schienenverkehr keine Auffälligkeiten festgestellt werden (0 % in allen Rubriken).

---

[28] Vgl. die Statistik des Zolls zum Gewerblichen Rechtsschutz 2015, S. 14.

[29] Vgl. die Statistik des Zolls zum Gewerblichen Rechtsschutz 2015, S. 14.

[30] Vgl. die Statistik des Zolls zum Gewerblichen Rechtsschutz 2015, S. 14.

[31] Vgl. die Statistik des Zolls zum Gewerblichen Rechtsschutz 2015, S. 15.

[32] Vgl. die Statistik des Zolls zum Gewerblichen Rechtsschutz 2015, S. 14.

[33] Vgl. die Statistik des Zolls zum Gewerblichen Rechtsschutz 2015, S. 14.

[34] Vgl. die Statistik des Zolls zum Gewerblichen Rechtsschutz 2015, S. 14.

[35] Vgl. die Statistik des Zolls zum Gewerblichen Rechtsschutz 2015, S. 15.

[36] Vgl. die Statistik des Zolls zum Gewerblichen Rechtsschutz 2015, S. 14.

4.2.7 Artenschutz

In der Rubrik „Artenschutz" werden die Aufgriffe und Sicherstellungen in diesem Bereich sowie die Transportmittel und -wege offengelegt.

Während die Aufgriffe in dieser Kategorie in den letzten fünf Jahren stabil geblieben sind, hat die Anzahl an sichergestellten Tieren, Pflanzen und Objekten im Jahr 2015 das höchste Niveau erreicht (Abb. 4.11). Für das Jahr 2016 ist aber wieder ein starker Rückgang festzustellen (Aufgriffe: 915; Sicherstellungen: 63.152).[37]

Hinsichtlich der Transportmittel/-wege dominiert der Flugverkehr, gefolgt von der Versendung auf dem Postweg. Der Transport über die Autobahn/Landstraße spielt kaum eine Rolle (Abb. 4.12). Gleiches gilt auch für das Berichtsjahr 2016.[38]

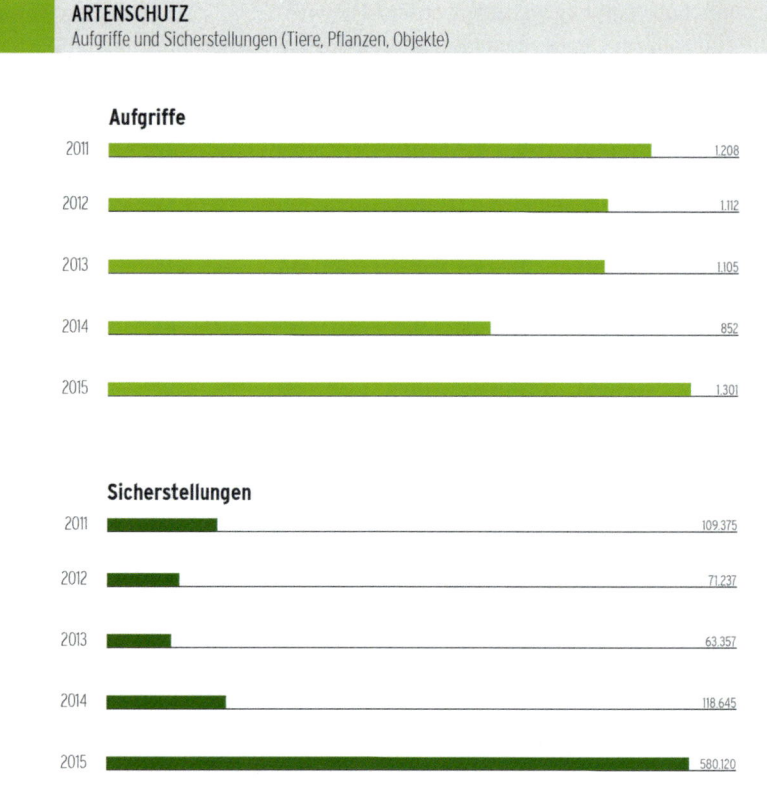

ARTENSCHUTZ
Aufgriffe und Sicherstellungen (Tiere, Pflanzen, Objekte)

Aufgriffe

2011	1.208
2012	1.112
2013	1.105
2014	852
2015	1.301

Sicherstellungen

2011	109.375
2012	71.237
2013	63.357
2014	118.645
2015	580.120

Abb. 4.11 Artenschutz – Aufgriffe und Sicherstellungen

---

[37] Vgl. Jahresstatistik des Zolls 2016, S. 14.

[38] Vgl. Jahresstatistik des Zolls 2016, S. 14.

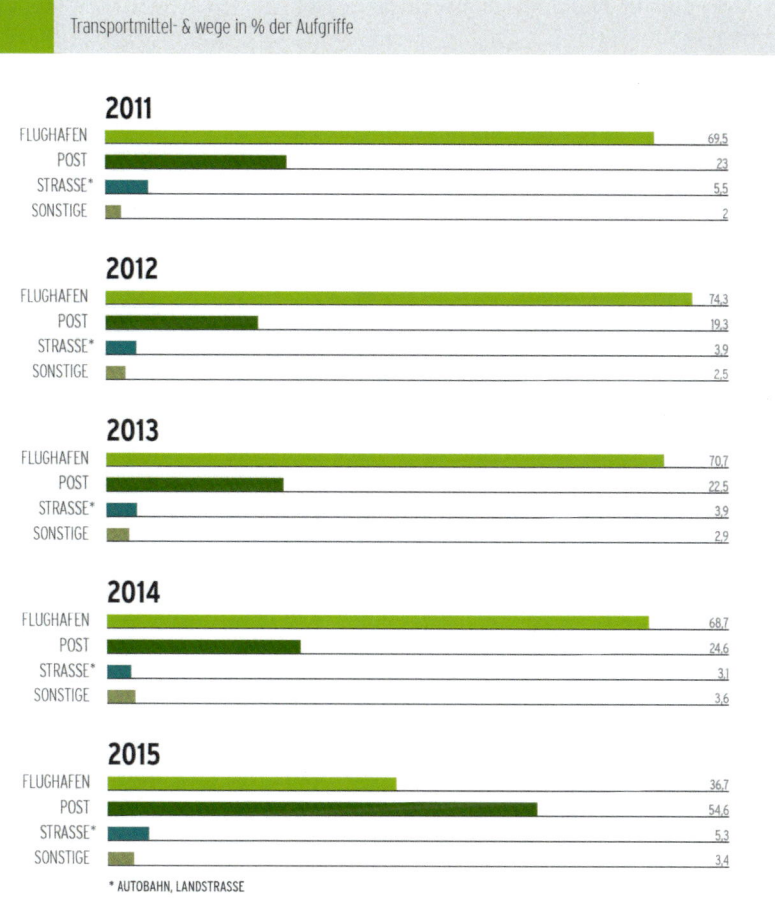

Abb. 4.12 Artenschutz – Transportmittel und Transportwege

4.2.8   Güter im Bereich der Verbote und Beschränkungen

Der globalisierte Handel und die Warenverkehrsfreiheit haben zu einer Liberalisierung der Märkte geführt. Allerdings gelten für den Im- und Export bestimmter Waren Einschränkungen, sogenannte „Verbote und Beschränkungen". Diese zu überwachen ist Aufgabe des Zolls. Die Reichweite dieser „Verbote und Beschränkungen" und damit die Rechtfertigung für einen Eingriff in die Warenverkehrsfreiheit in der Europäischen Union wurde bis zum 30. April 2016 durch Art. 58 Abs. 2 Zollkodex (ZK)[39] festgelegt. Seit dem 1. Mai 2016 gelten der Unionszollkodex

---

[39] „Absatz 1 steht Verboten oder Beschränkungen nicht entgegen, die aus Gründen der öffentlichen Sittlichkeit, Ordnung oder Sicherheit zum Schutze der Gesundheit und des Lebens von Menschen, Tieren oder Pflanzen, des nationalen Kulturguts von künstlerischem, geschichtlichem oder archäologischem Wert oder des gewerblichen und kommerziellen Eigentums gerechtfertigt sind."

(UZK) und die Durchführungsrechtsakte.[40] In Art. 134 Abs. 1 UZK ist Folgendes geregelt:

> „Waren, die in das Zollgebiet der Union verbracht werden, unterliegen ab dem Zeitpunkt ihres Eingangs der zollamtlichen Überwachung und können Zollkontrollen unterzogen werden. Sie unterliegen gegebenenfalls Verboten und Beschränkungen, die unter anderem aus folgenden Gründen gerechtfertigt sein können: Aufrechterhaltung der öffentlichen Sittlichkeit, Ordnung oder Sicherheit, Schutz der Gesundheit und des Lebens von Menschen, Tieren oder Pflanzen, Schutz der Umwelt, Schutz des nationalen Kulturguts von künstlerischem, geschichtlichem oder archäologischem Wert, Schutz des gewerblichen Eigentums – wozu auch Kontrollen in Bezug auf Drogenausgangsstoffe, Waren, die bestimmte Rechte des geistigen Eigentums verletzen, und Bargeld gehören – sowie Durchführung von Maßnahmen zur Erhaltung und Bewirtschaftung der Fischereiressourcen oder von handelspolitischen Maßnahmen."

Entsprechendes ist in Art. 267 Abs. 3 lit. e) UZK für die Ausfuhr geregelt.

Verstöße gegen Verbote und Beschränkungen können ordnungsrechtliche und strafrechtliche Sanktionen nach sich ziehen. Die Voraussetzungen der Sanktionierung sind in der Regel in den jeweils einschlägigen Spezialgesetzen aufgeführt (bspw. Markengesetz, Kriegswaffenkontrollgesetz, Artenschutzgesetz etc.). Im Zentrum der Vorschriften über die Bestrafung von Verstößen gegen „Verbote und Beschränkungen" steht der Bannbruch, § 372 AO (vgl. dazu noch Abschn. 10.1.4). Dabei handelt es sich um eine Vorschrift, die alle Verstöße gegen Ein-, Aus- und Durchfuhrverbote zusammenfasst,[41] wobei sich das Sanktionsmaß allerdings nach den einschlägigen Spezialgesetzen richtet, § 372 Abs. 2 AO, soweit ein solches Gesetz existiert, andernfalls gilt das Sanktionsmaß aus § 370 Abs. 1 und 2 AO.

Hinsichtlich der Verfahrenszahlen liegen Daten des Zolls aus dem Jahr 2014 vor (Abb. 4.13).

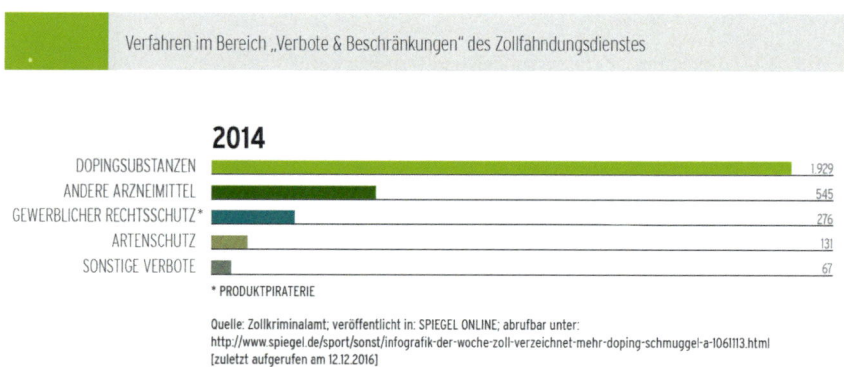

Abb. 4.13 Verfahren im Bereich „Verbote und Beschränkungen" des Zollfahndungsdienstes

---

[40] Vgl. ABl. L 269, S. 1 ff. v. 10.10.2013; vgl. die Nw. zu den Durchführungsbestimmungen und -rechtsakten: https://www.zoll.de/DE/Fachthemen/Zoelle/Der_Zollkodex_der_Union/UZK_und_ Durchfuehrungsrecht/uzk_und_durchfuehrungsrecht_node.html (zuletzt 8.11.2016).

[41] *Wamers*, in: Handbuch des Wirtschafts- und Steuerstrafrechts, 2. Aufl., 20/131.

Während in den Jahresstatistiken des Zolls (s. Abschn. 4.2) die Verfahrenszahlen nur abstrakt erfasst wurden, hellt sich das Bild zum illegalen Handel in Deutschland anhand dieser Daten etwas mehr auf. Es ist nicht zu übersehen, dass die Verfahren im Bereich Doping dominieren. An zweiter Stelle rangieren Arzneimittel. Der große zahlenmäßige Unterschied lässt sich damit begründen, dass in Deutschland auch vor dem Inkrafttreten des neuen Anti-Doping-Gesetzes[42] bereits der Besitz von Dopingmitteln unter bestimmten Voraussetzungen bestraft werden konnte[43], nicht aber der Besitz von illegalen Arzneimitteln. Im Vergleich zu den Verfahrenszahlen in den Bereichen Doping- und Arzneimittel haben die Verfahren zum gewerblichen Rechtsschutz (Produktpiraterie) und zum Artenschutz weniger Gewicht.

4.3   Das Lagebild zur organisierten Kriminalität in Deutschland und illegaler Handel

Setzt man die Daten zum illegalen Handel mit dem Bundeslagebild zur organisierten Kriminalität aus dem Jahr 2016 (Berichtsjahr 2015) in Beziehung, so wird bestätigt, dass sich in Deutschland agierende OK-Gruppierungen mehrheitlich im Bereich Rauschgifthandel/-schmuggel betätigen. Im Jahr 2015 konnte sogar ein Anstieg der *Gruppierungen* festgestellt werden (2014: 188; 2015: 208).[44] Insgesamt hat der Rauschgifthandel/-schmuggel einen Anteil von 36,7 % an der Gesamtanzahl (2015: 566)[45] aller in Deutschland geführten *OK-Verfahren*.[46] Circa zwei Drittel aller OK-Gruppierungen agieren im Bereich des Rauschgifthandels/-schmuggels.[47] Das in Deutschland zweitstärkste Betätigungsfeld der OK-Gruppierungen (84 Gruppierungen) ist die Eigentumskriminalität (14,8 %), gefolgt von der Kriminalität im Zusammenhang mit dem Wirtschaftsleben (67 Gruppierungen, 11,8 %).[48] Bereits an vierter Stelle und gegenüber 2014 stabil ist die Anzahl der OK-Gruppierungen im Zusammenhang mit den Steuer- und Zolldelikten (2015: 9 %). 51 OK-Gruppierungen wurden in diesem Bereich registriert.[49] Die illegalen Tätigkeiten erfolgen hierbei zu 74,5 % deliktspezifisch, wobei der Zigarettenschmuggel erneut das Hauptbetätigungsfeld der OK-Gruppierungen innerhalb der Steuer- und

---

[42] Anti-Doping-Gesetz v. 10.12.2015 (BGBl. I S. 2210), das durch Artikel 1 der Verordnung vom 8. Juli 2016 (BGBl. I S. 1624) geändert worden ist.

[43] Vgl. § 95 Abs. 1 Nr. 2b a. F. i. V. m. § 6a Abs. 2a Satz 1 AMG a. F.

[44] Bundeslagebild Organisierte Kriminalität 2015, S. 24.

[45] Bundeslagebild Organisierte Kriminalität 2015, S. 6.

[46] Bundeslagebild Organisierte Kriminalität 2015, S. 24.

[47] Bundeslagebild Organisierte Kriminalität 2015, S. 25.

[48] Bundeslagebild Organisierte Kriminalität 2015, S. 24.

[49] Bundeslagebild Organisierte Kriminalität 2015, S. 24.

Zollkriminalität bildete.[50] Für das Jahr 2015 wurde eine Schadenssumme von insgesamt 268 Millionen Euro (2014: 148 Millionen Euro) registriert. Dies entspricht einem Zuwachs von 81,1 % in diesem Kriminalitätsbereich.[51] Das bedeutet einen Anteil am Gesamtschaden, der von OK-Gruppierungen in Deutschland im Hellfeld verursacht wurde, von 63,2 %.[52] Hinsichtlich der Schadenssumme belegen die Steuer- und Zolldelikte den ersten Rang innerhalb der OK-Lage 2015.[53]

Bei Schleuserkriminalität (46 Gruppierungen, 8,1 %), Gewaltkriminalität (28 Gruppierungen, 4,9 %) sowie Cybercrime (22 Gruppierungen, 3,9 %) ist die Anzahl der Gruppierungen im Vergleich zu 2014 angestiegen. Demgegenüber hat die Anzahl der Gruppierungen im Bereich der Fälschungskriminalität (16 Gruppierungen, 2,8 %), der Kriminalität im Zusammenhang mit dem Nachtleben (15 Gruppierungen, 2,7 %), der Geldwäsche (12 Gruppierungen, 2,1 %) sowie der Umweltkriminalität (5 Gruppierungen, 0,9 %) abgenommen. Mit einem prozentualen Anteil von unter einem Prozent sind Gruppierungen, die im Bereich Waffenhandel/-schmuggel (5 Gruppierungen, 0,9 %) und Korruption (2 Gruppierungen, 0,4 %) tätig gewesen sind, im Lagebild erfasst.

Der Zusammenhang zwischen der OK und dem illegalen Handel wird aufgrund dieser Daten besonders deutlich. Der illegale Handel ist eine der bedeutendsten Einnahmequellen für die organisierte Kriminalität. Da die illegal erzielten Einnahmen entweder für weitere illegale Geschäfte genutzt oder zur Geldwäsche in den legalen Wirtschaftskreislauf zurückgeführt werden, kommt es zu Überschneidungen zwischen illegalen und legalen Märkten, was die Ermittlungen in diesem Bereich erschwert (vgl. zu den Finanzermittlungen noch Abschn. 10.2.3).

4.4   Bewertung der Daten und Zusammenfassung

Die vorliegenden Daten zu illegalen Märkten lassen nur wenige Rückschlüsse auf das tatsächliche Ausmaß des illegalen Handels in Deutschland zu. Dafür ist die Produktvielfalt insbesondere im Bereich gefälschter Produkte zu groß. Allerdings sind auch die verfügbaren Daten nicht immer konsistent und aussagekräftig. Bereits die in den Jahresstatistiken des Zolls gewählte Reihenfolge der Rubriken im Kapitel „Schutz von Sicherheit und Ordnung" ist kaum nachzuvollziehen. Während zwar mit den Rubriken „Rauschgiftkriminalität" und „Zigarettenschmuggel" am Anfang der Darstellung noch eine gewisse Priorisierung erkennbar wird, erscheint die immer bedeutsamer werdende Produkt- und Markenpiraterie erst am Ende des Kapitels, und die produkt- bzw. branchenorientierte Gliederung wird durch die

---

[50] Bundeslagebild Organisierte Kriminalität 2015, S. 28.

[51] Bundeslagebild Organisierte Kriminalität 2015, S. 28.

[52] Bundeslagebild Organisierte Kriminalität 2015, S. 28.

[53] Bundeslagebild Organisierte Kriminalität 2015, S. 28.

Darstellung der Verfahrenszahlen unterbrochen. Hinzu kommt, dass die verschiedenen Datenquellen von Polizei und Zoll nicht zusammengeführt werden. Beim Bundeskriminalamt werden in den Bundeslagebildern[54] Daten mit Bezug zu illegalen Märkten ebenso erhoben wie beim Zoll. Ebenso finden sich Verfahrenszahlen in der PKS. In welchem Verhältnis diese Zahlen zueinanderstehen, ist völlig unklar. Außerdem führt der Zoll einige ihm bekannte Daten nicht in der Jahresstatistik auf, obwohl sie in anderen Quellen vorliegen. So werden etwa in der Jahresstatistik des Zolls in der Rubrik Produkt- und Markenpiraterie Daten zu den Anträgen auf Grenzbeschlagnahme, Fällen von Grenzbeschlagnahmen, dem Wert und der Anzahl der beschlagnahmten Waren ausgewiesen, während in der Statistik des Zolls zum Gewerblichen Rechtsschutz auch Informationen zur Anzahl der Aufgriffe dargestellt werden. Immerhin geben die Zahlen aber erste Hinweise auf etablierte Märkte und Wachstumsmärkte, und es lassen sich durch die Zusammenführung der Daten mit dem Bundeslagebild zur organisierten Kriminalität Rückschlüsse auf die Involvierung der OK in den illegalen Handel ziehen. Zu den etablierten Märkten gehört immer noch der Drogenhandel, der stark von der OK dominiert wird. Zu den Wachstumsmärkten gehören Produktfälschungen in all ihrer Vielfalt, was aufgrund hoher Gewinnmargen ein attraktives Feld für organisierte Kriminalität darstellt. Die Jahresstatistiken des Zolls bleiben jedoch weitgehend an der Oberfläche des Problems und erhellen zu wenig. Dabei dürften dem Zoll durchaus Daten zu einigen interessanten Tatsachen vorliegen. Unerwähnt bleiben bspw. die Handelsrouten. Unklar bleiben auch Aussagen zu bestimmten Gütern. Wenn in der Jahresstatistik des Zolls 2015[55] bspw. von 150.166 beschlagnahmten Waren in der Gruppe „Arzneimittel" die Rede ist, dann bleibt offen, welche Handelsmenge damit gemeint sein soll, wenn für das gleiche Jahr Medienberichten zufolge 3,9 Millionen Tabletten beschlagnahmt worden sein sollen.[56] Demgegenüber detailreich werden aber die Produktgruppen nach Herkunftsländern in der Statistik des Zolls zum Gewerblichen Rechtsschutz dargestellt.[57] Dadurch können Staaten identifiziert werden, in denen die Bedingungen für die Herstellung illegal hergestellter Produkte besonders gut sind. Immerhin werden aber im Bereich der Produkt- und Markenpiraterie das Ausmaß und die Bedeutung dieses illegalen Marktes teilweise bereits sehr deutlich.

Die Zahlen zeigen auch, dass der Fokus der Ermittlungen und Überwachungen klar auf den Bereich illegaler Drogen und weniger auf die neuen Wachstumsmärkte ausgerichtet ist. Das überrascht nicht, denn immerhin existieren gerade in diesem Bereich Formen der Zusammenarbeit zwischen Polizei und Zoll, was den

---

[54] Beim BKA werden folgende Bundeslagebilder mit Bezügen zu illegalen Märkten erstellt: Cybercrime, Falschgeldkriminalität, Kfz-Kriminalität, Menschenhandel, organisierte Kriminalität, Waffenkriminalität, Wirtschaftskriminalität, Zahlungskartenkriminalität.

[55] S. 12.

[56] Vgl. http://www.spiegel.de/gesundheit/diagnose/zoll-beschlagnahmte-3-9-millionen-gefaelschte-tabletten-a-1086562.html (zuletzt 20.10.2016).

[57] Vgl. die Statistik des Zolls zum Gewerblichen Rechtsschutz 2015, S. 26 ff.

Verfolgungsdruck gleichmäßig hoch und die Aufdeckungsquoten stabil hält. Die Priorisierung bestimmter illegaler Märkte im Zusammenhang mit der Strafverfolgung führt deshalb auch zwangsläufig zu einer besseren und genaueren Datenbasis. Die teilweise erheblich abweichenden Sicherstellungsmengen lassen sich in der Regel auf Großsicherstellungen zurückführen, wie dies bspw. im Jahr 2014 bei Heroin und Marihuana der Fall war.[58] Die Schwierigkeiten, das Ausmaß des illegalen Waffenhandels zu beschreiben, wurden bereits angedeutet. (vgl. Abschn. 4.2.3). Letztendlich kommt auch das BKA im Jahr 2010 zu dem Ergebnis, dass die Feststellung waffenrechtlicher Verstöße stark von den tatsächlichen Kontroll- und Überwachungsmöglichkeiten der Strafverfolgungsbehörden abhängt. Aus diesem Grunde seien die Fallzahlen im Bundeslagebild Waffenkriminalität zur „illegalen Einfuhr" auch nur eingeschränkt aussagekräftig.[59]

Festzuhalten bleibt, dass es für die zukünftige Einschätzung des Ausmaßes und der Bedeutung des illegalen Handels in Deutschland sowie der darin involvierten OK-Gruppierungen von größter Wichtigkeit sein wird, die Daten des Zolls mit denen der Polizei abzugleichen und zusammenzuführen sowie die Inhalte der Statistiken anhand einer Priorisierung der illegalen Märkte neu auszurichten. Nicht nur Europol hat im Bericht „EU Serious and Organised Crime Threat Assessment (SOCTA)" aus dem Jahr 2017[60] darauf hingewiesen, dass ca. 45 % der organisierten kriminellen Gruppierungen in mehreren Märkten tätig sind. Im Bericht aus dem Jahr 2013 waren es noch ca. 30 %.[61] Auch das Bundeslagebild Organisierte Kriminalität aus dem Jahr 2016[62] bestätigt diesen Trend. Das bedeutet, dass verstärkt auch die Konvergenzen verschiedener Märkte von den Strafverfolgungsbehörden beobachtet werden müssen.

---

[58] Vgl. Polizeiliche Kriminalstatistik 2015, S. 8.

[59] Bundeslagebild Waffenkriminalität 2010, S. 10.

[60] Europol SOCTA 2017, S. 15.

[61] Europol SOCTA, 2013, S. 32.

[62] Bundeslagebild Organisierte Kriminalität 2015, S. 7.

Kapitel 5
Zur Bedeutung der Produkt- und Markenpiraterie als Quelle des illegalen Handels

5.1 Grundlagen

Die Anzahl der beschlagnahmten Waren an den Außengrenzen der Europäischen Union ist seit 1998 um nahezu 1000 % gestiegen.[1] In der öffentlichen Wahrnehmung spielen die im Zusammenhang mit Produkt- und Markenpiraterie stehenden Straftaten und Bußgeldtatbestände aber kaum eine Rolle. Nur dann, wenn mit derartigen Straftaten spürbare persönliche Vermögenseinbußen verbunden sind, weil etwa eine Person über ein Produkt getäuscht wurde oder ein Produkt gesundheitsschädliche Wirkungen hervorruft, wie dies bspw. bei gefälschten Lebens- oder Arzneimitteln der Fall sein kann, erfährt das Thema eine gewisse mediale Beachtung.[2] Auf der Grundlage der u. a. vom Zoll[3] und vom TÜV Rheinland[4] dokumentierten Fälle wird

---

[1] *Möller*, in: Handbuch des Wirtschafts- und Steuerstrafrechts, 4. Aufl., 17/1.

[2] So stehen bspw. Sudanfarbstoffe, die Fälscher verwenden, um bei bestimmten Lebensmitteln deren Echtheit vorzutäuschen, im Verdacht, Krebs hervorzurufen oder zu fördern. Erstmals wurde im Mai 2003 durch ein amtliches Labor in Frankreich, das Importe von Chilipulver und Chiliprodukten aus Indien untersuchte, Sudan I in einem Lebensmittel nachgewiesen. Kurz darauf wurden die Farbstoffe Sudan I–IV auch in verschiedenen anderen Lebensmitteln wie Gewürzen, Tomatensaucen, Teig- und Wurstwaren sowie in Palmöl entdeckt. Im Februar 2005 wurde in Großbritannien eine weite Rückrufaktion von Lebensmittelprodukten durchgeführt, nachdem in Worcestersauce mit Sudanfarbstoffen verunreinigtes Chili aus dem Jahre 2002 gefunden worden war. Die ermittelten Gehalte waren hierbei oft nicht unerheblich und erreichten teilweise Konzentrationen an Sudan I von bis zu 3.500 mg/kg. Vgl. http://www.lci-koeln.de/deutsch/veroeffentlichungen/lci-focus/verbotene-sudanfarbstoffe-in-lebensmitteln-eo-e-faelscher-e-am-werk (zuletzt 1.12.2016).

[3] Vgl. bspw.: „Zoll vernichtet 10.000 Flaschen gefährlichen Wodkas", Pressemitteilung der Generalzolldirektion v. 20.10.2016; vgl. auch die Statistik des Zolls zum Gewerblichen Rechtsschutz 2015, S. 5.

[4] *Diekmann, Ralf*, Gefälschte Markenartikel können mit Schadstoffen belastet sein, Pressemitteilung v. 19.8.2016, Köln.

© Springer-Verlag GmbH Deutschland 2018
A. Sinn, *Wirtschaftsmacht Organisierte Kriminalität*,
DOI 10.1007/978-3-662-55269-8_5

sehr deutlich, dass der Verbraucher bei den unterschiedlichsten Produkten Gesundheitsrisiken ausgesetzt sein kann.[5] Demgegenüber spielen Schäden, die den Markenrechtsinhabern durch Umsatzeinbußen oder auch Imageverlust entstehen, in der gesamtgesellschaftlichen Debatte kaum eine Rolle. Fast ebenso wenig „Mitleid" teilt man staatlichen Steuerausfällen mit, wenn gleichzeitig mit der Produkt- und Markenpiraterie auch das Steueraufkommen des Staates betroffen ist. Selbst wer bewusst gefälschte Waren erwirbt, hat, soweit er nicht im geschäftlichen Verkehr handelt, keine Sanktionen zu befürchten, denn der Besitz oder Erwerb dieser Waren ist weder strafbar noch als Ordnungswidrigkeit sanktionierbar. Das Unionsrecht schließt sogar ausdrücklich ein Eingreifen der Zollbehörden in den Fällen aus, in denen Waren ohne gewerblichen Charakter, im persönlichen Gepäck von Reisenden mitgeführt werden.[6] (Art. 1 Abs. 4 der Verordnung). Der Erwerb gefälschter Waren gilt unter den Konsumenten als Bagatelle.[7] Um Einfluss auf illegale Märkte nehmen zu können, müssen auch gesetzgeberische Maßnahmen auf Nachfrageseite geprüft werden. So kann eine niedrigschwellige Sanktionierung im Rahmen einer Ordnungswidrigkeit durchaus präventiv wirken und die Nachfrage an illegal hergestellten Markenartikeln senken.[8]

Auch in der statistischen Aufarbeitung erfährt das Kapitel „Produkt- und Markenpiraterie" wenig Aufmerksamkeit. Das zeigt sich schon daran, dass das statistische Bundesamt Daten zur Produkt- und Markenpiraterie nicht aufschlüsselt, sondern nur Zahlen zu § 74c Abs. 1 Nr. 1–6b GVG erfasst, der einen umfangreichen Katalog an Straftaten[9] enthält. Für das Jahr 2013 wurden 6466 erledigte Strafverfahren bei

---

[5] Sogar gefälschte Zahnbürsten stellen ein Gesundheitsrisiko dar, wenn die Borstenenden nicht abgerundet sind und so das Zahnfleisch verletzt werden kann. Vgl. den internen vorliegenden Prüfbericht v. 25.10.2016 zu gefälschten Zahnbürstenaufsätzen. Diese Aufsätze wurden auf einem deutschen Flohmarkt erworben.

[6] Vgl. Art. 1 Abs. 4 der Verordnungen (EU) Nr. 608/2013 des Europäischen Parlaments und des Rates vom 12.6.2013 zur Durchsetzung der Rechte geistigen Eigentums durch die Zollbehörden und zur Aufhebung der Verordnung (EG) Nr. 1383/2003 des Rates (ABl. L 181 v. 29.6.2013, S. 15).

[7] Vgl. auch *Pekala*, Markenpiraterie, S. 164.

[8] Vgl. auch *Pekala*, Markenpiraterie, S. 167.

[9] Straftaten nach dem Patentgesetz, dem Gebrauchsmustergesetz, dem Halbleiterschutzgesetz, dem Sortenschutzgesetz, dem Markengesetz, dem Designgesetz, dem Urheberrechtsgesetz, dem Gesetz gegen den unlauteren Wettbewerb, der Insolvenzordnung, dem Aktiengesetz, dem Gesetz über die Rechnungslegung von bestimmten Unternehmen und Konzernen, dem Gesetz betreffend die Gesellschaften mit beschränkter Haftung, dem Handelsgesetzbuch, dem SE-Ausführungsgesetz, dem Gesetz zur Ausführung der EWG-Verordnung über die Europäische wirtschaftliche Interessenvereinigung, dem Genossenschaftsgesetz, dem SCE-Ausführungsgesetz und dem Umwandlungsgesetz, nach den Gesetzen über das Bank-, Depot-, Börsen- und Kreditwesen sowie nach dem Versicherungsaufsichtsgesetz, dem Zahlungsdiensteaufsichtsgesetz und dem Wertpapierhandelsgesetz, nach dem Wirtschaftsstrafgesetz 1954, dem Außenwirtschaftsgesetz, den Devisenbewirtschaftungsgesetzen sowie dem Finanzmonopol-, Steuer- und Zollrecht, auch soweit dessen Strafvorschriften nach anderen Gesetzen anwendbar sind; dies gilt nicht, wenn dieselbe Handlung eine Straftat nach dem Betäubungsmittelgesetz darstellt, und nicht für Steuerstraftaten, welche die

der Staatsanwaltschaft erfasst.[10] Im Jahr 2014 waren es 6202 Fälle.[11] Etwas genauer ist die Aufschlüsselung der einzelnen Deliktsbereiche in der Rubrik „Strafverfolgung". Dort werden bspw. strafrechtliche Verurteilungen nach dem Patentgesetz, dem Gebrauchsmustergesetz, dem Geschmacksmustergesetz, dem Markengesetz, dem Urhebergesetz oder auch dem Arzneimittelgesetz ausgewiesen. Im Zusammenhang mit Fälschungen von Markenartikeln ist aus deutscher Sicht das Markengesetz (§ 143 MarkenG) von besonderer Bedeutung. Für das Jahr 2014 wurden 274 abgeurteilte Personen erfasst.[12]

Die Aufdeckung von Produkt- und Markenpiraterie setzt voraus, dass die Warensendungen entdeckt werden, was wiederum nur durch Kontrolle sichergestellt werden kann. Die Zollverwaltungen können allerdings nur in 2–5 % der Einfuhren eine wirkliche „Beschau" vornehmen.[13] Das bedeutet nichts anderes, als dass das Entdeckungsrisiko bei der Einfuhr von Waren, die Verboten und Beschränkungen unterliegen, sehr gering ist. Dabei wird in Deutschland bei einer Kontrolldichte von 5 % im Vergleich zu anderen EU-Staaten sogar von einer hohen Dichte gesprochen.[14] Demgegenüber sollen in Spanien lediglich 0,5 % der Güter kontrolliert werden.[15] Mit einer niedrigen Kontrolldichte korrespondiert ein niedriger Verfolgungsdruck, was das eingegangene Risiko für Fälscher kalkulierbar werden lässt. Die Aufgriffe im Zusammenhang mit dem Postversand haben enorm zugenommen (vgl. dazu Abschn. 4.2.6.4). Das dürfte nicht an einem gestiegenen Verfolgungsdruck und der Kontrolldichte liegen, vielmehr dürfte das auf die gestiegenen Mengen transportierter Postsendungen zurückzuführen sein. Es wird sogar ein Trend hin zum Versand kleiner Mengen gefälschter Waren über den Postweg ausgegangen.[16] Eine Studie

---

Kraftfahrzeugsteuer betreffen, nach dem Weingesetz und dem Lebensmittelrecht, Subventionsbetrug, Kapitalanlagebetrug, Kreditbetrug, Bankrott, bei der Verletzung der Buchführungspflicht, der Gläubigerbegünstigung und der Schuldnerbegünstigung, wettbewerbsbeschränkenden Absprachen bei Ausschreibungen, bei Bestechlichkeit und Bestechung im geschäftlichen Verkehr sowie der Bestechlichkeit im Gesundheitswesen und der Bestechung im Gesundheitswesen, bei Betrug, Computerbetrug, Untreue, Vorenthalten und Veruntreuen von Arbeitsentgelt, Wucher, Vorteilsannahme, Bestechlichkeit, Vorteilsgewährung und der Bestechung, nach dem Arbeitnehmerüberlassungsgesetz und dem Schwarzarbeitsbekämpfungsgesetz.

[10] Statistisches Bundesamt, Fachserie 10, Reihe 2.6, 2013 (erschienen 2014), S. 22.

[11] Statistisches Bundesamt, Fachserie 10, Reihe 2.6., 2014 (erschienen 2015), S. 22.

[12] Statistisches Bundesamt, Fachserie 10, Reihe 3, 2014 (erschienen 2015), S. 54.

[13] Ähnlich auch *Pekala*, Markenpiraterie, S. 31 mit Verweis auf http://www.markenverband.de/presse/archiv2012/pmvkeundmvzueuzollstatistik2012 (zuletzt 5.12.2016); vgl. auch *Gedert*, Der angemessene Schadensersatz bei der Verletzung geistigen Eigentums, S. 129.

[14] *Gedert*, Der angemessene Schadensersatz bei der Verletzung geistigen Eigentums, S. 129.

[15] *Gedert*, Der angemessene Schadensersatz bei der Verletzung geistigen Eigentums, S. 129 Fn. 373.

[16] OECD/EUIPO, Trade in Counterfeit and Pirated Goods: Mapping the Economic Impact, OECD Publishing, 2016, S. 55 ff.

von Europol aus dem Jahr 2015 zeigt aber auch, dass aus Gründen der Profitsteigerung verschiedene kriminelle Verbrecherorganisationen gefälschte Waren innerhalb der Europäischen Union herstellen, um Zollkontrollen und Transportkosten gerade zu vermeiden.[17] Dieses Modell der profitorientierten Binnenproduktion funktioniert aber auch nur so lange, wie der Verfolgungsdruck innerhalb der Europäischen Union gering einzuschätzen ist.

Der weltweite wirtschaftliche Schaden, der durch Produkt- und Markenpiraterie verursacht wird, wurde bereits im Jahr 1985 in einem Bericht des Ausschusses für Außenwirtschaftsbeziehungen des Europäischen Parlaments auf 500 Mrd. US-Dollar beziffert.[18] Umgerechnet auf die Beteiligung am Welthandel bedeutete dies, dass bereits 1985 für Deutschland ein Schaden in Höhe von 28 Mrd. Euro eingetreten wäre.[19] Der Bericht aus dem Jahr 1985 schätzt auch, dass in den damals zehn Mitgliedstaaten der Europäischen Gemeinschaft ein Verlust von ca. 100.000 Arbeitsplätzen zu verzeichnen sei. 50.000 sollen allein auf Deutschland entfallen. Auf die heutige Situation bezogen könnte dies heißen, dass allein in Deutschland 70.000 bis 80.000 Arbeitsplätze mehr zur Verfügung stünden, würde es die Produkt- und Markenpiraterie nicht geben.[20] Für den EU-Raum erleiden nach Schätzungen Europols die Unternehmen heute im Bereich gefälschter Kleidung Umsatzeinbußen in Höhe von 43,3 Mrd. Euro. Den Staatshaushalten fehlten dementsprechend ca. 8,1 Mrd. Euro Einnahmen und 518.281 Arbeitsplätze gingen verloren.[21] Der jüngste Bericht des Verbandes deutscher Maschinen- und Anlagenbauer (VDMA) schildert, dass 70 % der im VDMA organisierten Unternehmen von Produkt- oder Markenpiraterie betroffen sind. Der geschätzte Schaden für den deutschen Maschinen- und Anlagenbau wird auf 7,3 Mrd. Euro jährlich angegeben.[22] Es wird davon ausgegangen, dass ein Umsatz in der Schadenshöhe von 7,3 Mrd. Euro in der Branche knapp 34.000 Arbeitsplätze sichern würde.[23] Interessant ist die Aussage des VDMA zur „Produktpiraterie made in Germany". Im Bereich des Maschinen- und Anlagensektors liege Deutschland mit 24 % als Herkunftsland von Plagiaten auf Platz 2 hinter der Volksrepublik China.[24] Der Verband geht bei den Plagiaten deutschen Ursprungs von sogenannten Hightech-Plagiaten aus, dabei handelte es sich um solche, die nicht von minderer Qualität und Funktion sind.[25]

---

[17] Europol/OHIM, Situation Report on Counterfeiting in the European Union, 2015, S. 17; vgl. auch OECD, Illicit Trade, S. 30 f.; *Ellis*, On Tap Europe, Organised Crime and Illicit Trade in Tobacco, Alcohol and Pharmaceuticals, RUSI Whitehall Report 2-17, 2017, S. 15.

[18] Dok. A 2-115/85 v. 9.10.1985.

[19] *Möller*, in: Handbuch des Wirtschafts- und Steuerstrafrechts, 4. Aufl., 17/5.

[20] *Möller*, in: Handbuch des Wirtschafts- und Steuerstrafrechts, 4. Aufl., 17/5.

[21] https://www.europol.europa.eu/crime-areas-and-trends/crime-areas/intellectual-property-crime (zuletzt 5.1.2017).

[22] VDMA-Studie Produktpiraterie 2016, S. 6.

[23] VDMA-Studie Produktpiraterie 2016, S. 6.

[24] VDMA-Studie Produktpiraterie 2016, S. 7.

[25] VDMA-Studie Produktpiraterie 2016, S. 5.

Im Jahr 2002 hat die Europäische Kommission in einer Pressemitteilung[26] geschildert, dass mehrere von den Zollbehörden eingeleitete Verfahren die Annahme zu bestätigen scheinen, dass es Verbindungen zwischen den Aktivitäten im Bereich der Produktpiraterie und der Nachahmung und bestimmten Terrornetzwerken gibt.

Es ist nicht zu übersehen, dass trotz des Ausmaßes des illegalen Handels und der Größe der illegalen Märkte ein Verfolgungsdefizit besteht. Das liegt nicht zuletzt am mangelnden Problembewusstsein für die Sanktionierung bestimmter Verhaltensweisen im Umgang mit bestimmten Gütern, Waren und Dienstleistungen. Häufig handelt es sich um eine Rechtsmaterie, die im Nebenstrafrecht geregelt ist, die in der Ausbildung keine Rolle spielt und die nicht selten von einer unübersichtlichen Regelungstechnik durchzogen ist. Das völlig misslungene Arzneimittelstrafrecht mag ein anschauliches Beispiel dafür sein.[27] Eine Vielzahl verschiedener Tathandlungen und Straftatbestände ist in zwei Paragrafen des AMG untergebracht. Hinzu kommen noch diverse Versuchsstrafbarkeiten und die Möglichkeit, die Straftat auch fahrlässig zu begehen. Kaum noch durchschaubar sind die Regelungsmaterien dann, wenn sie Blankettverweisungen mit Rückverweisungen oder Kettenverweisungen enthalten.[28] Diese Regelungstechniken sind nicht nur für den Bürger undurchschaubar, sondern auch sperrig und unbequem für den ermittelnden Polizisten oder die Staatsanwaltschaft. Nicht zuletzt ist die Strafandrohung bei bestimmten Delikten so niedrig, dass sie im Vergleich zu anderen bekannt gewordenen Straftaten nicht ins Gewicht fallen und deshalb gem. § 154 StPO eingestellt werden. Die Sensibilität bei der Strafverfolgung von Delikten, im Zusammenhang mit illegalen Märkten steigt aber, wenn mit der Tathandlung eine bestimmte Gefährdung Einzelner, sei sie auch abstrakt, verbunden ist. Das zeigt sich insbesondere bei den Drogendelikten, wo deren Verfolgung mit einem Schutz der Volksgesundheit begründet wird. Gleiches gilt für Waffen oder für Atommaterial. Wo sich aber die Rechtsverletzung in der Verletzung des Markenrechts, also geschäftlicher Interessen der Unternehmen erschöpft, so ist keine gleichartige Intensität bei der Strafverfolgung zu beobachten.[29] Dabei werden die volkswirtschaftlichen Schäden und die gesamtgesellschaftlichen Auswirkungen ebenso übersehen wie der Rang des geistigen Eigentums als ein dem Eigentum gleichstehendes Recht.

5.2 Probleme bei der Verfolgung von Markenrechtsverletzungen

Die relevanten Straf- und Ordnungswidrigkeitentatbestände hinsichtlich der Verletzung einer Marke sind in den §§ 143–145 MarkenG geregelt. Straf- und ahndbar ist die Kennzeichenverletzung nur bei einer Betätigung im geschäftlichen Verkehr.

---

[26] IP/02/1163 vom 26. Juli 2002.

[27] Vgl. dazu *Sinn*, in: Grenzenlose Sicherheit, S. 197 (215 ff.).

[28] Vgl. *Schmitz*, FS Schünemann, S. 235 ff.

[29] Vgl. auch *Möller*, in: Handbuch des Wirtschafts- und Steuerstrafrechts, 4. Aufl., 17/15.

Der Privatverkehr, also bspw. der Gebrauch einer gefälschten Markenware durch eine Privatperson, ist also nicht sanktionierbar.[30] Eine Täuschung des Käufers über die Echtheit der Ware ist bei den Straftatbeständen zum Schutz gewerblicher Rechte nicht erforderlich. Eine Ausnahme bildet hier nur § 143 Abs. 1 lit. 3b MarkenG. Bei der einfachen Schutzrechtsverletzung gem. § 143 Abs. 1 MarkenG ist Voraussetzung für die strafrechtliche Verfolgung die Stellung eines Strafantrags (§ 143 Abs. 4 MarkenG). Von einer Strafverfolgung im öffentlichen Interesse wird in der Regel abgesehen.[31] Bei der gewerbsmäßigen und bandenmäßigen Begehung (§ 143 Abs. 2 MarkenG) ist die Stellung eines Strafantrages nicht erforderlich. Das Antragserfordernis ist nicht mit dem Antrag auf Grenzbeschlagnahme[32] zu verwechseln. Bei Letzterem handelt es sich um das Begehren des Rechtsinhabers, dass die Waren vom Zoll beschlagnahmt werden. Das bedeutet aber auch, dass nur diese Rechtsinhaber, die den Antrag auf Grenzbeschlagnahme bei der Zentralstelle gewerblicher Rechtsschutz gestellt haben,[33] von der Schutzrechtsverletzung informiert werden. Nur dann haben sie aber auch die Möglichkeit, einen Strafantrag zu stellen.[34] Bei bedeutenden Schutzrechtsverletzungen, die noch nicht das Ausmaß der Gewerbsmäßigkeit oder der bandenmäßigen Begehung erreicht haben, erfolgt von Amts wegen also *kein* Informationsaustausch zwischen dem Zoll und der Staatsanwaltschaft. Vielmehr wird es in die Hände der Schutzrechtsinhaber gelegt, ob sie einen Strafantrag stellen und über diesen dann die Staatsanwaltschaft die notwendigen Informationen über die Schutzrechtsverletzungen erhält. Das Zusammenspiel zwischen dem Antrag auf Grenzbeschlagnahme, der Information durch

---

[30] Vgl. MüKo/*Maske-Reiche* § 143 MarkenG Rn. 73.

[31] Vgl. *Möller*, in: Handbuch des Wirtschafts- und Steuerstrafrechts, 4. Aufl., 17/22.

[32] Es kommen zwei Formen von Grenzbeschlagnahme in Betracht: 1. Grenzbeschlagnahme nach Unionsrecht (bei der Einfuhr aus Drittstaaten in die EU) und 2. Grenzbeschlagnahme nach nationalem Recht (bei der Einfuhr von Waren aus einem Staat der EU in einen anderen EU-Staat) bspw. § 146 MarkenG. Bei einer Grenzbeschlagnahme nach Unionsrecht gilt die Verordnung (EU) Nr. 608/2013 des Europäischen Parlaments und des Rates vom 12. Juni 2013 zur Durchsetzung der Rechte geistigen Eigentums durch die Zollbehörden und zur Aufhebung der Verordnung (EG) Nr. 1383/2003 des Rates (ABl. L 181 v. 29.6.2013, S. 15).

[33] Die Anträge (nach Unionsrecht und nach nationalem Recht) können über das Zentrale Datenbanksystem zum Schutz Geistiger EigentumsRechte online (ZGR-online) gestellt werden. Mit der Verordnung (EU) Nr. 608/2013 stellt die Kommission den Zollbehörden der Mitgliedstaaten die Informationsplattform COPIS (Anti-Counterfeit and anti-Piracy Information System) zur Verfügung. Ausschließlich über dieses System können die Mitgliedstaaten seit 1. Januar 2014 Antragsinformationen einstellen und abrufen. Das System ist im Wesentlichen für die Mitgliedstaaten konzipiert, die bislang noch über kein elektronisches Informationstool verfügen. ZGR-online ist mit COPIS unmittelbar verknüpft und damit Teil des Systems der Kommission (vgl. https://www.zoll.de/DE/Fachthemen/Verbote-Beschraenkungen/Gewerblicher-Rechtsschutz/Information-ZGR-online/information-zgr-online_node.html zuletzt 9.1.2017).

[34] Die Anträge auf Grenzbeschlagnahme liegen in den letzten Jahren stabil bei ca. 1.000 pro Jahr. Vgl. die Statistik des Zolls zum Gewerblichen Rechtsschutz 2015, S. 21.

den Zoll an den Rechtsinhaber und dem Strafantragserfordernis schwächt also den Informationsfluss zwischen Zoll und Staatsanwaltschaft.[35] Nur in den Fällen, in denen die Rechtsinhaber bei der Stellung des Grenzbeschlagnahmeantrages vorsorglich auch einen Strafantrag stellen, werden die Akten auch der Staatsanwaltschaft zugeleitet.[36] Soweit die Unternehmen in die Ermittlungen kein hinreichendes Vertrauen setzen, weil ihre wirtschaftliche Schäden sowieso nicht ausgeglichen, die kriminellen Netzwerke nicht aufgeklärt und gesprengt sowie die Hintermänner nicht belangt werden bzw. keine oder nur eine niedrigschwellige Sanktionierung greift, solange werden sie auch von der Stellung eines Strafantrages absehen. Der Strafrahmen der einfachen Schutzrechtsverletzung reicht von Geldstrafe bis zu Freiheitsstrafe von drei Jahren. Handelt der Täter gewerbsmäßig, so wird er mit Geldstrafe oder Freiheitsstrafe von drei Monaten bis zu fünf Jahren bestraft, § 143 Abs. 2 MarkenG. Es handelt sich um eine Qualifikation zur Sanktionierung der gewerbsmäßigen Produktpiraterie. Unter einer gewerbsmäßigen Begehung wird die gezielte, wiederholte bzw. in Wiederholungsabsicht sowie mit Gewinnerzielungsabsicht begangene vorsätzliche Schutzrechtsverletzung verstanden.[37] Auch bei einem Ersttäter kann Gewerbsmäßigkeit dann angenommen werden, wenn der Nachweis gelingt, dass die erste Tat in Wiederholungsabsicht begangen wurde. Aus der Praxis wird berichtet, dass auch bei Sicherstellungen von mehreren hundert T-Shirts oder gefälschten Kfz-Teilen die gewerbsmäßige Begehung sehr oft verneint werde.[38] In der Rechtsprechung ist es üblich[39] unter anderem aus der Menge der aufgefundenen Waren auf die Gewerbsmäßigkeit zu schließen. Im Bereich der Betäubungsmittelkriminalität dürfte das sogar die Regel sein. Warum nun bei der Verletzung von Markenrechten ein anderer Maßstab angelegt wird, ist nicht einsichtig. Es dürfte fernliegend und lebensfremd sein, dass der Täter eine große Menge an gefälschten Produkten „in einem Schwung" absetzen wird.[40]

Ein weiteres Problem bei der Verfolgung der Markenpiraterie besteht darin, dass die Markeninhaber bisher noch keine Allianz gegen die Verletzung ihrer Produkte gebildet haben. Deshalb sammeln die Markeninhaber auch jeweils für sich Daten über bestimmte Personen, Handelsrouten, Netzwerke und Absatzmärkte. Diese Daten bleiben aber in der Regel unvernetzt zwischen den einzelnen Unternehmen, sodass Erkenntnisse über dieselbe Person bei verschiedenen Rechteinhabern vorliegen können.[41] Abhilfe könnte hier schaffen, dass die Verbände die Taten bündeln

---

[35] *Möller*, in: Handbuch des Wirtschafts- und Steuerstrafrechts, 4. Aufl., 17/39.

[36] *Möller*, in: Handbuch des Wirtschafts- und Steuerstrafrechts, 4. Aufl., 17/40.

[37] Vgl. BT-Drs. 11/4792, S. 24.

[38] Vgl. *Möller*, in: Handbuch des Wirtschafts- und Steuerstrafrechts, 4. Aufl., 17/23; *Pekala*, Markenpiraterie, S. 83.

[39] Vgl. bspw. BGH BeckRS 1953, 31194196.

[40] Vgl. auch *Möller*, in: Handbuch des Wirtschafts- und Steuerstrafrechts, 4. Aufl., 17/23.

[41] *Möller*, in: Handbuch des Wirtschafts- und Steuerstrafrechts, 4. Aufl., 17/25.

und dann in einem Abfragesystem Zusammenhänge zwischen verschiedenen Fällen hergestellt werden können.[42]

Ein gutes Beispiel für die Nutzung von Datenbanksystemen einerseits sowie der Zusammenarbeit zwischen Wirtschaftsakteuren, der Polizei und dem Zoll andererseits ist die Enforcement Database (Datenbank zur Durchsetzung).[43] Dabei handelt es sich um ein gesichertes System, das sich auf die Zusammenarbeit zwischen Inhabern von Rechten an geistigem Eigentum, dem Zoll und der Polizei stützt. Das kostenlose Tool wurde vom EUIPO entwickelt und bietet eine direkte Kommunikationsmöglichkeit zum Schutz der Produkte vor Nachahmungen. Die Rechtsinhaber können Daten zu ihren Rechten an geistigem Eigentum zusammen mit Kontaktinformationen und Produktdetails in die Datenbank eingeben. Die Zollbeamten in den Mitgliedstaaten können von ihrem Arbeitsplatzrechner aus direkt auf die Durchsetzungsdatenbank zugreifen. Über diese Datenbank können sie u. a. nach Produktbildern von gefälschter und echter Ware suchen. Außerdem können die Gültigkeit der Rechte am geistigen Eigentum geprüft sowie andere Rechtsinhaber kontaktiert werden. Damit ist es für die Behörden leichter, Fälschungen zu erkennen. Entsprechende Maßnahmen können dann schnell in die Wege geleitet werden. Die EDB baut auf bestehenden EUIPO-Registern wie TMview[44] für Markeninformationen und DesignView[45] für eingetragene Geschmacksmuster auf. Genutzt wird die Datenbank derzeit von Zollbehörden der 28 Mitgliedstaaten sowie von einer Reihe nationaler Polizeibehörden. Die Integration mit Europol wurde im Juli 2016[46] mit der IPC3 (Property Crime Coordinated Coalition) vorangetrieben. Verbindungen mit dem Anti-Fälschungstool der Weltzollorganisation (IPM) werden erfolgen. Darüber hinaus nutzen Unternehmen aus den verschiedensten Industriezweigen, die in der Europäischen Union geschäftlich tätig sind, die Datenbank bereits.

5.3   Zusammenfassung

Produkt- und Markenpiraterie ist ein enormer Wachstumsmarkt und aufgrund der hohen Profite, des niedrigen Verfolgungsdruckes sowie der niedrigen Strafen ein attraktives Feld für kriminelles Agieren und die organisierte Kriminalität. Die volkswirtschaftlichen Schäden, die mit dieser Form der Kriminalität mittelbar und unmittelbar zusammenhängen, sind bisher noch nicht ausreichend ins Bewusstsein

---

[42] *Möller*, in: Handbuch des Wirtschafts- und Steuerstrafrechts, 4. Aufl., 17/25 schlägt vor, den Aktionskreis gegen Produkt- und Markenpiraterie deutlicher in Erscheinung treten zu lassen.

[43] https://euipo.europa.eu/ohimportal/de/web/observatory/enforcement-database (zuletzt 29.11.2016).

[44] https://www.tmdn.org/tmview/welcome (zuletzt 12.12.2016).

[45] https://www.tmdn.org/tmdsview-web/welcome (zuletzt 12.12.2016).

[46] Vgl. https://www.europol.europa.eu/newsroom/news/over-4500-illicit-domain-names-seized-for-selling-counterfeit-products (zuletzt 16.12.2016).

der Gesellschaft gerückt. Sowohl auf repressiver wie auch auf präventiver Ebene müssen Anpassungen vorgenommen werden. Die rechtlichen Regelungen bedürfen einer Überarbeitung ebenso wie die Möglichkeiten des Informationsaustausches zwischen Zoll und Polizei. Zielführend wäre, dass die Zollbehörde bei der Feststellung bedeutender Schutzrechtsverletzungen von sich aus die Staatsanwaltschaft unterrichten kann.[47]

Die Wirtschaftsakteure müssen mehr in die Aufklärung und Prävention der Produktpiraterie eingebunden werden. Grundlagen wurden mit den o. g. Datenbanken und der Beteiligung der Wirtschaft daran schon geschaffen. Allerdings wird das Potenzial noch nicht hinreichend ausgeschöpft. In der Bevölkerung muss das Bewusstsein dafür gefördert werden, dass es sich bei Markenrechtsverletzungen nicht um ein Kavaliersdelikt handelt, sondern langfristig gesamtgesellschaftliche Schäden hervorgerufen werden.

---

[47] *Möller*, in: Handbuch des Wirtschafts- und Steuerstrafrechts, 4. Aufl., 17/39.

Kapitel 6
Das globale Ausmaß des illegalen Handels

6.1 Ergebnisse der OECD Task Force on Countering Illicit Trade (TF-CIT)

6.1.1 Einleitung

Die Ergebnisse der OECD Task Force on Countering Illicit Trade[1] konzentrieren sich auf evidenzbasierte Forschungen und erweiterte Analysen. Die TF-CIT ist mit Regierungsvertretern, Forschungsinstituten, Vertretern der Zivilgesellschaft und der Strafverfolgungsorgane und Experten aus dem privaten Sektor besetzt.[2]

Im Kern geht es bei dieser Task Force darum zu verstehen, welche Schäden durch den illegalen Handel entstehen und welche Auswirkungen diese auf das komplexe Wirtschaftssystem haben. Es soll ein Beitrag dazu geleistet werden, die Schwachpunkte des illegalen Handels zu identifizieren und damit die Eintrittspunkte in die legale Wirtschaft zu antizipieren, mit dem Ziel, die legale Wirtschaft zu stärken. Es sollen Lücken bei der Überwachung und der Überwachungssysteme des legalen Marktes aufgedeckt werden, was zu einer wirksamen Früherkennung illegaler Entwicklungen beitragen soll.[3] Von der OECD wurde der Zusammenhang zwischen der wachsenden Bedrohung durch grenzüberschreitende organisierte Kriminalität und kriminelle Netzwerke erkannt, die sich aus profitablen illegalen Märkten finanzieren und die globalisierte Wirtschaft destabilisieren, indem die illegalen Gewinne in die legale Wirtschaft reinvestiert werden. Organisierte Kriminalität ist insoweit nicht nur ein Problem einzelner schädigender Handlungen, vielmehr wird der legale Markt unterminiert, destabilisiert und die realen Marktmechanismen werden durch

---

[1] OECD, Illicit Trade, 2016.

[2] Der Verf. gehörte der TF-CIT an.

[3] OECD, Illicit Trade, S. 5.

© Springer-Verlag GmbH Deutschland 2018
A. Sinn, *Wirtschaftsmacht Organisierte Kriminalität*,
DOI 10.1007/978-3-662-55269-8_6

illegales Verhalten nicht nur missbraucht, sondern geraten auch aus dem Gleichgewicht. Das betrifft die Leitungsstrukturen, die Wirtschaftsentwicklung, die Produktsicherheit und die Integrität der Lieferkette.[4] Illegale Märkte in ihrem wirtschaftlichen Ausmaß zu messen, ist schwierig. Schätzungen zufolge erwirtschaftet die
international organisierte Kriminalität jährlich ca. 870 Mrd. US-Dollar, was 1,5 %
des globalen BIP entspricht.[5]

Die TF-CIT stellt fest, dass kriminelle Netzwerke auf allen Kontinenten und
in jeder Hauptwirtschaft aktiv sind[6] und sich am illegalen Handel bereichern. Die
Auswirkungen des unerlaubten Handels seien vielfältig. Die Folgen zeigten sich
in der Wirtschaft, in der Gesellschaft, in der Umwelt und auch in der Politik.
Demzufolge bedarf es nach Ansicht der TF-CIT auch einer ganzheitlichen Strategie gegen den illegalen Handel und die auf illegalen Märkten agierenden kriminellen Netzwerke. Jedem illegalen Markt wohne ein besonderes, aufgrund der
Güter und Waren, die dort gehandelt werden, Risiko und Gefahr in sich. So habe
etwa der Handel mit Betäubungsmitteln und mit Waffen schädliche Auswirkungen
auf das Zusammenleben der Menschen in einer Gesellschaft (korrosive soziale
Auswirkungen).[7] Der illegale Handel mit Fälschungen untergrabe das Modell der
Investitionen in Forschung und Entwicklung. Ohne Investitionen würden jedoch
Innovationen in einer Wissensgesellschaft und damit zusammenhängende Wert-
schöpfungen verhindert.[8] Der illegale Handel mit Wildtieren habe gravierende
Auswirkungen auf die Artenvielfalt, er zerstöre die Umwelt und die Lebensbedin-
gungen der Menschen. Nicht zuletzt könnten auch Krankheiten von einer Region
auf eine andere übertragen werden.[9] Weniger offensichtlich, aber nicht weniger
wichtig sei die Erfahrung, dass der illegale Handel das politische System und
die Regierungsführung untergrabe. Letztendlich geht es nach Ansicht der TF-CIT
in diesem Kontext um den Verlust des Vertrauens in eine Regierung und in den
Rechtsstaat. Dies wiederum schaffe Bedrohungen für die politische Stabilität,
wenn zur Stabilisierung illegaler Märkte politische Akteure bestochen und unzu-
lässig beeinflusst würden.[10]

Es kann konstatiert werden, dass sich mit der TF-CIT ein wichtiges und glo-
bales Forum für Politik, Wirtschaft, die Strafverfolgungsorgane und die Wissenschaft etabliert hat, um Wirkmechanismen und Trends auf illegalen Märkten zu
erkennen und globale Strategien zur Prävention und Repression zu entwickeln. In
der TF-CIT wurden viele Informationen, Knowhow, Strategie- und Technologie-
ideen zusammengetragen, die sehr wertvoll für die Auseinandersetzung mit dem

---

[4] OECD, Illicit Trade, S. 5.

[5] OECD, Illicit Trade, S. 13.

[6] OECD, Illicit Trade, S. 18; vgl. a. *Hall*, in: Routledge Handbook of Transnational Organized
Crime, S. 173 ff.

[7] OECD, Illicit Trade, S. 18.

[8] OECD, Illicit Trade, S. 18.

[9] OECD, Illicit Trade, S. 18.

[10] OECD, Illicit Trade, S. 18.

Phänomen des illegalen Handels sind. Die Positionen der TF-CIT sind kompatibel mit den fachlichen und politischen Standpunkten, die auch in Deutschland vertreten werden.[11]

6.1.2 Was bedeutet illegaler Handel?

Die TF-CIT definiert den illegalen Handel im weitesten Sinne als den per Gesetz verbotenen Austausch von Waren oder die Inanspruchnahme einer Dienstleistung, da das gehandelte Gut oder die Dienstleistung gefährlich oder moralisch verwerflich ist.[12] Im Anschluss an *Williams*[13] sollen sich illegale Märkte mindestens durch vier Kategorien von Warendienstleistungen auszeichnen:

1. Die Waren oder Dienstleistungen, bspw. Drogen und Prostitution, sind verboten.
2. Der unvorschriftsmäßige Verkauf von regulierten Gütern wie etwa Antiquitäten oder Flora und Fauna; Waren, mit denen Rechte des geistigen Eigentums verletzt werden, sowie der Handel mit Waren, die nicht den geltenden örtlichen Standards entsprechen.
3. Der Verkauf von verbrauchssteuerpflichtigen Waren außerhalb des für ihren Handel bestimmten Marktes, ohne die lokalen Verbrauchssteuern, wie bspw. bei Zigaretten und Alkohol, abzuführen.
4. Der Verkauf gestohlener Güter, wie bspw. Autos und Elektronik.[14]

Zwar seien die Fortschritte bei der Harmonisierung geltender nationaler Vorschriften zur Eindämmung des illegalen Handels auch in Bezug auf die Regulierung von Verhaltensweisen und Gütern nicht zu übersehen, dennoch gelten in den verschiedenen Nationalstaaten teilweise völlig unterschiedliche Standards hinsichtlich geltender Qualitätsnormen, Fragen der schutzwürdigen Rechte des geistigen Eigentums oder auch der Möglichkeiten zur Sanktionierung von kriminellen Verhaltensweisen. Deshalb sei es auch schwierig, bezüglich eines Produkts die Illegalität oder Legalität global und weltweit festzulegen. So sei bspw. in verschiedenen Regionen der Erde der Konsum von Haschisch nicht verboten. Dementsprechend könne auch dort nicht von einem illegalen Markt bezüglich dieses Gutes ausgegangen werden. In den Vereinigten Staaten kann im Bundesstaat Colorado Marihuana legal hergestellt und verkauft werden. Dieser legale Markt generierte, so die TF-CIT, im Jahr 2014 ca. 700 Millionen US-Dollar.[15]

---

[11] An den Beratungen der TF-CIT nahmen auch Regierungsvertreter aus Deutschland teil.

[12] OECD, Illicit Trade, S. 19.

[13] *Williams*, Crime, Illicit Markets, and Money Laundering, Carnegie Endowment, 2015: http://carnegieendowment.org/pdf/files/mgi-ch3.pdf, S. 107.

[14] OECD, Illicit Trade, S. 19.

[15] OECD, Illicit Trade, S. 19.

Das Beispiel zeigt die Kontextbezogenheit bei der Bewertung eines illegalen Marktes, die im personalen Modell illegaler Märkte (vgl. Abschn. 3.2) ebenfalls abgebildet ist. Ein illegaler Markt kann nur dort entstehen, wo eine rechtliche Regulierung Verhaltensweisen im Umgang mit bestimmten Waren, Gütern oder Dienstleistungen verbietet oder bestimmte Verhaltensanforderungen für den Umgang mit den Waren, Gütern oder Dienstleistungen fordert, bei deren Zuwiderhandlung das Verhalten sich als rechtswidrig darstellt. Ohne den rechtlichen Kontext wäre es also methodisch falsch, von einem illegalen Markt zu sprechen.[16] Es ist zu beachten, dass jede Weichenstellung in der Politik bezüglich einer akzeptablen oder verbotenen Form des Handels und jede rechtliche Änderung bezüglich des Umgangs mit Gütern, Waren und Dienstleistungen Einfluss haben können auf die Eigenschaft eines Marktes als illegal oder legal.

6.1.3 Antriebsfaktoren für den globalen illegalen Handel

Der Hauptantriebsfaktor für das Wachstum im illegalen Handel sind nach Auffassung der TF-CIT die *hohen Gewinne*, die in Schwarzmärkten im wachsenden Schatten der Globalisierung erfolgreich erwirtschaftet werden können.[17] Dem ist zuzustimmen. Zu ergänzen sind aber noch Faktoren wie bspw. eine *einfache Herstellung* des Produkts und dessen risikoarmer und *einfacher Vertrieb*: Bis heute gilt zwar der Drogenmarkt als das Hauptbetätigungsfeld von OK-Gruppierungen, und das nicht zuletzt wegen der hohen Gewinnspannen. Längst aber haben andere lukrative Güter die Gewinnmargen von illegalen Drogengeschäften überschritten. So können bspw. aus dem Rohstoff Sildenafil, der per Kilogramm ca. 60 bis 70 US-Dollar kostet, ca. 90.000 Euro in Form gefälschter Potenzmittel erwirtschaftet werden. Dies setzt voraus, dass das Sildenafil mit entsprechenden Gerätschaften in Pillenform verarbeitet und dann, in der Regel über den Online-Versandhandel, an den Verbraucher gebracht wird. Das Strafbarkeitsrisiko und das Entdeckungsrisiko sind denkbar gering, da die Kontrolldichte in den Staaten bei illegalem Handel mit Arzneimitteln nicht besonders hoch ist. Außerdem spielt der anonyme und kaum zu regulierende und zu überwachende Internet-Versandhandel eine ganz besondere Rolle.[18] Gleiches ist bei dem illegalen Handel von Rhinohorn zu beobachten, wo Preise pro Kilogramm von ca. 60.000 US-Dollar erwirtschaftet werden können.[19] Vergleichsweise bescheiden nehmen sich dabei die illegalen Gewinne bei Kokain aus, wenn bei einem Preis von ca. 1000 US-Dollar pro Kilogramm Kokapaste „nur" ca. 65.000 Euro erwirtschaftet werden können. Auch der illegale Handel mit

---

[16] Vgl. auch OECD, Illicit Trade, S. 20.

[17] OECD, Illicit Trade, S. 21.

[18] Vgl. auch die Statistik des Zolls zum Gewerblichen Rechtsschutz 2015, S. 5; vgl. dazu auch *Sinn*, in: Grenzenlose Sicherheit, S. 197 (211 ff.).

[19] OECD, Illicit Trade, S. 21.

Tabakprodukten ist ein gutes Beispiel die Attraktivität eines illegalen Marktes, der von den Antriebsfaktoren „einfach Herstellung", „niedrige Produktionskosten", „leichter Transport", „hoher Verkaufswert", „konsistente Nachfrage" der Verbraucher sowie der teilweise „ineffektiven Verfolgungsmechanismen" durch die Staaten profitiert.[20] Die Beispiele zeigen, warum OK-Gruppierungen in andere Märkte wechseln. Die Gründe dafür liegen in den hohen Gewinnspannen, der teilweise einfachen Herstellung und des Vertriebs des Gutes, dem niedrigen Verfolgungsdruck und Entdeckungsrisiko sowie den geringen Strafandrohungen im Vergleich zu Drogendelikten.

Die TF-CIT stellt weiter fest, dass illegale Märkte tendenziell auch dort entstehen, wo Regierungen *Preisobergrenzen* festlegen oder das regulatorische rechtliche Umfeld unüberwindbare Hindernisse für den Handel schaffe.[21] Hinzuzufügen ist, dass sicherlich auch die *neuen Technologien,* insbesondere das World Wide Web (WWW), dazu geführt haben, illegale Märkte und den Handel dort zu begünstigen. Hinzu kommt, dass die Beseitigung von Wirtschaftshemmnissen, wie bspw. durch die Waren- und Dienstleistungsfreiheit in der Europäischen Union, auch im Bereich des Onlinehandels nicht nur dazu führt, dass der legale Handel profitiert. Vielmehr dürfte auch der illegale Handel profitiert haben. Neue Technologien können nicht nur für legale Zwecke gebraucht, sondern auch missbraucht werden. Dies wird bei der Verwendung des Internets als Handelsplatz sowohl im Bereich des WWW als auch im Bereich des Deep- und Darknets besonders deutlich. Mit der Zunahme der Warenströme ist aber gleichzeitig kein erhöhter Ressourceneinsatz bei den Strafverfolgungsbehörden einhergegangen. Das Kontrollvolumen blieb höchstens auf gleichem Niveau, konnte jedoch mit den gestiegenen Anforderungen nicht mithalten. Ebenso wenig haben der technische Fortschritt auf der Ebene der Strafverfolgung und der Prävention Einzug gehalten. Kontrollen beziehen sich weitgehend auf die klassischen Handelswege. Demgegenüber werden virtuelle Marktplätze kaum beobachtet oder Methoden zur Identifizierung und Schließung illegaler Online-Shops entwickelt.

Neben den hohen Gewinnen ist als ein weiterer Antriebsfaktor für das Angebot illegaler Dienstleistungen und damit die Entstehung illegaler Märkte die *Ausnutzung von Krisen* zu nennen. So stellt Europol fest, dass 90 % aller Fälle illegaler Einwanderung in die EU von kriminellen Organisationen unterstützt werden. Kriminelle Netzwerke nutzen die Verzweiflung und Verwundbarkeit von Migranten aus, die versuchen, bewaffneten Konflikten, Verfolgung und Benachteiligung zu entgehen. Sie bieten eine breite Palette von Dienstleistungen wie Transport, Unterkunft und gefälschte Dokumente zu hohen Preisen an. In vielen Fällen sind die Migranten gezwungen, für diese Dienste durch illegale Arbeit zu bezahlen. Allein im Jahr 2015 soll der Umsatz nach Europol-Angaben zwischen 3 und 6 Mrd. Euro betragen haben. Diese Einnahmen stärken die kriminellen Netzwerke und haben

---

[20] Vgl. a. *Ellis*, On Tap Europe, Organised Crime and Illicit Trade in Tobacco, Alcohol and Pharmaceuticals, RUSI Whitehall Report 2-17, 2017, S. 11.

[21] OECD, Illicit Trade, S. 21.

erhebliche negative langfristige Auswirkungen auf die europäische Wirtschaft. Europol spricht von einem Wachstumsmarkt, was angesichts der zahlreichen weltweisen Krisen nicht verwundert. Der Umsatz dieses hoch attraktiven Geschäfts könnte sich verdoppeln oder verdreifachen, wenn der Umfang der aktuellen Migrationskrise andauert. Ein Knock-on-Effekt könnte eine Zunahme der Ausbeutung von Arbeitskräften sein, wo Migranten gezwungen sein werden, ihre großen Schulden bei den Schmugglern zu bezahlen.[22]

6.1.4 Schlüsselmärkte

Die TF-CIT hat in ihrem Bericht aus dem Jahr 2016 die Marktgröße in mehreren wichtigen Sektoren geschätzt. Die dort zusammengetragenen Daten basieren auf öffentlich zugänglichen Quellen. Die Leitidee für die TF-CIT war, dass illegale Märkte profitorientiert ausgerichtet sind. Folgende Märkte wurden analysiert:[23]

• Menschenhandel
• illegaler Handel mit Wildtieren
• Arzneimittelfälschungen
• illegale Drogen
• Tabakwaren
• alkoholische Getränke
• Sportmanipulationen durch Wirtschaftskriminalität

Die Beiträge zu den einzelnen Märkten wurden unter der Verantwortung bestimmter im Report genannter Autoren kapitelweise verfasst. Diese Beiträge wurden in den Beratungen der TF-CIT intensiv diskutiert und haben auch konkret Eingang in die offiziellen Stellungnahmen gefunden (S. 17–36 des Reports). Dieses erste Kapitel ist als Ergebnis der Beratungen der TF-CIT zu interpretieren. Die einzelnen Kapitel zu den o. g. Märkten (Kap. 2–8) spiegeln aber nach dem Willen der OECD nicht deren offizielle Sichtweise wider, was dem üblichen Sprachgebrauch bei internationalen Beratungen unter Einbeziehung von Vertretern von Wissenschaft und anderen Institutionen entspricht.

6.1.4.1 Menschenhandel

Nach Schätzungen der International Labor Organisation befinden sich 20,9 Millionen Menschen in Zwangsarbeit.[24] Allein 19 Millionen Menschen würden durch

---

[22] Vgl. zu diesem Komplex https://www.europol.europa.eu/crime-areas-and-trends/crime-areas/facilitation-of-illegal-immigration (zuletzt 29.11.2016).

[23] Die analysierten illegalen Märkte sind als Beispiele für heute besonders bedeutende illegale Märkte zu verstehen. Die Reihenfolge trifft keine Aussage über die Höhe der Profite.

[24] ILO, Profits and Poverty: The economics of Forced Labour, International Labour Organization, S. 17.

private Unternehmen zur Zwangsarbeit ausgebeutet, um mit ihrer Arbeitskraft ca. 150 Mrd. US-Dollar pro Jahr zu erwirtschaften.[25] Fälle sexueller Ausbeutung werden häufig in Europa und in Amerika festgestellt, während in den Gebieten Afrikas und dem Nahen Osten die Ausbeutung der Arbeitskraft der Menschen zur Erlangung von Profit handlungsleitend sei.[26] Die TF-CIT stellt fest, dass der Menschenhandel ein internationales Phänomen ist. 73 % aller Opfer würden über die Staatengrenzen hinaus hinweg verschleppt.[27] Die TF-CIT beklagt, dass das gesetzliche Verbot des Menschenhandels im Hinblick auf Prävention, Opferschutz und die Verfolgung von Straftätern noch nicht hinreichend Wirkung entfalten konnte.[28] Es wird weiter beklagt, dass die Gesetze teilweise nicht energisch genug durchgesetzt werden, vielmehr stillschweigend der Wettbewerbsvorteil von Unternehmen, die Zwangsarbeit verwenden, hingenommen werde. Deshalb wird empfohlen, die Umsetzung der Gesetze gegen den Menschenhandel stärker zu forcieren und Maßnahmen zu etablieren, welche die Identifizierung und Verfolgung von korrupten Beamten erleichtern, die den illegalen Handel krimineller Gruppen unterstützen.[29]

6.1.4.2   Illegaler Handel mit Wildtieren

Der Handel mit bedrohten Tierarten ist ein weiterer wichtiger Bereich des illegalen Handels. Die TF-CIT stellt fest, dass er ganz spezifische Auswirkungen auf Afrika und die südliche Sahara habe. Es wird betont, dass die Netzwerke, die in den Handel mit Wildtieren zwischen der Subsahara und Afrika und Asien involviert sind, ein besonderes Augenmerk verdienen, da sie Verbindungen mit gelisteten Terrororganisationen hätten.[30] Mit Besorgnis wird die stark gestiegene Nachfrage nach Wildtieren und Wildtierprodukten zu Kenntnis genommen. Einen Grund dafür sieht die TF-CIT in der wachsenden Mittelschicht in Asien, da bestimmte traditionelle Medikamente, die aus geschützten Tieren hergestellt werden, dort als Statusobjekt gelten.[31] Nach Angaben der TF-CIT wurde im Jahr 2014 ein neues Rekordhoch in Bezug auf gewilderte Nashörner (1215) erreicht. Das sind zehnmal so viele wie noch im Jahr 2009.[32] Seit 2012/2013 wurden außerdem ca. 100.000 afrikanische Elefanten von Wilderern getötet.[33] Die Tötung der Wildtiere habe nicht nur Auswirkungen auf die Population und auf das Ökosystem, sondern auch auf den Tourismus und die

---

[25] ILO, Profits and Poverty: The economics of Forced Labour, International Labour Organization, S. 13.

[26] OECD, Illicit Trade, S. 24.

[27] OECD, Illicit Trade, S. 24.

[28] OECD, Illicit Trade, S. 25.

[29] OECD, Illicit Trade, S. 25.

[30] OECD, Illicit Trade, S. 25.

[31] OECD, Illicit Trade, S. 25.

[32] OECD, Illicit Trade, S. 25.

[33] OECD, Illicit Trade, S. 25.

Beschäftigung in den Staaten. Hinzu komme, dass der illegale Handel mit gewilder-
tem Fleisch auch ein potenziell höheres Risiko für die Verbreitung von Krankheiten
mit sich bringe. So wurde während des Ebola-Ausbruchs 2014 geschätzt, dass in
Großbritannien 7500 Tonnen illegales Fleisch eingeführt wurden.[34]

6.1.4.3 Arzneimittelfälschungen

Die TF-CIT konstatiert, dass Arzneimittelfälschungen ein erhebliches wirtschaft-
liches Potenzial haben und gesundheitliche Risiken sowie vermögensrelevante
Gefährdungen mit sich bringen. Nach einer Studie der World Customs Organization (WCO) werden gefälschte Arzneimittel in einem Wert von 200 Mrd. US-Dollar
pro Jahr umgesetzt.[35] Von der WCO wird im Jahr 2013 berichtet, dass 24.092 Fälle
bekannt geworden sind, in denen das geistige Eigentum verletzt wurde, wobei mehr
als die Hälfte davon im Zusammenhang mit illegalen Arzneimitteln aufgefallen
sind.[36]
    Bei Arzneimittelfälschungen geht es um eine Mehrzahl von individuellen oder
kollektiven Interessen, die konkret oder potenziell gefährdet oder verletzt werden
können und die von der TF-CIT auch benannt werden.[37] In individualbezogener
Sichtweise können bei Arzneimittelfälschungen Gesundheitsschäden der Konsumenten eintreten. Das ist dann der Fall, wenn ein falscher Wirkstoff, kein Wirkstoff
oder eine abweichende Dosierung eines Wirkstoffs enthalten ist oder aber Beistoffe
enthalten sind, die gesundheitsgefährdend sind. Außerdem geht es um Vermögensschäden, wenn die Verbraucher über das Produkt getäuscht werden (Betrug). Indi-
vidualinteressen der Unternehmen sind auch betroffen im Bereich des Schutzes des
geistigen Eigentums, denn die Fälschungen verletzen die Markenrechte der Mar-
kenrechtsinhaber. Auch dies sind vermögensrelevante Schädigungen. Aus gesamtgesellschaftlicher Perspektive (kollektivistische Sichtweise) tragen Fälschungen
von Arzneimitteln, die der Bekämpfung von Infektionskrankheiten dienen, nach
Ansicht der TF-CIT dazu bei, die globale Antibiotikaresistenz zu erhöhen, und
damit sinken die Möglichkeiten, gesamtgesellschaftlich bezogen Krankheiten zu
verhindern. Außerdem wird vermutet, dass Arzneimittelfälschungen das wirtschaftliche Innovationsmodell behindern, da durch die Vermögenseinbußen der Unternehmen der Ausbau von Forschung und Entwicklung und ausländische Investitionen
gefährdet werden.[38]

---

[34] OECD, Illicit Trade, S. 25.

[35] Vgl. *Irish, John*, Customs group to fight USD 200 bln bogus drug industry, www.reuters.com/
article/2010/06/10/us-customs-drugs- idUSTRE65961U20100610/ (zuletzt 4.7.2017); vgl. auch
OECD, Illicit Trade, S. 26.

[36] WCO, Illicit Trade Report 2013, S. 62.

[37] Vgl. dazu *Sinn*, in: Grenzenlose Sicherheit, S. 197 ff.

[38] OECD, Illicit Trade, S. 26.

6.1.4.4 Illegale Drogen

Der weltweite Handel mit illegalen Drogen gilt im Allgemeinen und nach Ansicht der TF-CIT als der größte Schwarzmarkt weltweit.[39] Vor mehr als zehn Jahren schätzte das United Nations Office on Drugs and Crime, dass der illegale Handel mit Betäubungsmitteln pro Jahr einen Umsatz von 321,6 Mrd. US-Dollar betrage.[40] Die größten Einzelhandelsumsätze in diesem Markt seien im Bereich des Verkaufs von Cannabiskräutern, gefolgt von Kokain und Opiaten festzustellen.

Die Schäden, die durch den illegalen Drogenhandel hervorgerufen werden, sind nicht einfach zu beziffern. Verschiedene Methoden versuchen mit der Frage, was kostet die Krankheit, eine konkrete Bezifferung der Schäden durch illegale Drogen zu benennen.[41] Daneben werden aber auch Fragen nach den physischen, psychischen und sozialen Aspekten des Gebrauchs illegaler Drogen und Stoffe nachgegangen. Das Ausmaß der Konsumenten kann auch nur geschätzt werden. So sollen nach Angaben der UNODC im Jahre 2014 ca. 250 Mio. Menschen im Alter zwischen 15 und 64 Jahren Drogen konsumiert haben, darunter 29 Mio. Personen, die aufgrund einer Erkrankung konsumierten.[42] Die TF-CIT stellt fest, dass die Konsumenten sich in den entwickelten Volkswirtschaften konzentrierten, während die wichtigsten Rohstoffe für Opiate und Kokain aus den Schwellen- oder Entwicklungsländern stammen sollen.[43]

6.1.4.5 Tabakwaren

Der illegale Handel mit Tabak ist nach Ansicht der TF-CIT ein sehr facettenreicher Markt. Die illegalen Verhaltensweisen können sich als Fälschung, als grenzüberschreitender Schmuggel oder als Steuerhinterziehung darstellen. Die Einnahmequellen aus dem illegalen Tabakhandel sind in den vergangenen Jahrzehnten häufig mit terroristischen Aktivitäten in Zusammenhang gebracht worden.[44]

Auch bei Zigaretten können hohe Gewinnspannen erreicht werden. Deshalb, so die TF-CIT, gehören sie auch zu den häufigsten gehandelten Produkten auf dem illegalen Markt. Zigaretten und Tabakprodukte seien leicht zu produzieren, von Ort zu Ort zu bewegen, und im Zusammenhang mit dem geringen Entdeckungsrisiko und den niedrigen Strafverfolgungsdruck sowie den zu erwartenden Strafen sei der Anreiz für den illegalen Handel besonders groß.[45] Begünstigt werde der

---

[39] OECD, Illicit Trade, S. 27.

[40] UNODC, World Drug Report, 2005, S. 127; OECD, Illicit Trade, S. 27.

[41] Vgl. OECD, Illicit Trade, S. 27.

[42] UNODC, World Drug Report 2016, S. IX f.

[43] OECD, Illicit Trade, S. 27.

[44] Vgl. *Sinn*, Organisierte Kriminalität 3.0, S. 6 f. m. w. Nw. sowie UNIFAB, Counterfeiting & Terrorism Report 2016.

[45] OECD, Illicit Trade, S. 28.

illegale Tabakhandel nicht zuletzt durch die unterschiedlichen Preise einer Packung Zigaretten, die nicht unabhängig von der Besteuerung gesehen werden könnten. An diesem Punkt (Arbitrage), so die TF-CIT, setzen kriminelle Netzwerke an und nutzen diese durch Schmuggelaktivitäten aus. In der Studie der TF-CIT aus dem Jahr 2016 wurden die Möglichkeiten für eine steuerliche Arbitrage durch Schmuggel von Zigaretten in die Türkei aus vielen umliegenden Staaten dargestellt. Danach ist die Ukraine eines der Länder in der Region, in denen Zigaretten am billigsten verkauft werden. Die überschüssige Produktion von Zigaretten, die auf 40 Mrd. Stück geschätzt wird, werde legal oder illegal in andere Länder, vor allem in die Türkei importiert.

Die TF-CIT nennt als den bedeutendsten Wirtschaftsfaktor im Zusammenhang mit dem illegalen Handel von Tabakwaren den Verlust der staatlichen Einnahmen, also Steuern und Abgaben.[46] Für das Jahr 2010 wird geschätzt, dass den Regierungen jährlich Steuerverluste aufgrund illegalen Handels mit Zigaretten im Gesamtvolumen von 40 Mrd. US-Dollar entstehen.[47] Die TF-CIT stellt fest, dass in der Europäischen Union allein der Konsum von illegalen Zigaretten in den letzten Jahren zugenommen habe. Ihr Anteil habe 11,1 % am Gesamtmarkt im Jahr 2012 ausgemacht. Das entspreche ungefähr einem Verlust von 12,5 Mrd. Euro Steuereinnahmen in den EU-Mitgliedstaaten.[48]

Die von den Autoren des Kapitels zum illegalen Handel mit Tabakprodukten präsentierten Daten sind zwar nicht aktuell. Neuere Studien[49] bestätigen allerdings, dass sich die Bedeutung dieses Marktes nicht verändert hat.

6.1.4.6 Alkoholische Getränke

Auch Alkohol wird auf illegalen Märkten gehandelt, weil auch hier die Preisunterschiede in den Staaten aufgrund der unterschiedlichen Besteuerung sehr groß sein können. Auch in dem Bereich dieses Marktes entstehen die Schäden durch den Verlust von Steuerzahlungen. Allerdings können auch hier Gesundheitsschäden für die Verbraucher eintreten, wenn etwa Industriealkohol, der nicht zum Verzehr geeignet ist, in einem gefälschten Produkt enthalten ist. In der Studie der TF-CIT werden die Gesundheitsgefahren als „ernst"[50] eingeschätzt. Jedes Jahr werden weltweit Fälle bekannt, in denen aufgrund des Konsums illegalen Alkohols Todesfälle zu beklagen seien.[51]

---

[46] OECD, Illicit Trade, S. 28.

[47] OECD, Illicit Trade, S. 28.

[48] OECD, Illicit Trade, S. 28.

[49] Vgl. *Savona/Riccardi* (Hrsg.), From illegal markets to legitimate businesses: the portfolio of organised crime in Europe, 2015; vgl. auch Europäische Kommission, Report on EU customs enforcement of intellectual property rights, Results at the EU border 2014, abrufbar unter: https:// ec.europa.eu/taxation/files/2016_ipr_statistics.pdf (zuletzt 5.7.2017).

[50] OECD, Illicit Trade, S. 29.

[51] OECD, Illicit Trade, S. 29.

6.1.4.7 Sportmanipulation durch Wirtschaftskriminalität

In dem Bericht der TF-CIT werden auch Sportmanipulationen als ein illegaler Markt besonders hervorgehoben. Dieser Markt gehört nicht zu den güterbezogenen Märkten, und in Deutschland werden dazu auch keine Statistiken geführt.

Um einen weiteren Aspekt der Schattenwirtschaft handelt es nach den Erkenntnissen der TF-CIT bei dem Phänomen der unregulierten Sportwetten und dem damit verbundenen Missbrauch der manipulierten Sportveranstaltungen. Auch in diesem Kontext wird von der TF-CIT vermutet, dass die Attraktivität dieses Marktes zum einen auf der Erwartung hoher Gewinne und zum anderen auf den stark regulierten Markt des legalen Glücksspiels beruht.[52] Die Schäden, so die TF-CIT, liegen u. a. bei dem Verlust an Steuereinnahmen. Nicht zu übersehen sind ferner die Reputationsverluste für bestimmte Sportarten und die damit zusammenhängenden Verluste von Werbeeinnahmen und Sponsoringverträgen. Die gesamtgesellschaftlichen Auswirkungen durch Sportmanipulationen sind also sowohl personeller als auch gesamtgesellschaftlicher Natur.

6.2   Schlussfolgerungen der OECD TF-CIT

Die TF-CIT stellt fest, dass in einem ersten Schritt analysiert werden muss, welche Arten von illegalen Märkten bestehen. Auf diesen Märkten müssen die Handelsrouten verfolgt werden sowie die Methoden, mit denen die kriminellen Unternehmer agieren.[53] Um diese Analyse zu erreichen, müssen die Staaten ihre Daten teilen und die von ihnen verwendeten Methoden zur Offenlegung der Märkte, der Handelsrouten und der Methoden der kriminellen Unternehmen offenlegen, um verdächtige Aktivitäten in der Zukunft zu erkennen und zu lernen, wie der legale Wirtschaftskreislauf sowie die legalen Wirtschaftsmechanismen für kriminelle Zwecke missbraucht werden.[54]

Eine erfolgreiche Eindämmung des illegalen Handels erfordert ein abgestimmtes Vorgehen aller Personen, Institutionen und Organisationen auf nationaler und internationaler Ebene. Angesprochen werden von der TF-CIT die Strafverfolgungsorgane im Inland sowie auch die internationalen, supranationalen und multinationalen Organisationen.[55] Die Einbeziehung der Zollbehörden ist für die TF-CIT von ganz entscheidender Bedeutung. Dem ist zuzustimmen, denn die von den Zollbehörden beschlagnahmten Gegenstände können für die Zukunft wichtige Hinweise auf Trends für zukünftige illegale Märkte geben. So wäre es hilfreich, die Daten der Zollbehörden international zu konsolidieren und zusammenzuführen.

---

[52] OECD, Illicit Trade, S. 29.

[53] OECD, Illicit Trade, S. 32.

[54] OECD, Illicit Trade, S. 32.

[55] OECD, Illicit Trade, S. 32.

Erforderlich ist nach Ansicht der TF-CIT die Einbeziehung der Expertise der Unternehmen, die hinsichtlich ihrer Produkte die größte Erfahrung und das Wissen besitzen und auch ein Interesse daran haben, dass die Produkte nicht gefälscht werden.[56] Für die Unternehmen stünden Geschäftsgeheimnisse auf dem Spiel, aber auch Regressansprüche aufgrund gefälschter Produkte sowie Reputationsrisiken. Die Unternehmen sollten also den zuständigen Stellen ihre Daten über Art und Ausmaß des illegalen Handels bezogen auf ihre Güter zur Verfügung stellen, damit ein deutlicheres Bild des Ausmaßes des illegalen Handels entstehen kann.[57]

Im Bereich des Strafrechts ist nicht zu übersehen, dass die strafrechtlichen Sanktionen gegen verschiedene Formen des illegalen Handels sehr unterschiedlich ausgeprägt und in der Regel sehr schwach sind. Das niedrige Strafbarkeitsrisiko fördert also den illegalen Handel. Die TF-CIT stellt mit Besorgnis fest, dass in vielen Staaten keine speziellen Qualitätskontrollen für bestimmte Güter existieren.[58] Dementsprechend steige auch mangels verwaltungsrechtlicher Kontrollmechanismen das Risiko für Fälschungen an. Eines der größten Hindernisse für die Verhütung und Verfolgung des unerlaubten Handels ist die Lücke bei der internationalen Zusammenarbeit, stellt die TF-CIT fest.[59] Auch diesem Befund ist zuzustimmen: Zwar gibt es einige internationale Initiativen.[60] Diese sind jedoch sehr auf den illegalen Drogenmarkt fokussiert. Die modernen Entwicklungen und der Bericht der TF-CIT zum illegalen Handel zeigen aber, dass sich die organisierte Kriminalität längst weitere lukrative Märkte erschlossen hat. Auf diese Änderungen haben die Staaten auch bei der internationalen Zusammenarbeit zu reagieren. Zielführend sind hier regionale Abkommen und international vereinbarte Prinzipien zur gegenseitigen Polizei- und Rechtshilfe sowie zur Auslieferung und zum Austausch von Beweisen sowie die Zusammenarbeit in Joint-Investigation-Teams (JIT).

6.3   Bewertung der OECD-TF-CIT-Studie und Zusammenfassung

Die Studie der OECD TF-CIT liefert wertvolle Einblicke in die Strukturen, Mechanismen und Wirkungszusammenhänge im Bereich des illegalen Handels und der illegalen Märkte. Die Fakten wurden von Experten aus der Wissenschaft, Wirtschaft, Strafverfolgung, internationalen Organisationen sowie NGOs und der Politik zusammengetragen. Das allein ist bereits bemerkenswert. Nicht zu übersehen ist aber die Selektion der untersuchten Märkte. Antworten darauf, warum

---

[56] OECD, Illicit Trade, S. 32.

[57] OECD, Illicit Trade, S. 32.

[58] OECD, Illicit Trade, S. 33.

[59] OECD, Illicit Trade, S. 33.

[60] *Sinn*, Organisierte Kriminalität 3.0, S. 61 ff.

diese Schlüsselbereiche des illegalen Handels gelten, werden nicht gegeben. In den vorangegangenen Abschnitten wurden deshalb Fakten und Schlussfolgerungen zur Arbeit der TF-CIT ergänzt und es wurden auch Hinweise auf andere Märkte gegeben, die von großer Bedeutung für den Zusammenhang zwischen dem illegalen Handel und organisierter Kriminalität sind (bspw. die Schleuserkriminalität, vgl. Abschn. 6.1.3). Zielführend ist die Benennung der Antriebsfaktoren auf illegalen Märkten, wobei jedoch zu ergänzen ist, dass Märkte nachfrage- oder angebotsgetrieben sein können (s Abschn. 3.2). Erst der Zusammenhang von Angebot und Nachfrage auch auf illegalen Märkten erlaubt es, auch strategische und (straf-) rechtliche Schlussfolgerungen zu ziehen. Deutlicher hätten die Schlussfolgerungen der TF-CIT in Bezug auf die Einbeziehung der Wirtschaft in die Prävention des illegalen Handels und in die Aufklärung illegaler Märkte formuliert werden können. Eine wichtige Beobachtung im Bericht der TF-CIT aus dem Jahr 2016 ist die Verbindung zwischen terroristischen Organisationen und dem unerlaubten Handel mit Tabakerzeugnissen, Wildtierhandel und gefälschten Haushaltswaren. Demgegenüber wurden Verbindungen zwischen terroristischen Organisationen und illegalen Märkten bezüglich gefälschter Medikamente und Alkohol weniger stark ausgeprägt wahrgenommen.[61]

---

[61] OECD, Illicit Trade, S. 30; vgl. auch UNIFAB, Counterfeiting & Terrorism Report 2016.

Kapitel 7
Einflussfaktoren auf illegale Märkte

Illegale Märkte erfolgreich einzudämmen setzt voraus, dass man die Faktoren, die illegale Märkte beeinflussen, kennt und bei einer Verfolgungsstrategie berücksichtigt. Einige der Einflussfaktoren wurden auch von der TF-CIT (vgl. Abschn. 6.1.3) offengelegt. In der internationalen Forschung hat man ebenfalls verschiedene Einflussfaktoren benennen können, die im Folgenden dargestellt werden und die sich teilweise mit den Erkenntnissen der TF-CIT decken.

7.1   Verfolgungsdruck

Der Verfolgungsdruck, also die Kontrolldichte und die Mechanismen, die dazu führen, dass illegales Verhalten auch verfolgt wird, spielt eine ganz erhebliche Rolle für die Entstehung und Funktionsweise illegaler Märkte. Folgt man der Annahme, dass die illegalen Märkte im Zusammenhang mit organisierter Kriminalität und kriminellen Netzwerken profitorientiert funktionieren, so agieren die Akteure auf diesem Markt unter Berücksichtigung des Entdeckungsrisikos und der Verurteilungswahrscheinlichkeit und stellen diese Risiken in ihre Gewinnberechnung ein. Außerdem werden Strategien zur Umgehung der Verfolgung entwickelt.[1] Die wirtschaftssoziologische Forschung geht jedoch zu Recht auch davon aus, dass hier eine 100 %ige Übernahme des ökonomischen Modells nicht möglich ist, da man nicht durchgängig von rational kalkulierenden Akteuren ausgehen kann.[2] Es wird festgestellt, dass oft auch kurzfristige Verhaltensweisen vorherrschen, die auf die unmittelbare Bedürfnisbefriedigung der Täter abzielen. Als einfaches Beispiel dafür werden Einzelhändler genannt, die auf dem Drogenmarkt zur Bestreitung

---

[1] *Wehinger*, Illegale Märkte, S. 96.

[2] *Wehinger*, Illegale Märkte, S. 96.

© Springer-Verlag GmbH Deutschland 2018
A. Sinn, *Wirtschaftsmacht Organisierte Kriminalität*,
DOI 10.1007/978-3-662-55269-8_7

ihrer Konsumausgaben selbst Drogen verkaufen.[3] Außerdem wird in der Forschung
beschrieben, dass illegal agierende Akteure nicht selten hohe Konsumausgaben
tätigen und ein aufwendiges Leben ohne längerfristige Anlagen dem planvollen
Wirtschaften eines Kaufmanns vorziehen.[4] Demgegenüber wägen jedoch illegal
agierende Großhändler das Risiko und die Chancen gegeneinander ab, was sie in
die Lage versetzt, Strategien der Profitmaximierung unter den Bedingungen der
Unsicherheit und der staatlichen Verfolgung zu entwickeln.[5] Ein Teil dieser Risi-
kominimierung liegt dann darin, die gefährlichsten Aufgaben an andere Personen
abzugeben (Externalisierung der Risiken).[6] Mit der Externalisierung der Risiken
geht eine Verlagerung des Verfolgungsdrucks von den planvoll lenkenden Hinter-
männern auf die ausführenden Mittelsmänner und Handlanger über. Genau diese
Verlagerung von Risiken auf weit von der gestalterischen Ebene entfernte Personen führt dazu, dass die Strafverfolgungsorgane zwar Erfolge bei der Festnahme
von kleinen Drogendealern oder Kurieren beim Zigarettenschmuggel oder beim
Automobildiebstahl vorweisen können, kaum aber an die gestaltenden Hintermänner, also jene herankommen, welche für die Risikoverlagerung zuständig sind.[7] In
diesen Fällen müssen *Strukturermittlungen* verstärkt eingesetzt werden.[8] Da aber
Strukturermittlungen aufwendig sind und Erfolge sich einstellen erst nach längerer
Zeit, wenn überhaupt, bleibt der Verfolgungsdruck in Richtung auf die Hintermänner eher gering. Die Kenntnis darüber, dass der Verfolgungsdruck gering bleibt,
führt in die pikante Spirale des Abwägens von Risiken und Chancen mit der Folge
der Fortsetzung der Externalisierung der Risiken durch die Hintermänner.

Verfolgungsdruck lässt sich auch illegal steuern, soweit die dafür notwendigen
Bedingungen erfüllt sind. Überall dort, wo die Strafverfolgungs- und Kontrollorgane durch Korruption beeinflussbar sind, kann durch das Gewähren von Vortei-
len der Verfolgungsdruck hinsichtlich eigenen Verhaltens reduziert oder in Richtung
anderer „Marktteilnehmer" umgelenkt werden. In diesem Zusammenhang gilt es
deshalb, die Bedingungen für korruptes Verhalten so weit wie möglich zu beseitigen.

In der wirtschaftssoziologischen Forschung wird angenommen, dass sich bei
zunehmendem Verfolgungsdruck die Organisationsstruktur agierender Personen
verändere. Integrierte, große Organisationen seien dann nicht mehr möglich. Große
Organisationsstrukturen böten eine größere Angriffsfläche für polizeiliche Maßnahmen und sie seien auch schwieriger zu schützen.[9] Auf der anderen Seite führt

---

[3] *Wehinger*, Illegale Märkte, S. 96.

[4] Vgl. die Nachweise bei *Wehinger*, Illegale Märkte, S. 96.

[5] *Desroches*, The Crime that Pays, S. 57; *Wehinger*, Illegale Märkte, S. 96.

[6] Vgl. *Besozzi*, Illegal, legal – egal?, S. 68; *Wehinger*, Illegale Märkte, S. 96.

[7] Vgl. *Weigand/Büchler*, Ermittlungs- und Sanktionserfolge der OK-Ermittlungen in Baden-Württemberg, S. 53 f. Die Autoren stellen fest, dass in den 100 von ihnen untersuchten OK-Verfahren
keine einzige festgenommene Person als Hintermann identifiziert werden konnte.

[8] Vgl. zu Strukturermittlungen *Scherschneva-Koller*, Strukturermittlungen als Ermittlungsmethode
zur Bekämpfung krimineller Syndikate, 2014.

[9] Vgl. *Reuter*, Disorganized Crime the Economics of the Visible Hand, S. XI; *Wehinger*, Illegale
Märkte, S. 96 f.

mangelnder Verfolgungsdruck dazu, dass sich, wie auch in der legalen Wirtschaft, Organisationen mit firmenähnlichen Strukturen bilden können. So nennt *Paoli* als Beispiel den Heroinhandel in Tadschikistan.[10] Die Auswirkungen staatlicher Regulierung werden in verschiedenen gesellschaftlichen Kontexten und abhängig von den sie betreffenden Märkten in verschiedenen Studien unterschiedlich beschrieben. Zum einen könne mit dem Einsetzen von staatlichen Regulierungsversuchen auch verbunden sein, dass große Anbieter illegaler Dienstleistungen, bspw. zur illegalen Einwanderung in die EU von Westafrika auf die Kanarischen Inseln durch eine Vielzahl von kleineren Gruppierungen ersetzt wurden.[11] Auf der anderen Seite kann aber die zunehmende staatliche Rechtsdurchsetzung auch dazu führen, dass kleinere Gruppierungen durch professionellere und größere Netzwerke ersetzt werden.[12] So berichtet *Spener*,[13] dass beim Schmuggel von Migranten über die Grenze zwischen Mexiko und den USA eine Professionalisierung hin zu größeren Netzwerken zu beobachten gewesen sei. Der höhere Verfolgungsdruck wird auch in Zusammenhang mit einer besseren Organisation der Kinderprostitution in Thailand im Vergleich zu anderen südostasiatischen Staaten gebracht.[14] *Wehinger* schließt daraus, dass möglicherweise die Beziehung zwischen dem Professionalisierungsgrad und der Größe der Gruppe einerseits und dem Rechtsdurchsetzungsgrad andererseits konkav sei.[15] Danach könnten sich im rechtsfreien Raum zunächst große Organisationen ausbilden, die bei beginnender Rechtsdurchsetzung zerschlagen und durch kleinere, im Verborgenen agierende Gruppen ersetzt würden. Unter bestimmten Bedingungen und bei steigendem Verfolgungsdruck könnten diese kleineren Gruppierungen aber wiederum durch größere Netzwerke verdrängt werden.[16]

Große Gruppierungen können den Vorteil haben, dass sie ihre Macht, über viele Personen vermittelt, über ein großes Gebiet ausüben können. Damit können sie auch eine personalbedingte Monopolstellung in einem illegalen Markt einnehmen. In derartigen Organisationen herrscht nicht selten ein hoher Grad an Hierarchisierung, deren Erhalt mit Gewalt nach innen und außen durchgesetzt wird. Demgegenüber ist der Vorteil von kleineren Netzwerken, dass sie schnell gebildet werden können und sehr flexibel agieren können.[17] *Willams*[18] erkennt deshalb auch in illegalen Märkten, in denen kleinere Netzwerke agieren, eine hohe Innovation

---

[10] *Paoli/Rabkov/Greenfield/Reuter*, Journal of Drug Issues 37 (2007), S. 967; *Wehinger*, Illegale Märkte, S. 96.

[11] *Wehinger*, Illegale Märkte, S. 97.

[12] *Wehinger*, Illegale Märkte, S. 97.

[13] *Spener*, Journal of International Migration and Integration 5 (2004), S. 299.

[14] *Blackburn/Taylor/Davis*, Women and Criminal Justice 20 (2010), S. 117.

[15] *Wehinger*, Illegale Märkte, S. 97.

[16] Vgl. *Wehinger*, Illegale Märkte, S. 97; UNODC, Smuggling of Migrants: A Global Review and Annotated Bibliography of Recent Publications, S. 79.

[17] *Wehinger*, Illegale Märkte, S. 97.

[18] *Williams*, in: Transnational Organized Crime and International Security: Business as Usual?, S. 71 f.

und Anpassungsfähigkeit. Er führt das zu Recht auf den Verfolgungsdruck zurück, zu dem diese Gruppierungen gezwungen seien. In der Wirtschaftssoziologie wird angenommen, dass auf illegalen Märkten das Ausweichen vor staatlichen Rechtsdurchsetzungsmaßnahmen und die Suche nach neuen Kontrolllücken neben die Suche nach Profit und Anlagemöglichkeiten für das Kapital tritt.[19] Netzwerkartige Gruppierungen haben, auch dem ist zuzustimmen, auf illegalen Märkten den Vorteil, dass sie sehr flexibel agieren und sich immer wieder anpassen können.[20]

7.2 Fehlende rechtliche Durchsetzbarkeit von Vereinbarungen in illegalen Märkten

Der Einfluss der Unwirksamkeit von Verträgen auf illegalen Märkten wird von der Wirtschaftssoziologie ebenfalls untersucht. Dabei wird davon ausgegangen, dass mit dem Wegfall der Instrumente zur Rechtsverfolgung zur Einhaltung der Tauschbedingungen (Klage vor einem Zivilgericht) sich die Transaktionskosten auf illegalen Märkten massiv erhöhen würden.[21] Es bedeutet aber nicht, dass es keine internen, auf illegale Märkte bezogenen Regulierungsmechanismen gäbe. Die Einhaltung der Absprachen wird mit anderen Mitteln als der staatlichen Rechtsdurchsetzung versucht. Bekannte Mittel dieser Durchsetzung sind Gewalt und Drohung. Wenn aber ein Gut auf einem illegalen Markt mit so niedrigen Kosten, wie dies bspw. bei illegalen Potenzmitteln der Fall ist, erzeugt werden kann, dass die Nichteinhaltung einer Vereinbarung als kalkuliertes Risiko erscheint und den Einsatz von Gewalt, Drohung oder anderen Zwangsmitteln verzichtbar werden lässt, so werden Durchsetzungsmechanismen auch auf illegalen Märkten nahezu bedeutungslos.

7.3 Die Rolle des Vertrauens

Auf legalen Märkten ist Vertrauen ein wichtiger Faktor. Es ist der Vorschuss, der für die Erreichung zukünftiger Zustände gewährt wird.[22] Vertrauen ist eine wichtige Größe, um Entscheidungen überhaupt treffen zu können. Vertrauen ist eine soziale Größe, mit der die Wahrscheinlichkeit einer zufriedenstellenden Zusammenarbeit gesteigert werden kann. Auf illegalen Märkten kann Vertrauen in die Ware oder das Produkt bzw. die Dienstleistung nicht in Form vom echten Zertifikaten, standardisierten Produkten oder Unternehmensbilanzen erlangt werden. An diese Stelle treten persönliche Kontakte, Netzwerke und das Erfahrungswissen von anderen

---

[19] *Wehinger*, Illegale Märkte, S. 97.

[20] *Wehinger*, Illegale Märkte, S. 97.

[21] *Wehinger*, Illegale Märkte, S. 98.

[22] *Luhmann*, Vertrauen, S. 26.

Personen, die mit der illegalen Ware oder der Dienstleistung zufrieden waren. Der Erwerb von Vertrauen findet hier über eigene oder mitgeteilte Erfahrung statt.[23] Im Zeitalter sozialer Netzwerke werden die vertrauensschaffenden Informationen über diese geteilt und es findet ein Austausch über illegale Handelsplätze statt, die sich auch in Rankings niederschlagen. Ähnliches findet man auch im Darknet, wo illegale Anbieter bewertet und auf einer Skala des Vertrauens eingeordnet werden. Seit mindestens 2014 hat sich das Geschäftsmodell „Erst Ware, dann Geld" auf den illegalen Online-Handelsplätzen zum Vertrieb von Potenzmitteln entwickelt. Das Prinzip „Zahlung auf Rechnung" findet man im Verhältnis illegaler Anbieter zum Endverbraucher sonst nirgends auf illegalen Märkten. Entscheidend für diese Entwicklung dürfte sein, dass die Herstellungskosten und die Transaktionskosten für illegale Potenzmittel so gering sind, dass das Verlustrisiko kalkulierbar bleibt, ohne dass die Profitabilität des Gesamtgeschäfts, gemessen am Gesamtvolumen des Umsatzes, in Frage gestellt werden würde. Nicht zu übersehen ist nämlich, dass mit der Einführung des Prinzips „Erst Ware, dann Geld" ein wichtiger Faktor für das Funktionieren eines illegalen Marktes etabliert wird: Vertrauen. Der Anbieter schafft durch die Übersendung des illegalen Produkts beim Konsumenten und Abnehmer das Vertrauen eigener Seriosität, und er bringt Vertrauen in die Zahlungsbereitschaft seines Kunden sowie Vertrauen in sein Produkt zum Ausdruck. Diese Mechanismen sind nicht von zu unterschätzender Bedeutung, führen sie doch zur *Stabilisierung* eines illegalen Marktes. Letztendlich kann der Anbieter der gefälschten Produkte selbst darauf vertrauen, dass er unentdeckt bleibt. Denn auch der unzufriedene Kunde wird nicht die Polizei informieren, denn er muss die Ware nicht bezahlen und hat keinen Vermögensschaden erlitten.[24] An dieser Stelle kann nur ein erhöhter Verfolgungsdruck dazu beitragen, die Transaktionskosten so weit zu steigern, dass dieses Geschäftsmodell mehr und mehr unprofitabel wird.

7.4 Finanzierung illegaler Märkte und Machtfaktoren

Illegalen und legalen Märkten ist gemeinsam, dass in ein bestimmtes Produkt, eine Ware oder Dienstleistung investiert werden muss. Eine Verbindung zwischen illegalen Geschäften durch legale Geldgeber findet dann statt, wenn das benötigte Kapital aus legalen Finanzierungsquellen stammt. Soweit der Geldgeber von den illegalen Geschäften keine Kenntnis hat, etwa weil er selbst betrogen wird, so scheidet zwar eine Strafbarkeit wegen der Beteiligung an einem illegalen Geschäft aus, allerdings werden hier faktisch die Schnittstellen zwischen legaler und illegaler Wirtschaft offenbar.[25] Die Finanzierung illegaler Märkte durch legale Finanzquellen findet auch in umgekehrter Richtung statt. Das auf illegalen Märkten erwirtschaftete

---

[23] *Wehinger*, Illegale Märkte, S. 100.

[24] Erst bei Gesundheitsschäden wirkt dieser Mechanismus nicht mehr.

[25] *Wehinger*, Illegale Märkte, S. 100.

Kapital wird wieder in den legalen Wirtschaftskreislauf (bspw. Immobilien) reinvestiert. Das ist das klassische Feld der Geldwäsche. Auch hier befindet man sich an einer Schnittstelle zwischen legalem und illegalem Markt. Finanzermittlungen sind hier ein geeignetes Instrument, die Beziehungen zwischen den beiden Märkten aufzudecken (vgl. Abschn. 10.2.3).

Verschiedene Studien belegen, dass die Finanzierung eines bestimmten Gutes oder Geschäftes dadurch erwirtschaftet wird, dass der Abnehmer seinerseits Anbieter auf einem anderen illegalen Markt ist. In der *Wehinger*-Studie wird belegt, dass Elfenbein, Altertümer, Diamanten, Drogen, Frauen und Kunst zur Finanzierung von Waffenkäufen und von paramilitärischen Gruppen oder Terrorgruppen gehandelt werden.[26] Man geht davon aus, dass es für die Endabnehmer von illegal gehandelten Waffen vielfältige Finanzierungsmöglichkeiten durch illegale Geschäfte auf anderen Märkten gibt.[27] Die Verfügbarkeit finanzieller Mittel auf illegalen Märkten ist gleichzeitig ein wesentlicher *Machtfaktor*. Über die Machtressource „Geld" kann Einfluss generiert, Durchsetzung (durch Zwang und Gewalt) manifestiert und durch die steigende Einflussnahme der Markt monopolisiert werden.[28] Die Macht auf illegalen Märkten konstituiert sich also aus den zur Verfügung stehenden Machtquellen. Machtquelle ist aber nicht nur die Verfügbarkeit von „Geld", sondern auch die Macht der „Funktion". Beobachtet werden kann das bei der Einflussnahme in Form der Korruption. Die Absicherung des Marktes geschieht hier dadurch, dass Entscheidungen von Funktionsträgern durch korruptes Verhalten mehr und mehr erwartbar werden und damit den illegalen Markt stützen, da entweder der Kontrolldruck stark sinkt oder das Entdeckungsrisiko auf ein erträgliches Maß minimiert wird. Hinzu kommt, dass durch korruptes Verhalten auch bestimmte Bedingungen durch Durchführung illegaler Geschäfte (Ausstellen von Zertifikaten, Urkunden) erst geschaffen werden.

7.5   Die Wertbestimmung auf illegalen Märkten

Problematisch ist die Bestimmung des Wertes eines Gutes, einer Ware oder einer Dienstleistung auf illegalen Märkten. Zwar können sich immer retrospektiv Werte hinsichtlich bestimmter Güter oder Dienstleistungen feststellen lassen. Allerdings sind die wertbildenden Faktoren eines bestimmten Gutes wenig transparent. Bei gefälschten Artikeln kann der Wert von diesen Produkten auf zweierlei Art und Weise zustande kommen:[29]

---

[26] *Wehinger*, Illegale Märkte S. 101 mit zahlreichen Nachweisen.

[27] *Wehinger*, Illegale Märkte, S. 101, *Besozzi*, Illegal, legal – egal?, S. 45.

[28] Vgl. zu den Machtmodellen auch *Sinn*, Straffreistellung, S. 65 ff.; vgl. ähnlich auch *Wehinger*, Illegale Märkte, S. 101.

[29] Vgl. *Wehinger*, Illegale Märkte, S. 102.

Soll die Ware als Original verkauft werden, so wird der Preis über die Preisbe-
stimmung des Herstellers auf dem legalen Markt festgelegt. In diesen Fällen wird
der Kunde getäuscht. Um die Täuschung zu verstärken, nutzen kriminelle Akteure
nicht selten sogenannte Rabatte oder bewerben die Fälschungen als Überproduktio-
nen bzw. als Waren, die aus Insolvenzen aufgekauft wurden. Diese Mechanismen
sollen die Täuschung verstärken und das Vertrauen in den Erwerb eines Originals
stärken.

In den Fällen jedoch, in denen ein Produkt als Fälschung verkauft wird, wird der
Preis der Ware unter dem Preis für das Original liegen. In zweifelhaften Fällen, ob
eine Originalware oder eine Fälschung verkauft wird oder ob die Ware legal verkauft werden kann oder über illegale Vertriebsquellen angeboten wird, wie das sehr
häufig im Bereich des Onlinehandels mit illegalen Arzneimitteln geschieht, wird
ein Preis nah am Original festgelegt, um den Verbraucher über die Originalität des
Produkts zu täuschen. Da der Erwerb von verschreibungspflichtigen Arzneimitteln
an die Vorlage eines Rezepts gebunden ist, besteht der „Vorteil" für den Verbraucher
in diesen Fällen darin, dass er vom Anbieter nicht zur Vorlage eines entsprechenden
Rezepts gezwungen wird.

Auf den Preis einer Ware, eines Gutes oder einer Dienstleistung hat auch die
Haltung der einzelnen Käufer gegenüber bestimmten Geschäften Einfluss.[30] So
wird angenommen, dass der Handel mit unversteuerten Zigaretten und der Erwerb
dieser von einem Teil der Konsumenten als legitim erscheint, weil die hohe Steuer-
belastung, die auf Tabakprodukten ruhen, von den Verbrauchern als „räuberisch"
empfunden wird.[31] Gleiches könnte auch im Bereich der illegalen Arzneimittel
angenommen werden, da unter den Verbrauchern die Einstellung zu finden ist, dass
die Pharmakonzerne moralwidrig zu viel Profit aus den Krankheiten anderer Menschen schlagen.

Es lässt sich jedenfalls festhalten, dass Güter und Dienstleistungen mit einem
hohen Marktwert bevorzugt auf illegalen Märkten vertrieben werden.[32] Das hat die
OECD für Zigaretten bereits im Jahr 2008 festgestellt.[33] Gleiches gilt für den illegalen Markt gefälschter Bekleidung. Begründet werden kann das damit, dass der Her-
stellungswert der genannten Güter weit unter dem Marktwert liegt. Mit hochprei-
sigen Gütern ist häufig auch ein bestimmtes *Statusdenken* verbunden. Das Tragen
von Markenkleidung oder einer hochwertigen mechanischen Uhr vermittelt den
Eindruck über ein hohes Einkommen zu verfügen, was den Zugang zu bestimmten
sozialen Statusgruppen erleichtert oder auch ein bestimmtes Bildungsniveau sugge-
riert. Durch den Konsum von gefälschten Statusgütern kann also der Effekt erzielt
werden, den Status in den Augen anderer höher erscheinen zu lassen. Dies wird
beim Konsumenten sehr kostengünstig erreicht, da die gefälschte Ware weit unter

---

[30] *Wehinger*, Illegale Märkte, S. 102 f.

[31] *Wehinger*, Illegale Märkte, S. 103; *Beare*, Crime, Law and Social Change 37 (2002), S. 232.

[32] *Wehinger*, Illegale Märkte, S. 103.

[33] OECD, The Economic Impact of Counterfeiting and Piracy, 2008, S. 48.

dem Preis für das Original auf dem illegalen Markt gehandelt wird.[34] Allerdings ist ein Faktor nicht zu unterschätzen: das Risiko der Blamage bei Entdeckung einer Fälschung bei personengleichem Status. In diesen Fällen der Entdeckung ist die Gefahr eines Reputationsverlustes und der Einbuße an Vertrauen in den eigenen Status von großer Bedeutung.[35] An der Stelle „Entdeckungsrisiko" dürften sich deshalb auch Ansatzpunkte für Regulierungen auf Seiten der Konsumenten – der Nachfrage – illegaler Produkte finden lassen. Nur wenn das Entdeckungsrisiko des Plagiats auf Konsumentenseite so hoch ist, dass der Erwerb unattraktiv wird, kann die Bereitschaft zu einem Verzicht gesteigert werden.

7.6   Zusammenfassung

Erst die Kenntnis der Einflussfaktoren, die auf illegalen Märkten wirken, ermöglicht es, strategische und rechtliche Wirkmechanismen gegen illegalen Handel zu etablieren. Als Einflussfaktoren konnten insbesondere der Verfolgungsdruck/die Kontrolldichte, die Möglichkeiten der Einflussnahme auf die Durchsetzung von Vereinbarungen (Zwang), die größer werdende Bedeutung des Vertrauens insbesondere beim illegalen Onlinehandel sowie die Rolle von Geld als Machtfaktor und der Wert eines Gutes auf illegalen Märkten identifiziert werden. Mit diesen Einflussfaktoren lassen sich produktspezifisch bestimmte Möglichkeiten der Einflussnahme, sei es in präventiver oder repressiver Art und Weise, verbinden, um illegale Märkte zurückzudrängen. Fehlt bspw. der Verfolgungsdruck, muss die Kontrolldichte erhöht werden. Wo auf illegalen Märkten mit Vertrauen geworben wird, muss der Konsument darüber aufgeklärt werden, dass dieses Vertrauen in illegales Verhalten gesetzt wird und damit gleichzeitig eine Verstrickung in kriminelles Agieren verbunden ist. Hinzu kommt, dass das Vertrauen bei illegalen Geschäften rechtlich nicht durchsetzbar ist, vielmehr auf einigen Märkten Zwang als Mittel zur Durchsetzung von Forderungen dient. Der Machtfaktor Geld muss illegalen Märkten mit Mitteln der strafrechtlichen Vermögensabschöpfung entzogen werden. Produktfälschungen müssen im Bewusstsein mehr und mehr als wertlos und u. U. gefährlich wahrgenommen werden und nicht als ein „Schnäppchen". Der vorsätzliche Erwerb derartiger Produkte sollte auf Konsumentenseite auch Folgen haben (vgl. dazu Abschn. 5.1), andernfalls bliebe die Nachfrageseite auf illegalen Märkten unbeachtet.

---

[34] *Wehinger*, Illegale Märkte, S. 103.
[35] Vgl. dazu auch *Wehinger*, Illegale Märkte, S. 103 m. w. Nw.

Kapitel 8
Strukturmerkmale von illegalen Märkten

8.1 Organisation der Akteure in Netzwerken

In der Forschung ist die Annahme herrschend, dass auf illegalen Märkten die Akteure vor allem in Netzwerken aktiv sind.[1] Dem ist mit Blick auf das Bundeslagebild zur OK sowie dem Bericht „EU Serious and Organised Crime Threat Assessment" Europols[2] zuzustimmen. Es wird weiterhin davon ausgegangen, dass kriminelle Unternehmen, die mit vielen eingeweihten Helfern illegale Aktivitäten ausführen und deren Arbeitsplan auf Anweisung durch Vorgesetzte beruht, eher selten sind.[3] Es wird auch beschrieben, dass sich Personen zu einem bestimmten Projekt, deren Planung und Durchführung zusammenfinden und sich nach Durchführung des Projekts wieder trennen, um gegebenenfalls in wechselnder Besetzung wieder erneut zusammenzuarbeiten.[4] Dieses Modell wird auch von Europol[5] und dem BKA im Lagebild Cybercrime aus dem Jahr 2016[6] als Crime-as-a-Service beschrieben. In diesen Gruppierungen findet man nur einen Kern von fest integrierten Akteuren. Tätigkeiten, die nicht unmittelbar von den kriminellen Akteuren ausgeführt werden müssen, werden an Externe vergeben.[7] In Deutschland fand das in großen Stil im

---

[1] *Wehinger*, Illegale Märkte, S. 104.

[2] Europol SOCTA, 2017.

[3] *Wehinger*, Illegale Märkte, S. 104.

[4] *Paoli*, Kölner Zeitschrift für Soziologie und Sozialpsychologie, Sonderheft 43 (2004), S. 361; *Wehinger*, Illegale Märkte, S. 104.

[5] Europol, Exploring tomorows organised crime, 2015, S. 9, 12 sowie Europol, SOCTA 2017, S. 29.

[6] Bundeslagebild Cybercrime 2015, S. 11; vgl. auch Bundeslagebild Organisierte Kriminalität 2015, S. 35, 39; vgl. auch *Sinn,* in: International Law and Transnational Organised Crime, S. 24 (32 f.).

[7] *Wehinger*, Illegale Märkte, S. 104.

© Springer-Verlag GmbH Deutschland 2018
A. Sinn, *Wirtschaftsmacht Organisierte Kriminalität,*
DOI 10.1007/978-3-662-55269-8_8

Rahmen von Call-Center-Betrügereien[8] und im Zusammenhang mit Cybercrime statt.[9] Demgegenüber existieren auch noch die klassischen Mafiaverbände, die als streng hierarchische Gruppierungen organisiert sind und bei denen einzelne Mitglieder eine Art Mitgliedschaft erwerben. Internationale Studien belegen aber, dass mehr und mehr die sogenannte Netzwerk-OK dominiert.[10] Netzwerke lösen also die hierarchisch strukturierten Verbände klassisch organisierter Kriminalität nicht ab, sie treten neben diese „alten" Erscheinungsformen und verdienen mehr und mehr Aufmerksamkeit.

Die Größe der Netzwerke ist abhängig von der Verfügbarkeit des Gutes oder den zur Herstellung des Gutes benötigten Produktionsmittel und Ausgangsstoffen. So können bspw. bestimmte Güter und Rohstoffe für illegale Waren nur in bestimmten Herkunftsländern beschafft werden. Deshalb bedarf es bspw. beim Kokainhandel eines Kontakts in die Anbauländer der Kokapflanzen. Ist eine solche örtliche Abhängigkeit nicht Voraussetzung für einen bestimmten Kontakt und ein Netzwerk, so führt das dazu, dass sich die Netzwerke verkleinern, weil das Produkt auch ohne Einschaltung größerer Netzwerke hergestellt werden kann.[11] Das Phänomen ist auffällig bei der Verbreitung von sogenannten Indoor-Plantagen bei Cannabis-Anbau. In der Literatur wird die Bedeutung von Personennetzwerken auf illegalen Märkten beim Bezug der Ausgangswaren besonders hervorgehoben.[12] Netzwerke bergen aber nicht nur die Vorteile, die eben beschrieben wurden, sondern sie sind auch *risikoanfällig*.[13] Ist eine Person in einem Netzwerk, bspw. weil sie festgenommen wurde, nicht mehr erreichbar, so kann das den Bezug der illegalen Güter stoppen. Der Abnehmer der Güter muss dann einen neuen Partner finden, dem er vertraut und dem das Risiko der Aufdeckung des illegalen Geschäfts kalkulierbar bleibt.

---

[8] Vgl. Bundeslagebild Wirtschaftskriminalität 2015, S. 7:
Der sogenannte „Call-Center-Betrug" umfasst im Wesentlichen die telefonische Ankündigung von falschen Gewinnversprechen aufgrund einer angeblichen Teilnahme an Gewinnspielen und in diesem Zusammenhang die Aufforderung, vorab Gebühren für die Übermittlung der vermeintlichen Gewinne zu transferieren. Vgl. auch einen Fall bei *Sinn*, ZJS 2014, S. 701 ff.: Die Täter nutzen das legale System des Einzugsermächtigungslastschriftverfahrens, sie integrieren die Banken als Mittler in ihr kriminelles System, involvieren teilweise Call-Center, und das alles mit dem Ziel, die Leichtgläubigkeit und auch die Vernachlässigung der Vermögensselbstsorge anderer Personen auszunutzen.

[9] Bundeslagebild Cybercrime 2015, S. 11: Im Darknet werden bspw. angeboten: Ransomware(toolkits), Bereitstellung von Botnetzen für verschiedene kriminelle Aktivitäten, DDoS-attacken, Malwareherstellung und -verteilung, Datendiebstahl, Verkauf/Angebot sensibler Daten, z. B. Zugangs- oder Zahlungsdaten, Vermittlung von Finanz- oder Warenagenten, die die Herkunft der durch Straftaten erlangten Finanzmittel oder Waren gegen Bezahlung verschleiern, Kommunikationsplattformen zum Austausch von kriminellem Know-how, wie bspw. Foren der Underground Economy, Anonymisierungs- und Hostingdienste zum Verschleiern der eigenen Identität, sog. Dropzones zum Ablegen illegal erlangter Informationen und/oder Waren.

[10] Vgl. *Sinn*, Organisierte Kriminalität 3.0.

[11] Vgl. auch *Wehinger*, Illegale Märkte, S. 105.

[12] *Arlacchi*, in: The New European Criminology: Crime and Social Order in Europe, S. 205.

[13] *Wehinger*, Illegale Märkte, S. 105.

Veränderungen im Netzwerk führen also immer zu einer Destabilisierung des illegalen Marktes.[14] Handelt es sich um ein besonders knappes Gut, so kann der Ausfall eines Netzwerkpartners zum Zusammenbruch des gesamten Marktes führen. Hinzu kommt der Vertrauensverlust, der in die Partner des entfallenden Netzwerkpartners entstehen und somit nachhaltig die folgenden Netzwerkpunkte beeinflussen kann.[15] Nur ausnahmsweise funktionieren illegale Märkte trotz staatlicher Intervention hinsichtlich der Eliminierung eines Netzwerkknotenpunktes weiter, wenn wie bspw. illegale Geschäfte (Drogenhandel) aus der Haft heraus weitergeführt werden.[16] Außerdem kann trotz Entdeckung eines Netzwerkknotenpunktes das Sanktionsniveau in einem Land so gering sein, dass die staatliche Intervention kaum Auswirkungen auf den Fortbestand des illegalen Marktes hat. Dies wird bspw. vom Zigarettenschmuggel in Paraguay berichtet.[17]

In der Literatur wird auch auf die Rolle sozialer und persönlicher Umstände in kriminellen Netzwerken eingegangen.[18] Dabei scheint sich die Erkenntnis durchgesetzt zu haben, dass engere persönliche Bindungen und der Aufbau von Nähebeziehungen in einem kriminellen Netzwerk Platz für irrationale Entscheidungen schaffen, die den Geschäftserfolg behindern könnten. Außerdem sei der Aufbau von Nähebeziehungen ein Grund dafür, dass die Beteiligten verletzbar für Betrug seien.[19] Allerdings sind diese Erkenntnisse nach Ansicht von *Wehinger* empirisch bisher nicht bestätigt worden. Er setzt dieser These deshalb entgegen, dass es gerade die fehlenden engen persönlichen Beziehungen sein könnten, die Skrupel vor betrügerischen Handlungen der Marktakteure fallen ließen.[20] Dem ist hinzuzufügen, dass mit der sich rasant entwickelnden Informationstechnologie und auch den Möglichkeiten, diese nicht zuletzt über soziale Netzwerke auch für kriminelle Aktivitäten und der Etablierung von Netzwerken sowie Kontaktstellen zu missbrauchen, auch das Bedürfnis nach einer sozialen Nähebeziehung sinkt. Vertrauen[21] muss nicht mehr face to face und im unmittelbaren Kontakt aufgebaut werden. Teilweise kann Vertrauen auch aufgrund moderner Logistikoptionen nicht mehr im persönlichen Kontakt hergestellt werden. Vielmehr wird es über die Bewertungen anderer Marktteilnehmer, seien es Zwischenhändler oder Konsumenten über die Aktivitäten eines Lieferanten geschaffen. Gleich einem Bewertungsportal werden auch auf illegalen Märkten die Anbieter und Konsumenten einem schonungslosen Bewertungsregime unterworfen. Die Möglichkeiten der Sanktionierung in derartigen Netzwerken vollziehen sich dann nicht über Gewalt, sondern über einen radikalen Rausschmiss bzw. Ausschluss aus dem Markt. Die moderne Kommunikationstechnologie nimmt also

---

[14] Vgl. ähnlich *Wehinger*, Illegale Märkte, S. 105.

[15] Vgl. *Wehinger*, Illegale Märkte, S. 105.

[16] Vgl. *Kenney*, Global Crime 8 (2007), S. 256.

[17] Vgl. *Ramos*, Trends in Organized Crime 12 (2009), S. 270.

[18] Vgl. dazu die Übersicht m. w. Nw. bei *Wehinger*, Illegale Märkte, S. 106.

[19] *Wehinger*, Illegale Märkte, S. 106.

[20] *Wehinger*, Illegale Märkte, S. 106.

[21] Zum Vertrauen als ein Einflussfaktor auf illegalen Märkten vgl. 7.3.

strukturell eine Brückenfunktion in Netzwerken wahr. Sie ersetzt teilweise unmittelbaren, persönlichen Kontakt und schafft damit Distanz und Nähe zugleich. Damit wird aber auch klar, dass die Möglichkeiten, an die Drahtzieher und Hintermänner in Netzwerken zu gelangen, immer schwieriger werden.

8.2   Intransparenz

Ein weiteres Merkmal illegaler Märkte ist ihre Intransparenz. Diese bezieht sich auf die Herkunft, die Produkteigenschaften und die Lieferkette. Der Endabnehmer weiß in der Regel nichts oder nur wenig über die Wertschöpfungskette (bspw. bei Zigaretten), er vertraut auf die Produkteigenschaft (etwa bei Arzneimitteln oder Kunst) oder er geht bewusst und in Kenntnis der Illegalität des Gutes oder Dienstleistung das Geschäft ein. Mit der Entstehung illegaler Märkte mit Hilfe des World Wide Webs bzw. des Dark- und des Deepwebs verschärft sich die Intransparenz des Marktes noch einmal. Allein im Bereich des oben beschriebenen Vertrauens (vgl. Abschn. 7.3) werden die Marktteilnehmer in diesem Kontext aber jedenfalls transparenter, wenn man von der Richtigkeit der dort abgegebenen Bewertungen in den Bewertungsportalen ausgeht. An dieser Stelle zeigt sich, dass Transparenzmerkmale (Bewertungen, Bewertungsportale), die von legalen Märkten bekannt sind (Onlinekaufhäuser, Autovermietungen, Versteigerungsportale etc.) auch auf illegalen Märkten eine regulierende Wirkung und eine transparenzsteigernde Funktion haben können.[22]

8.3   Polypolistische und monopolistische illegale Märkte

In den 1960er Jahren ist *Schelling*[23] davon ausgegangen, dass größere kriminelle Organisationen kleinere Gruppierungen vom Markt drängen. Das bedeute, dass illegale Märkte tendenziell zur Monopolbildung neigen würden. *Wehinger* setzt dem aufgrund der jüngsten Forschungen entgegen, dass bis jetzt empirisch keine Fälle einer Monopolbildung belegt seien.[24] Davon seien lediglich mafiöse Organisationen in Süditalien und auf Sizilien auszunehmen. Dem ist zuzustimmen. Bestimmte regionale und politische Besonderheiten haben dazu geführt, dass sich bspw. in Süditalien und bezüglich bestimmter Märkte, wie bspw. Drogen oder Schutzgelderpressungen, Strukturen bilden konnten, die zur Monopolisierung eines Marktes

---

[22] Vgl. auch *Wehinger*, Illegale Märkte, S. 108.

[23] *Schelling*, in: The President's Commission on Law Enforcement and Administration of Justice (Hrsg.), Appendix D: Organized Crime, (Task Force on Organized Crime), 1967; *ders.*, in: Choice and Consequence: Perspectives of an Errant Economist,1984.

[24] *Wehinger*, Illegale Märkte, S. 108.

führen konnten. Auf einem anderen Markt können demgegenüber aber eher poly-
pistische Strukturen nachgewiesen werden, wie dies etwa beim illegalen Handel
mit Potenzmitteln über illegale Onlineapotheken oder auch dem illegalen Handel
mit gestohlenen Autoteilen[25] der Fall ist. Hier tummeln sich zahlreiche Anbieter,
und die „Regulierung des Marktes" erfolgt ähnlich der legalen Wirtschaft über den
Wettbewerb. Inwieweit ein Markt zur Monopolbildung neigt, hängt von einer Vielzahl von Faktoren ab. Nicht zuletzt spielt die Strafverfolgung eine besondere Rolle.
In funktionierenden Rechtsstaaten sorgen die Strafverfolgungs- und Kontrollbehörden für eine kurze Lebensdauer größerer Organisationen, was die Bildung eines
Monopols verhindert.[26] In Regionen oder Staaten, in denen der Verfolgungsdruck
auf einen Markt gering ist, können deshalb auch eher Tendenzen zur Monopolisierung festgestellt werden. Hinzukommen müssen jedoch noch weitere Einflüsse.
In der Literatur wird versucht, den Faktoren „Selbstregulierung", „Monopolbildung", „Kartellbildung" und „Korruption" auf illegalen Märkten nachzugehen und
die regulierenden Mechanismen zu erforschen.[27] Mit Hilfe eines machtorientier-
ten Modells, wie es in verschiedenen Wissenschaftsdisziplinen bekannt[28] ist, ist es
erhellend, die *Machtressourcen* bei den marktregulierenden Mechanismen mit in
Betracht zu ziehen. Denn die Verfügbarkeit über Machtressourcen (Geld, Kontakte,
Gewalt etc.) hat auch Einfluss auf die Strukturen illegaler Märkte und die Ausprä-
gung als polypolistisch oder monopolistisch.

8.4   Zur Rolle von Zwang (i. d. R. Gewalt und Drohung) auf illegalen Märkten

Gewalt ist ein Mittel zur Ausübung von Macht. Sie spielt vor allem in hierarchisch
strukturierten Gruppierungen eine Rolle oder bei Machtkämpfen rivalisierender
Gruppen, wie bspw. Motorradgangs. Sie spielt auch dort eine Rolle, wo die Partner
am illegalen Geschäft sich persönlich gegenübertreten und die Bedingungen des
Handels nicht eingehalten werden. Mit Gewalt kann Macht erlangt, Macht erhalten
oder Macht gefestigt werden. Trotz dieser Einsichten spielt Gewalt auf illegalen
Märkten keine so große Rolle, wie sie vielfach vermutet wird.[29] Gewalt darf nämlich
nicht mit Zwang in der Form einer Drohung verwechselt werden. Gewalt ist die
gegenwärtige Zufügung eines Übels, während sich mit einer Drohung die Ankündigung von Gewalt verknüpfen kann. Von größerer Bedeutung sind Drohungen auf

---

[25] Vgl. Eurojust Jahresbericht 2015, S. 42.

[26] Vgl. *Hornsby/Hobbs*, British Journal of Criminology 2007 (47), S. 551 (562) für den illegalen
Zigarettenmarkt; vgl. auch *Wehinger*, Illegale Märkte, S. 110.

[27] Vgl. dazu ausführlich *Wehinger*, Illegale Märkte, S. 108 ff.

[28] Vgl. zusammenfassend *Sinn*, Straffreistellung aufgrund von Drittverhalten, Zurechnung und
Freistellung durch Macht, 2007.

[29] *Wehinger*, Illegale Märkte, S. 115.

illegalen Märkten. Denn wer droht, stellt ein Übel für den Fall in Aussicht, dass die Erwartungen des Drohenden nicht erfüllt werden. An dieser Stelle ist entscheidend, dass die bedrohte Person die Ankündigung des Übels für ernst und durchsetzbar hält. Eine Organisation, deren Mitglieder für gewalttätig gehalten werden, wie das bei Rockergruppierungen der Fall ist, wird von den Geschäftspartnern ernst genommen, und die Wahrscheinlichkeit, dass die getroffenen Absprachen nicht eingehalten werden, wird dadurch sinken.[30] Hinzu kommt, dass die Anwendung von Gewalt in der Regel nicht im Geheimen bleiben kann. Sie erregt Aufmerksamkeit, und damit steigen die Möglichkeiten, dass die Polizei auf die Akteure aufmerksam wird.[31]

Aus dem Zusammenspiel von Macht auf illegalen Märkten und dem Machtmittel „Gewalt" lässt sich schließen, dass die Sichtbarkeit von Gewalt darauf hindeutet, dass andere Mechanismen versagt haben, der Markt zwischen verschiedenen Gruppierungen oder Personen umstritten ist und sich in der Illegalität durch die Anwendung von Gewalt neu ausbalanciert. Das wird bspw. in Umbruchsituationen der Fall sein, so etwa wenn Geschäftspartner ausfallen oder sich Streitigkeiten bei der Verteilung von Einfluss auf einen Markt ergeben.[32] Beobachtet werden können solche Umbruchsituationen insbesondere im Zusammenhang mit dem Zusammenbruch staatlicher Ordnungen oder bei der Korruptionsbekämpfung.[33] In der sozialwissenschaftlichen Literatur wird der Gewalt eine besondere Rolle dort beigemessen, wo es um den Sonderfall der Kriegsökonomie geht. Illegale Märkte entstehen hier und perpetuieren sich aus der Finanzierung von Gewaltanwendung selbst. Das bedeutet, dass mit dem Zusammenbruch des illegalen Marktes auch das Ende der Gewalt einhergeht.[34]

8.5   Zusammenfassung

Auf illegalen Märkten agieren vorwiegend Netzwerke, ohne dass jedoch die klassischen hierarchischen Strukturen organisierter Kriminalität ausgestorben wären. Es ist aber zu beobachten, dass im Bereich Cybercrime eine ganz neue Generation intelligenter Täter herangewachsen ist, die ihre Kenntnisse als Dienstleistung zu kriminellen Zwecken anbieten (Crime-as-a-Service), und sich Personen zu einem bestimmten Projekt zusammenfinden, dies durchführen und sich dann wieder trennen. Persönlicher Kontakt ist bei diesen Formen von untergeordneter Bedeutung. Er wird ersetzt durch soziale Netzwerke und moderne Kommunikationsformen. Das

---

[30] Vgl. auch *Wehinger*, Illegale Märkte, S. 115.

[31] Vgl. *Wehinger*, Illegale Märkte, S. 116 m. w. Nw.

[32] *Wehinger*, Illegale Märkte, S. 116.

[33] *Snyder/Duran-Martinez*, Crime, Law and Social Change 52 (2009), S. 262; *Pacheco*, in: Studies in Conflict and Terrorism 32 (2009), S. 1031; *Wehinger*, Illegale Märkte, S. 116.

[34] Vgl. hierzu näher m. w. Nw. *Wehinger*, Illegale Märkte, S. 116.

Netzwerk anonymisiert sich immer weiter. Diese Entwicklung ist insbesondere im Darknet zu beobachten.

Intransparenz der Lieferkette ist in jedem illegalen Markt immanent. Für den Verbraucher wird es also schwierig, legal angebotene von illegal angebotenen Gütern zu unterscheiden. An dieser Stelle könnten Mechanismen zur Sicherung der Lieferkette nicht nur einen höheren Verbraucherschutz schaffen, sondern auch die Wirtschaft vor materiellen und immateriellen Schäden besser schützen (vgl. Kap. 11).

Machtressourcen spielen auf illegalen Märkten eine ebenso große Rolle, wie auf legalen Handelsplätzen. Geht man den Ressourcen nach, so wird man auch auf die diese Ressourcen kontrollierenden Inhaber stoßen. In diesem Zusammenhang spielt die Erkundung der Netzwerkknotenpunkte (Macht der Kontakte) oder der Geldströme (Machtressource Geld – Finanzermittlungen) eine ganz beachtliche Rolle.

Kapitel 9
Auswirkungen illegaler Märkte auf die Gesellschaft

9.1 Die Folgen für die Wirtschaft

Wirtschaftlich negative Folgen ergeben sich für den legalen Markt, wenn ein Teil des Handels auf illegale Märkte verlagert wird. Gründe für diese Verlagerung sind in den höheren Gewinnmargen zu sehen.[1] Für legal tätige Akteure entstehen Umsatzeinbußen, und dem Staat entgehen Steuern und Abgaben. Ein Paradebeispiel dafür ist der illegale Handel mit Zigaretten. Der illegale Markt zieht damit auch Kaufkraft aus der legalen Wirtschaft ab, denn für legale Transaktionen bleiben den Personen, die auf illegalen Märkten konsumieren, weniger Mittel zur Verfügung.[2] Illegale Märkte wirken sich auch insoweit auf die legalen Märkte aus, dass legale Anbieter von Gütern hinsichtlich bestimmter Produktgruppen gezwungen sind, ihre Preise zu senken, um wettbewerbsfähig zu bleiben.[3] Nachgewiesen wurde dies bei dem weltweiten Holzmarkt, wo die Marktpreise durch das Angebot aus illegalen Quellen um 7–16 % gefallen sind.[4] Diese Mechanismen stehen im Zusammenhang mit einer mangelnden Rechtsdurchsetzung in den Regionen, in denen die Güter ihren Ursprung haben. Die Gefahr bei der Konkurrenz zwischen einem legalen und illegalen Markt besteht in einem „Ansteckungseffekt".[5] Denn wenn der Vorsprung des illegalen Marktes am legalen Markt nicht mehr aufzuholen ist, dann besteht die Möglichkeit, dass Teile der legalen Wirtschaft die illegalen Praktiken übernehmen. Das führt zur Ausbreitung des

---

[1] *Wehinger*, Illegale Märkte, S. 117.

[2] Vgl. zum Ganzen *Wehinger*, Illegale Märkte, S. 117.

[3] *Wehinger*, Illegale Märkte, S. 117.

[4] Vgl. die Nw. bei *Wehinger*, Illegale Märkte, S. 117.

[5] *Wehinger*, Illegale Märkte, S. 117.

© Springer-Verlag GmbH Deutschland 2018
A. Sinn, *Wirtschaftsmacht Organisierte Kriminalität,*
DOI 10.1007/978-3-662-55269-8_9

illegalen Marktes und zu einer Steigerung der Transaktionskosten.[6] Geht dies mit einer mangelnden Rechtsdurchsetzung einher, so helfen dann auch keine weiteren Kontroll- oder Monitoringmaßnahmen.

9.2   Folgen für die Gesellschaft

Die Illegalität von Märkten setzt voraus, dass es Normen und Regulierungsmechanismen gibt, denen zuwidergehandelt wird (s. Abschn. 3.2). Diese Normen, Regulierungen und Gesetze dienen, wie das gesamte Recht, der Friedenssicherung. Sie dienen den Menschen als Orientierung für das richtige Verhalten, sie dienen der Normstabilisierung und der Einübung in Normtreue. Die Funktion der Gesetze besteht also auch darin, Verhalten zu steuern. In Demokratien lässt sich der Aspekt der Verhaltenssteuerung dann vom Volk ableiten, das Entscheidungen in einem kommunikativ-pluralistischen Sinne getroffen hat, weshalb diese auch allgemein Verbindlichkeit beanspruchen können. Die Normen dienen also auch der Stabilisierung von Vertrauenserwartungen und der Vorhersehbarkeit staatlicher Interventionsmechanismen. Die Marktteilnehmer können auf legalen Märkten darauf vertrauen, dass die rechtlichen Rahmenbedingungen eingehalten werden. Andererseits können sie bei Nichteinhaltung der rechtlichen Rahmenbedingungen auf die Durchsetzbarkeit ihrer Ansprüche oder auf weitere Sanktionsmechanismen bis hin zu strafrechtlichen Interventionen vertrauen. Auf illegalen Märkten existieren derartige Regulierungsmechanismen aber nicht (s. Abschn. 7.2). Vertrauen wird (s. Abschn. 7.3) zwar auf ähnliche Art und Weise wie auf legalen Märkten erlangt, allerdings fehlen die rechtlichen Durchsetzungsmechanismen bei enttäuschter Verhaltenserwartung. Da ein illegaler Markt per se illegales Verhalten voraussetzt, erodieren die illegalen Verhaltensweisen automatisch auch die für alle in einer Gesellschaft und in einer Rechtsgemeinschaft lebenden Personen geltenden Normenmaßstäbe und Gesetze. Kommt es zu Verbindungen zwischen legalen und illegalen Märkten oder bedienen sich rechtswidrig agierende Marktteilnehmer legaler Institutionen (Banken, Kreditinstitute, Call-Center etc.), so erodiert auch das Vertrauen in die legale Wirtschaft. Das Vertrauen in die Geltung der Normen, Gesetze und Sanktionsmechanismen wird aber auch allein durch das Bestehen eines illegalen Marktes erschüttert. In Fällen, in denen sich illegale Märkte mehr und mehr ausbreiten, sinkt das Vertrauen der Bürger in die bestehenden Regulierungsprozesse, einschließlich der ihnen zugrunde liegenden Gesetze und Normen. Das sinkende Vertrauen in die Geltung der Norm führt wiederum dazu, dass die Norm nicht mehr als Ankerpunkt für das eigene Verhalten dient, sondern möglicherweise das illegale Verhalten zum verhaltenssteuernden Maßstab gewählt wird. Denn aus ökonomischer Sichtweise und bei moralischer Überwindbarkeit der Verbotsnorm sowie einem niedrigen Kontrolldruck und einem niedrigen Strafbarkeitsrisiko, „lohnt" es sich nicht mehr für den

---

[6] *Wehinger*, Illegale Märkte, S. 117.

Akteur, Teilnehmer des legalen Marktes zu sein. Derartige Zusammenhänge können beobachtet werden bei der Verletzung des geistigen Eigentums durch Raubkopien oder auch der Schwarzarbeit[7].

Immer dann, wenn sich in der Gesellschaft ein Konsens über bestimmtes moralisches Verhalten und die Voraussetzungen für ein Verbot bestimmter Verhaltensweisen herausgebildet hat, können gesetzgeberische Aktivitäten Einfluss auf die Kontrolle bestimmter Güter und damit auch bestimmte Verhaltensweisen im Zusammenhang mit diesen Gütern ausüben. So hat sich bspw. mit der Einsicht, dass die Geldwäsche gravierende negative Auswirkungen auf die Gesellschaft haben kann, seit den 1980er Jahren ein umfangreiches rechtliches Maßnahmenpaket entwickeln können. Je mehr aber gesellschaftliche Akzeptanz um sich greift, die bestehenden Normen nicht einzuhalten, umso mehr verliert die Norm ihre Geltungskraft und damit ihre verhaltenssteuernde Funktion.[8]

9.3 Zusammenfassung

Die Auswirkungen illegaler Märkte auf die Gesellschaft und die Wirtschaft sind gravierend. Illegale Märkte werden durch organisierte Kriminalität „bedient". Die erwirtschafteten Gelder werden gewaschen und in den legalen Kreislauf zurückgeführt. Die legale Wirtschaft wird so untergraben. Die Folgen des illegalen Handels können so nachhaltig sein, dass die Finanzkraft des Staates, die Innovationskraft der Wirtschaft, Arbeitsplätze, die Reputation der Unternehmen, das Produktvertrauen, die Wirtschaftsleistung sowie das Vertrauen der Bürger in die bestehenden Regulierungsprozesse und nicht zuletzt auch die Gesundheit und der Wohlstand gefährdet sind.

---

[7] Vgl. *Wehinger*, Illegale Märkte, S. 120.

[8] Vgl. auch *Wehinger*, Illegale Märkte, S. 120 f.; *Ellis*, On Tap Europe, Organised Crime and Illicit Trade in Tobacco, Alcohol and Pharmaceuticals, RUSI Whitehall Report 2-17, 2017, S. 34 f.

Kapitel 10
Ermittlungen auf illegalen Märkten aus deutscher Perspektive

Die Befugnis zu strafrechtlichen Ermittlungen auf illegalen Märkten haben in Deutschland verschiedene Behörden (Polizei, Finanzbehörden, insbesondere der Zoll, Bundespolizei, Bundeskriminalamt, Landeskriminalämter). Diese Strafverfolgungs- und Kontrollbehörden spielen jeweils für sich aber auch in bestimmten Formen der Zusammenarbeit eine wichtige Rolle bei der Verfolgung organisierter Kriminalität. In diesem Kapitel soll besonderes Augenmerk auf die Rolle des Zolls bei den Ermittlungen in illegalen Märkten gelegt werden. Denn in vielen Fällen des illegalen Handels gelangt der Zoll im Rahmen seiner Aufgaben und Zuständigkeiten als erste Behörde an Informationen. Aber im Gegensatz zur Rolle der Polizei werden seine Möglichkeiten zu Ermittlungen in der Öffentlichkeit und in der Politik kaum wahrgenommen. In der Praxis besteht die Gefahr, dass sich überschneidende Zuständigkeitszuweisungen zu negativen Kompetenzkonflikten führen und letztendlich keine Ermittlungen stattfinden oder nicht von der Behörde mit der größten Sachkunde geführt werden.

Die Zollstatistiken geben bereits einen Hinweis darauf, dass die Ermittlungen in illegalen Märkten zu einem großen Teil zum Aufgabenbereich des Zolls gehören und umfangreiches Datenmaterial und die Erkenntnisse vom Zoll aufbereitet bzw. erlangt werden. Selbstverständlich tragen u. a. auch die Landespolizeibehörden und das Bundeskriminalamt zur Repression und Prävention in illegalen Märkten bei und erheben statistische Daten[1]. Allerdings ist es nicht immer einfach, ihre Aufgaben und Zuständigkeiten sowie ihre Ermittlungsbefugnisse im Verhältnis zum Zoll abzugrenzen und die Möglichkeiten der reibungslosen Zusammenarbeit zu definieren. Nicht immer problemlos zu bestimmen ist auch die Zuständigkeitsverteilung zwischen der Staatsanwaltschaft und dem Zoll bei strafrechtlichen Ermittlungen. Und selbst die Zuständigkeitsbestimmung allein im Bereich der Finanzbehörden bei strafrechtlichen Ermittlungen fällt nicht immer leicht, weil sich die Zuständigkeit der einzelnen Behörden nicht einheitlich aus einem Gesetz, sondern aus

---

[1] Vgl. Nw. in Kap. 4 Fn. 54.

© Springer-Verlag GmbH Deutschland 2018
A. Sinn, *Wirtschaftsmacht Organisierte Kriminalität*,
DOI 10.1007/978-3-662-55269-8_10

verschiedenen Vorschriften ergibt. Hinzu kommt, dass es sich bei den Steuerstraftaten um eine sehr komplexe Regelungsmaterie handelt, deren Durchdringung oft von Expertenwissen abhängt, das eher bei den Beamten der Finanzbehörden liegt, als bei der Staatsanwaltschaft. Deshalb bietet sich auch eine Zusammenarbeit zwischen der Staatsanwaltschaft und den Finanzbehörden an. Bei dieser Zusammenarbeit spielen Kompetenzabgrenzungen eine wichtige Rolle.

10.1 Kompetenzabgrenzungen und -überschneidungen zwischen den Finanzbehörden, der Staatsanwaltschaft sowie der Polizei

10.1.1 Die Zuständigkeiten der Finanzbehörden

In der Abgabenordnung ist festgelegt, welche Behörden Finanzbehörden (FB) sind. Die Abgabenordnung kennt zwei in ihrer Reichweite verschiedene Begriffsbestimmungen, § 6 AO und § 386 Abs. 1 S. 2 AO. Die Begriffsbestimmung in § 6 AO gilt für die gesamte Abgabenordnung. Davon zu unterscheiden ist § 386 Abs. 1 S. 2 AO. Diese Begriffsbestimmung gilt nur bei dem Verdacht einer Steuerstraftat. Finanzbehörden in diesem Kontext sind nur die Hauptzollämter (HZÄ), die Finanzämter (FÄ), das Bundesamt für Finanzen sowie die Familienkasse. Die FB im Sinne des § 386 Abs. 1 S. 2 AO haben, sofern die Tat ausschließlich eine Steuerstraftat betrifft, die Stellung der Staatsanwaltschaft, § 386 Abs. 2 i. V. m. § 399 AO. Der Grund für diese Zuständigkeit liegt darin, dass die Kenntnisse steuerrechtlicher Zusammenhänge und die erforderlichen Rechtskenntnisse eher bei den FB als bei der StA vermutet werden. In Zoll- und Verbrauchssteuersachen sind dann die HZÄ funktional zuständig. Da sich die Zuständigkeit auf Steuerstraftaten beziehen muss, werden all die Taten erfasst, die in § 369 Abs. 1 AO genannt werden. Dementsprechend gehören auch die Zollstraftaten dazu. Auch der Bannbruch ist eine Steuerstraftat, und zwar unabhängig davon, ob die Tat nach § 370 AO oder nach einem besonderen Verbotsgesetz strafbar ist (vgl. dazu Abschn. 10.1.4).

Demgegenüber handelt es sich bei der Bildung einer kriminellen Vereinigung (§ 129 StGB) nicht um eine Steuerstraftat, auch wenn die kriminelle Vereinigung zum Zweck der Verübung von Steuerstraftaten gegründet wurde, wie es bspw. beim organisierten Zigarettenschmuggel oder dem Drogenhandel der Fall sein dürfte. § 129 dient hier der Ermittlungsbehörde vielmehr als „strafprozessuales Vehikel"[2], um besondere, in der Regel verdeckte Ermittlungsmaßnahmen einsetzen zu können. In den wenigen Fällen, in denen von der Bildung einer kriminellen Vereinigung ausgegangen werden kann, was an der engen Auslegung durch die Tatgerichte liegt, besteht mit den Steuerstraftaten §§ 370, 372 AO Tateinheit, was verfahrensrechtlich die Folgen der §§ 402, 403 AO auslöst.[3]

---

[2] *Möller/Retemeyer*, Steuerstrafrecht (28. AL), C II Rn. 66.

[3] *Möller/Retemeyer*, Steuerstrafrecht, (28. AL), C II Rn. 67.

10.1.2   Selbstständige Durchführung des Ermittlungsverfahrens durch die Finanzbehörden

Selbstständig kann die FB das Ermittlungsverfahren nur dann durchführen, wenn es sich bei der Tat *ausschließlich* um eine Steuerstraftat handelt, § 386 Abs. 2 AO. An die Selbstständigkeit ist die Funktion der FB als Herrin des Ermittlungsverfahrens geknüpft, die in allen anderen Fällen der StA im Verhältnis zur Polizei zukommt. Nur dann, wenn das Ermittlungsverfahren aufgrund des § 386 Abs. 2 AO selbstständig durch die FB durchgeführt wird, nimmt sie die Rechte und Pflichten wahr, die der Staatsanwaltschaft im Ermittlungsverfahren zustehen. Die Hauptzollämter (FB i. S. v. § 386 Abs. 1 AO) mit Strafsachenstelle nehmen also im selbstständigen Verfahren die Funktion der Staatsanwaltschaft wahr.

Durch die Formulierung „ausschließlich" werden die Möglichkeiten selbstständiger Ermittlungen durch die FB erheblich eingeschränkt, denn was unter einer „Tat" zu verstehen ist, wird durch den prozessualen Tatbegriff i. S. d. § 264 StPO festgelegt. „Tat" in diesem Sinne ist also nicht nur ein Verhalten, das einen bestimmten Straftatbestand erfüllt, sondern ein Lebenssachverhalt, der völlig verschiedene Straftatbestände verwirklichen kann.[4] Sobald unter diesen Straftatbeständen solche zu finden sind, die keine Steuerstraften darstellen, ist die Befugnis zu *selbstständigen* Ermittlungen durch die FB nicht gegeben. Im Detail ist die Reichweite des Tatbegriffs höchst komplex und durch zahlreiche Kasuistik durch den BGH geprägt. Es gilt die Regel, dass Straftatbestände die materiell-rechtlich im Verhältnis der Tateinheit (§ 52 StGB) zueinanderstehen, auch prozessual eine Tat darstellen, während Straftaten, die tatmehrheitlich (§ 53 StGB) begangen wurden, auch prozessual in der Regel mehrere Taten sind.[5] Unschädlich für die Kompetenzzuweisung zu *selbstständigen* Ermittlungen durch die FB ist das Zusammentreffen einer Steuerstraftat mit einer Nichtsteuerordnungswidrigkeit. Dieses Konkurrenzverhältnis wird über § 21 Abs. 1 OWiG aufgelöst, da in diesen Fällen nur das Strafgesetz angewendet wird.

10.1.3   Unselbstständige Ermittlungen der Finanzbehörden

Die FB führt das Verfahren als Hilfsorgan der Staatsanwaltschaft, also *nicht selbstständig*, durch, wenn die Tat (s o.) eine Steuerstraftat und eine Straftat nach anderen Gesetzen ist. In diesen Fällen kann die FB auch nur hinsichtlich der Steuerstraftat ermitteln, nicht auch wegen Straftaten nach anderen Gesetzen, selbst dann nicht, wenn diese tateinheitlich (§ 52 StGB) mit einer Steuerstraftat begangen wurde.[6]

---

[4] *Möller/Retemeyer*, Steuerstrafrecht, (32. AL), D II Rn. 55.

[5] Vgl. BGHSt 57, 175 (179 Rn. 20).

[6] Umstr. vgl. die Nw. bei *Möller/Retemeyer*, Steuerstrafrecht, (32. AL), D II Rn. 57.

Die StA ist die Herrin des Verfahrens, § 402 Abs. 1 AO. Die Rechte und Pflichten der FB ergeben sich aus §§ 402 ff. AO. Enthält jedoch ein Steuerstraftatbestand ein Tatmerkmal, das auch in einem Nichtsteuerstraftatbestand enthalten ist, so können die diesbezüglichen Tatsachen auch von den FB ermittelt werden. Ermittelt die FB unselbstständig, so stehen ihr die dieselben Rechte und Pflichten wie den Behörden des Polizeidienstes nach der StPO sowie die Befugnisse nach § 399 Abs. 2 Satz 2 AO zu. Die StA wird deshalb in aller Regel die FB ersuchen, die Steuerstraftat zu ermitteln, § 161 StPO. Nach den Ermittlungen ist der Vorgang an die StA abzugeben. Der FB stehen einige allgemeine Rechte zu, wenn die StA das Verfahren führt, § 403 AO (Teilnahme an Ermittlungshandlungen; rechtzeitige Mitteilung an FB von Ort und Zeit der Ermittlungshandlungen; Fragerecht an Beschuldigte, Zeugen und Sachverständige; Mitteilung an FB hinsichtlich Anklageschrift und der Antrag auf Erlass eines Strafbefehls; Anhörung der FB vor Einstellung des Verfahrens). Den FB steht gegenüber der Staatsanwaltschaft ein umfassendes Akteneinsichtsrecht zu.[7]

In der Praxis scheint aber eine Übung vorzuherrschen, abweichend von den gesetzlichen Zuständigkeitsregelungen auch in den Fällen, in denen die FB allein nicht selbstständige Ermittlungen durchführen kann, den Sachverhalt auch bezüglich nichtsteuerrechtlicher Straftatbestände und unter Billigung der Staatsanwaltschaft „durchzuermitteln".[8] Das geschieht ohne gesetzliche Grundlage.

Nicht zu übersehen ist, dass die Zuständigkeitsspaltung auf der einen Seite zwar dann zielführend sein kann, wenn die nichtsteuerrechtliche Straftat Querverbindungen in eindeutig der Polizei und Staatsanwaltschaft zugewiesene Kriminalitätsbereiche hat. Sie ist aber hinderlich, wenn sich die nichtsteuerrechtliche Straftat entweder nur als Annex zur Steuerstraftat darstellt oder die Fachkompetenz auch bei der FB anzutreffen ist. Ausweg aus diesem Zuständigkeits- und Fachkompetenzdilemma kann nur sein, eine gesetzliche Regelung für die Fälle vorzusehen, in denen bei materieller oder prozessualer Tateinheit einer Steuerstraftat mit einer anderen Straftat die StA die FB im Einzelfall *beauftragen* kann, auch bezüglich der nichtsteuerrechtlichen Straftat zu ermitteln wobei die Sachleitungsbefugnis selbstverständlich bei der StA verbleibt.[9]

Ein weiterer Fall, in dem eine selbstständige Führung des Verfahrens durch die FB kraft Gesetzes ausgeschlossen ist, ist dann gegeben, wenn gegen den Beschuldigten wegen der Tat ein Haft- oder Unterbringungsbefehl erlassen wurde (§ 386 Abs. 3 AO). In diesem Fall besteht die Vermutung, dass die sachnähere StA, die mit den Fragen zu Haft und Unterbringung besser vertraut ist als die FB, besser in der Lage sein wird, das Verfahren zu führen, als die FB.

Die FB kann die Strafsache jederzeit an die StA abgeben, § 386 Abs. 4 AO.

---

[7] OLG Karlsruhe NStZ-RR 2013, 385.

[8] Vgl. *Möller/Retemeyer*, Steuerstrafrecht, (32. AL), D II Rn. 58 m. w. Nw.

[9] *Möller/Retemeyer*, Steuerstrafrecht, (32. AL), D II Rn. 58.

10.1.4 Besonderheiten beim Bannbruch, § 372 AO

Besonders kompliziert ist die Zuständigkeitsverteilung im Bereich des Bann-bruchs.[10] Bannbruch begeht, „wer Gegenstände entgegen einem Verbot einführt, ausführt oder durchführt" (§ 372 Abs. 1 AO). Zwar hat der Bannbruch kaum eine Bedeutung, wenn es um die Sanktionierung (Strafe, Bußgeld) einer Person geht, weil der Gesetzgeber die unterschiedlichen Verbringungsverbote spezialgesetzlich als Straftat oder Ordnungswidrigkeit geregelt hat. Genau genommen hat der Bann-bruch auch nichts mit einer Beeinträchtigung des Steueraufkommens zu tun.[11] Dass der Gesetzgeber den Bannbruch dennoch als eine Steuerstraftat verstanden wissen will (vgl. § 369 Abs. 1 Nr. 2 AO), hängt damit zusammen, die Verfahren bei den FB zu konzentrieren.[12] Der Hintergrund des Bannbruchs als Steuerstraftat ist also *verfahrensrechtlicher* Natur. Hierin liegt auch seine enorme praktische Bedeutung, denn es wird bewirkt, dass sanktionsfähige Verstöße gegen Ein-, Aus- und Durch-führbestimmungen, die nichtsteuer(straf)rechtlicher Natur sind, als Steuerstraftat erfasst werden können. Das führt über § 369 Abs. 1 Nr. 2, § 386, § 208 AO zur Anwendbarkeit des steuerstrafrechtlichen Verfahrensrechts in einem Bereich, in dem eigentlich die Zuständigkeit der Staatsanwaltschaft und der Polizei anzuneh-men wäre.[13] Der Bannbruch bleibt, auch wenn es sich bei der Verbotsbestimmung um eine nichtsteuerstrafrechtliche Vorschrift handelt, immer Bannbruch und damit Steuerstraftat i. S. d. § 369 AO.[14] Grundsätzlich wäre deshalb die selbstständige Ermittlungsbefugnis der FB beim Bannbruch gegeben. In der Praxis werden aller-dings Verfahren, die wegen Verstößen gegen Verbote und Beschränkungen geführt werden, gemäß § 12 ZollVG[15] der Staatsanwaltschaft vorgelegt.[16] Das hat zur Folge,

---

[10] Vgl. auch *Beckemper* HRRS 2013, 443 ff.

[11] *Möller/Retemeyer*, Steuerstrafrecht, (35. AL), C IV. Rn. 530.

[12] MüKo/*Wegner* § 372 Rn. 3; a. A. *Kramer*, wistra 1990, 169 (172); kit. a. *Thoss*, Abschied vom Bannbruch, S. 66 ff., 110 f.

[13] MüKo/*Wegner* § 372 Rn. 3.

[14] *Möller/Retemeyer*, Steuerstrafrecht, (35. AL), C IV Rn. 621; vgl. a. BGHSt 25, 137 (139); 25, 215; *Bender*, wistra 1990, 285 (287); a. A. *Kramer*, wistra 1990, 169.

[15] § 12 Weiterleitungsbefugnis:
Ergeben sich bei der zollamtlichen Überwachung zureichende tatsächliche Anhaltspunkte dafür, dass Waren unter Verstoß gegen ein Einfuhr-, Durchfuhr- oder Ausfuhrverbot in den oder aus dem Geltungsbereich dieses Gesetzes verbracht werden, und werden diese Anhaltspunkte durch Nachprüfung nicht entkräftet, so werden die Waren und die dazugehörigen Verwaltungsvorgänge vorbehaltlich anderweitiger gesetzlicher Regelungen der Staatsanwaltschaft oder, wenn nur die Ahndung als Ordnungswidrigkeit in Betracht kommt, der für die Verfolgung und Ahndung zustän-digen Verwaltungsbehörde vorgelegt. Für Postsendungen gilt dies nur, wenn zureichende tatsäch-liche Anhaltspunkte für eine Straftat vorliegen. Das Brief- und Postgeheimnis nach Artikel 10 des Grundgesetzes wird nach Maßgabe der Sätze 1 und 2 eingeschränkt.

[16] *Möller/Retemeyer*, Steuerstrafrecht, (35. AL), C IV 621; *Thoss*, Abschied vom Bannbruch, S. 66.

dass diese nach §§ 402 ff. AO und nicht die Finanzbehörde (im Zuständigkeitsbereich der Zollverwaltung die Hauptzollämter) dann das Verfahren führt, während die Zollfahndungsämter (als Kriminalpolizei des Zolls) die praktische Ermittlungstätigkeit ausführen.[17] Da in verschiedenen spezialgesetzlich geregelten Bereichen strafrechtliche Verbringungsverbote und diesbezügliches Verfahrensrecht geregelt ist, tritt dieses zu den Verfahrensregelungen der AO in Konkurrenz.[18]

Beim Bannbruch ist eine weitere Besonderheit zu beachten. Der Wortlaut des § 369 Abs. 1 Nr. 2 AO erklärt ausdrücklich, dass der Bannbruch auch dann als (Steuer-) Straftat einzuordnen ist, wenn sich die Tat nur als Ordnungswidrigkeit darstellt, das gilt auch für außerhalb des Steuerstrafrechts liegende Zuwiderhandlungen. *Beil*[19] konstatiert deshalb, dass die Definitionen von Straftat und Ordnungswidrigkeit „praktisch ad absurdum geführt" werden. Dem ist zuzustimmen, denn gem. Nr. 2.2 b der StraBuDV gehen auch die Zollverwaltungen davon aus, dass eine Steuerstraftat nicht vorliegt, wenn die dem Bannbruch zugrunde liegende Zuwiderhandlung nur mit einer Geldbuße geahndet werden kann.[20] Das hat Auswirkungen auf die Ermittlungszuständigkeit der Zollverwaltung, denn diese ist dann für die Fälle ausgeschlossen, bei denen Zuwiderhandlungen, die nur eine Geldbuße zur Folge haben, nicht aus Steuergesetzen stammen (vgl. bspw. § 97 Abs. 2 Nr. 8 i. V. m. § 73 Abs. 1 AMG). Problematisch ist dies im Zusammenhang mit der Unterrichtung der für die Ordnungswidrigkeiten zuständigen Verwaltungsbehörden.[21] *Beil*[22] gibt dazu folgendes Beispiel:

> „A bestellt sich über das Internet ein in Deutschland nicht zugelassenes Arzneimittel in den USA. Bei der zollamtlichen Prüfung der Postsendung wird der Sachverhalt festgestellt. Gem. § 12 ZollVG sind die Zollbehörden verpflichtet, den zuständigen Verwaltungsbehörden den Vorgang vorzulegen. Davon ausgenommen sind Postsendungen, bei denen Zuwiderhandlungen festgestellt werden, die lediglich eine Ordnungswidrigkeit darstellen. Die Ordnungswidrigkeit kann nicht verfolgt werden: Die Zollbehörde ist nicht zuständige Verwaltungsbehörde (Anm. d. Verf.: § 409 AO gilt nur für Steuerordnungswidrigkeiten, nicht aber für sonstige Verbringungsordnungswidrigkeiten), die zuständige Verwaltungsbehörde hat von der Tat keine Kenntnis. Die Waren werden stattdessen gem. Art. 73 Abs. 1 ZK argumentum e contrario nicht überlassen. Stattdessen wird entweder der Anmelder aufgefordert, eine andere zollrechtliche Bestimmung zu wählen (z. B. Wiederausfuhr), gegen die sich das Verbot nicht richtet, oder die Waren werden von den Zollbehörden eingezogen und vernichtet (Art. 75 a 4. Tiret ZK i. V. m. § 13 Abs. 3 ZollVG). Eine Mitteilung an die zuständige Verwaltungsbehörde wäre in diesen Fällen eine Verletzung des Zoll- und Steuergeheimnisses (Art. 15 ZK, § 30 AO) und als solche strafbar (§ 355 Abs. 1 Nr. 1 StGB). Die Kontrollen der Zollverwaltung wegen bestehender Verbote und Beschränkungen sind Teil des Zollverwaltungsverfahrens (zollamtliche Überwachung), welches ein Steuerverfahren i. S. der Abgabenordnung ist (§ 1 Abs. 1, 3 ZollVG)."

---

[17] *Bender* ZfZ 1984, 322 (325); *Möller/Retemeyer*, Steuerstrafrecht, (35. AL), C IV 622; *Thoss*, Abschied vom Bannbruch, S. 66.

[18] Vgl. dazu *Thoss*, Abschied vom Bannbruch, S. 75 ff.

[19] *Beil*, in: Wannemacher und Partner, § 372 AO Rn. 1838.

[20] A.A. wohl MüKo/*Wegner* § 372 Rn. 3.

[21] *Beil*, in: Wannemacher und Partner, § 372 AO Rn. 1839.

[22] *Beil*, in: Wannemacher und Partner, § 372 AO Rn. 1839.

10.1.5 Verhältnis des Zolls zur Bundespolizei und zum Bundeskriminalamt

Berührungspunkte zwischen Zoll und Bundespolizei und dem Bundeskriminalamt ergeben sich aus den übertragenen Aufgabenbereichen. Die wichtigste Aufgabe der Bundespolizei ist der grenzpolizeiliche Schutz des Bundesgebietes, § 2 BPolG. Der Grenzschutz hat einige Berührungspunkte mit den Aufgaben der Zollverwaltung, denn dazu gehört u. a. die Abwehr von Gefahren, die im Zusammenhang mit dem grenzüberschreitenden Verkehr entstehen können, § 2 Abs. 2 Nr. 2c BPolG. In diesem Zusammenhang geht es um eine Filterfunktion des Grenzschutzes. Die Einbeziehung der Bundespolizei in die Gefahrenabwehr erklärt sich daraus, dass es um die Verhinderung sowohl von Gefahrenimport als auch Gefahrenexport geht.[23] Der Gesetzgeber hat darauf verzichtet, die Bereiche der Gefahrenabwehr genau zu definieren. Daraus lässt sich schließen, dass es bei lit. c um eine allgemeinpolizeiliche Aufgabe geht, was jedoch wiederum zu Abgrenzungsproblemen hinsichtlich der Zuständigkeiten der Landespolizeien führt.[24] Jedenfalls kann festgehalten werden, dass sich die Aufgaben der Bundespolizei auch auf die Abwendung solcher Gefahren beziehen, die durch die Einfuhr von Betäubungsmitteln, Waffen und anderen einfuhrverbotenen Waren entstehen. Da jedoch die Kontrolle der Waren und die Einhaltung von Verboten und Beschränkungen bei der Ein-, Aus- oder Durchfuhr dem Zoll als Aufgaben übertragen wurden (§ 1 Abs. 1 ZollVG), ergeben sich auch insoweit Abgrenzungsprobleme. Spezialgesetzlich ist der Bundespolizei die Überwachung der Ein-, Aus- und Durchfuhr von Waffen und Sprengstoff sowie von Waren, die nach dem Außenwirtschaftsgesetz (AWG) Beschränkungen unterliegen, zugewiesen (§ 33 Abs. 3 WaffG, 15 Abs. 5 SprengstoffG und 46 Abs. 4 AWG). Bezüglich dieser Güter besteht eine echte Doppelzuständigkeit. Im Bereich der Betäubungsmittelkriminalität wurden der Bundespolizei auf der Grundlage von § 21 Abs. 2 BtMG und einer Vereinbarung zwischen dem Bundesfinanzministerium und dem Bundesministerium des Inneren die Aufgaben und Befugnisse der Zollverwaltung unter deren Fachaufsicht zur Ausübung übertragen. Der Bundespolizei stehen zur Erfüllung ihrer Aufgaben die Ermächtigungsgrundlagen der StPO und der präventiv ausgerichteten Mittel des BPolG zur Verfügung. Entsprechend dem Sinn und Zweck des Grenzschutzes sind der Bundespolizei die Durchsuchung, Sicherstellung von Sachen und die Ingewahrsamnahme von Personen unter wesentlich einfacheren Voraussetzungen als nach den Vorschriften der StPO gestattet. Soweit der Zollverwaltung der Grenzschutz zur Ausübung übertragen ist, verfügen auch die Zollbeamten über diese Möglichkeiten, soweit es für die Erfüllung der zollrechtlichen Aufgaben auch um einen Aufgabenbereich des Grenzschutzes geht. Das ist immer dann der Fall, wenn es um die Durchsetzung von Verbringungsverboten geht. Im umgekehrten Fall kann sich auch die Bundespolizei der zollrechtlichen

---

[23] *Wehr*, BPolG § 2 Rn. 11.
[24] *Wehr*, BPolG § 2 Rn. 11.

Ermächtigungsgrundlagen bedienen, soweit ihnen Aufgaben der Zollverwaltung übertragen worden sind. Derartige Aufgabenübertragungen sind an den Zoll gem. § 68 BPolG i. V. m. BPolZollVO VSF O 3807 erfolgt. An den Grenzübergangsstellen, an denen die Bundespolizei nicht vertreten ist, wird der Grenzschutz durch die Zollverwaltung ausgeübt. Neben der Überwachung der originär dem Zoll sowieso anvertrauten Aufgaben, also insbesondere der Überwachung der Verbote und Beschränkungen, geht es dann auch um die Aufgabenwahrnehmung nach dem Pass-, Asyl- und Ausländerrecht. An den Grenzübergangsstellen, an denen sowohl Bundespolizeistellen als auch Zollämter bestehen, wurde aufgrund § 66 BPolG ein sogenannter Personalverbund eingeführt. Das bedeutet, dass die dort tätigen Beamten jeweils die Aufgaben weiterer Verwaltungen wahrnehmen. Die Fachaufsicht wird von der jeweils fachlich zuständigen Verwaltung ausgeübt. Nehmen Zolldienststellen und Zollbeamte Aufgaben der Bundespolizei wahr, können sie auch deren Befugnisse (§ 66 Abs. 2 BPolG) übernehmen. In diesen Fällen treten dann neben den zollrechtlichen Befugnissen und denen in der Strafprozessordnung geregelten Ermächtigungsgrundlagen auch diejenigen nach dem Bundespolizeigesetz.

Die Aufgaben, Zuständigkeiten und Befugnisse des Bundeskriminalamtes sind im Gesetz über das Bundeskriminalamt und die Zusammenarbeit des Bundes und der Länder in kriminalpolizeilichen Angelegenheiten geregelt.[25] Das BKA koordiniert als Zentralstelle für das polizeiliche Auskunfts- und Nachrichtenwesen die Kriminalitätsbekämpfung innerhalb Deutschlands sowie auf internationaler Ebene. Es unterstützt die Polizeien des Bundes und der Bundesländer bei der Verhütung und Verfolgung von Straftaten mit länderübergreifender, internationaler oder sonst erheblicher Bedeutung. Originär ist das BKA im Bereich der Strafverfolgung für bestimmte Bereiche zuständig (vgl. § 4 BKAG), die ganz wesentlich den illegalen Handel betreffen: Fälle des international organisierten, ungesetzlichen Handels mit Waffen, Munition, Sprengstoffen, Betäubungsmitteln oder Arzneimitteln und der international organisierten Herstellung oder Verbreitung von Falschgeld, die eine Sachaufklärung im Ausland erfordern, sowie damit im Zusammenhang begangener Straftaten einschließlich der international organisierten Geldwäsche. Beim BKA laufen dementsprechend Informationen zusammen, die sowohl organisierte Kriminalität betreffen als auch zu illegalen Märkten, die von der OK genutzt werden. Hinzu kommen die aus dem Ausland diesbezüglich erlangten Erkenntnisse. Hier zeigen sich Berührungspunkte zur Arbeit des Zolls und der Bundespolizei. Denn alle genannten Behörden erlangen im Rahmen ihrer Aufgaben und Zuständigkeiten Informationen, die wertvoll für Strukturermittlungen sein können. Deshalb ist es von besonderer Bedeutung, dass ein Informationsaustausch sowie eine Zusammenarbeit stattfindet und die Erkenntnisse für die Ermittlung der Netzwerke verwendet werden können (vgl. zu bestimmten Formen der Zusammenarbeit 10.3). Das diese Zusammenarbeit verbesserungsbedürftig ist, wird am Beispiel der Geldwäsche deutlich. Im Rahmen von Finanzermittlungen erlangt häufig der Zoll relevante

---

[25] BGBl. I S. 1650.

Informationen, und der Erfolg der Ermittlungen ist von dem Datenaustausch der Financial Intelligence Units (FIU) abhängig. Die Organisation und Behördenintegration der FIU spielt dabei eine erhebliche Rolle. Deshalb wurde im Zuge der Umsetzung der 4. EU-Geldwäscherichtlinie die deutsche Zentralstelle für Verdachtsmeldungen, die beim BKA angesiedelt ist war, in den Geschäftsbereich des Bundesfinanzministeriums zum Zollkriminalamt verlagert. Verdachtsmeldungen der nach dem Geldwäschegesetz Verpflichteten sollen dort auf Basis neuer Erkenntnisse besser analysiert und die Arbeitsabläufe rascher und effektiver gestaltet werden.[26] Die neu ausgerichtete FIU soll künftig zwei wesentliche neue Aufgaben erfüllen, wodurch Geldwäsche und Terrorismusfinanzierung effektiv verhindert und nachhaltig bekämpft werden, indem sie die „Filterfunktion" wahrnimmt: Sachverhalte sollen bei bestätigten Anhaltspunkten auf Geldwäsche bzw. Terrorismusfinanzierung an die zuständigen Behörden weitergegeben werden, nachdem durch die FIU Datenabgleich, Anreicherung und Bewertung des Falles erfolgt sind, und laufende „auffällige" Transaktionen sollen als Verwaltungsmaßnahme angehalten oder versagt werden. Anschließend sollen die Gelder zu Gunsten des Bundeshaushalts eingezogen werden.[27] Die neue FIU soll im Sommer 2017 ihre Arbeit aufnehmen.

10.1.6 Zwischenfazit

Die Überschneidung der Zuständigkeiten von Zoll und (Bundes-)Polizei und Staatsanwaltschaft sind vielfältig. Bereits dann, wenn die Tat nicht ausschließlich eine Steuerstraftat ist (vgl. Abschn. 10.1.3), führen die FB das Verfahren nicht selbstständig durch. Aufgrund der Natur den Bannbruchs (s. Abschn. 10.1.4) und den Spezialgesetzen, welche die konkreten Verbote und Beschränkungen ebenfalls strafrechtlich sanktionieren, sind bei Ein-, Aus- und Durchfuhrtaten Kompetenzabgrenzungen und verfahrensrechtliche Überschneidungen unvermeidlich. Exemplarisch richten sich polizeiliche Ermittlungen im Bereich der BtM-Kriminalität im Schwerpunkt gegen den illegalen Handel mit Betäubungsmitteln (Groß-, Zwischen- und Kleinhandelsebene), ihre Herstellung (u. a. synthetische Drogen) sowie die Beschaffungs- und Folgekriminalität. Demgegenüber richten sich die Maßnahmen des Zolls, insbesondere des Zollfahndungsdienstes in diesem Kriminalitätsbereich schwerpunktmäßig gegen die illegale Rauschgiftein-, -aus- und -durchfuhr. Polizei und Zoll sind aber gleichermaßen für die Strafverfolgung

---

[26] Vgl. http://www.bundesfinanzministerium.de/Web/DE/Themen/Steuern/Geldwaesche/geldwaesche.html (zuletzt 6.1.2017).

[27] Vgl. http://www.bdz.eu/medien/nachrichten/detail/news/fiu-projekt-der-neuausrichtung-ist-eine-herkulesaufgabe.html (zuletzt 5.1.2017).

zuständig, wenn durch ein Rauschgiftdelikt tateinheitlich der Bannbruchtatbestand verletzt wird.[28] In diesen Fällen führt die StA zwar das gesamte Verfahren (unselbstständiges Verfahren, § 402 ff. AO), aber die Steuerstraftat (Bannbruch) wird durch die Ermittlungspersonen der StA von den FB ermittelt, während bspw. das Handeltreiben von der Polizei verfolgt wird. Um die Zuständigkeitsprobleme zu vermeiden, wurden hinsichtlich der gemeinsamen Ermittlungsgruppen von Polizei und Zoll im Bereich der Rauschgiftkriminalität Richtlinien in den Bundesländern verabschiedet (vgl. dazu Abschn. 10.3.2.2). Außerhalb des Anwendungsbereichs dieser Richtlinien werden Überschneidungen u. a. in den Anweisungen für das Straf- und Bußgeldverfahren (Steuer) – AStBV (St) 2014 – vom 1. November 2013[29] sowie in dem Anwendungserlass zur Abgabenordnung (AEAO)[30] angesprochen.

Die Komplexität und Einzigartigkeit des Bannbruchs betrifft wie gesehen nicht nur die materiell-rechtliche Ebene, sondern sie haben auch Auswirkungen auf das Erlangen von Kenntnissen bei der illegalen Einfuhr von Waren und der Ahndung der entsprechenden verbotenen Verhaltensweisen. In der Literatur wird der Bannbruch zu Recht als ein „Monstrum" bezeichnet, dessen „noch nachvollziehbar zu begründende prozessuale Funktion und die Zuständigkeitsbegründung der Zollbehörden" sich aber kaum strukturiert darstellen lässt.[31] Der Bannbruch, so *Beckemper*, verschließe sich „völlig einer geschlossenen Systematik".[32] Er sollte deshalb in der AO gestrichen werden.[33] Das würde zu einer Auflösung des Zuständigkeitschaos, der Überschneidungen und systematischen Unklarheiten beitragen. Die damit verbundenen Auswirkungen auf die Aufgaben, Zuständigkeiten und Kompetenzen des Zolls könnten mit klaren Regelungen in der AO, im ZollVG und ZFdG aufgefangen und einer klaren Systematik mit dem Ziel zugeführt werden, die ZFÄ mit ihrer Expertise, ihren technischen und rechtlichen Möglichkeiten sowie den internationalen Verbindungen zu stärken.[34]

Im Bereich nichtsteuerrechtlicher Ordnungswidrigkeiten erlangen die FB zwar verfahrensrelevante Erkenntnisse, mangels einer Zuständigkeit als Verwaltungsbehörde können sie die Kenntnisse aufgrund des Steuergeheimnisses jedoch nicht weiterleiten. Hier gilt es Regelungen zu etablieren, die eine Informationsverwertung ermöglichen.

---

[28] Vgl. auch RdErl. d. Innenministeriums v. 6.1.1994 – IV D 1/A 2 – 2933, MBl. NRW. 1994, S. 98 dort 1.

[29] BStBl. I S. 1394.

[30] Dok. des Bundesministeriums der Finanzen v. 31.1.2014 2014/0108334.

[31] *Beckemper* HRRS 2013, 443 ff. (449).

[32] *Beckemper* HRRS 2013, 443 ff. (444).

[33] So auch *Bender,* wistra 1990, 285 (289).

[34] *Bender,* wistra 1990, 285 (289) schlägt vor, die Ermittlungszuständigkeit des Zolls für Verbringungszuwiderhandlungen unmittelbar an § 385 Abs. 2 AO anzubinden.

10.2 Ermittlungsbefugnisse der Finanzbehörden im Einzelnen

10.2.1 Das Zollkriminalamt (ZKA)

Die Aufgaben und Befugnisse des Zollkriminalamtes sind durch §§ 3–23 f ZFdG bestimmt. Das Zollkriminalamt ist die Zentralstelle für den Zollfahndungsdienst und darüber hinaus eine der Zentralstellen für das Auskunfts- und Nachrichtenwesen der Zollverwaltung (§ 2 ZFdG).[35] In seiner Funktion als Zentralstelle ist das ZKA unterstützend und koordinierend bei den Ermittlungen und sonstigen Aufgaben der ZFÄ tätig. Dem Zollkriminalamt und seinen Beamten stehen die Befugnisse der Zollfahndungsämter zu. Die Beamten des ZKA sind Ermittlungspersonen der Staatsanwaltschaft (§ 16 ZFdG). Die weiteren Aufgaben als Zentralstelle sind im § 3 ZFdG genannt. Unter anderem ist ihm die Funktion als Zentralstelle der Zollverwaltung auf dem Gebiet der Amts- und Rechtshilfe nach Maßgabe der bestehenden völkerrechtlichen Vereinbarungen und des europäischen Gemeinschaftsrechts oder sonstigen Rechts der Europäischen Union zugewiesen, § 3 Abs. 6 ZFdG.

Das Zollkriminalamt ist den Zollfahndungsämtern gegenüber weisungsbefugt (Fachaufsicht), § 6 ZFdG. Zu den Befugnissen des ZKA gehört die Möglichkeit umfangreicher Datenerhebung und -verarbeitung (§ 7 ZFdG). Außerdem werden dem ZKA Ermächtigungsgrundlagen als Mittel zur Informationsgewinnung eingeräumt (§§ 8–21 u. 23a ZFdG), die nicht in vergleichbarer Art und Weise die Befugnisse der Polizei und Staatsanwaltschaft in der StPO regeln. Eine beschränkende Verwendungsregelung findet sich nur hinsichtlich personenbezogener Daten, die durch den Einsatz technischer Mittel zur Eigensicherung erlangt wurden (§ 22 Abs. 2 ZFdG). Diese Daten dürfen nur zum Zweck der Gefahrenabwehr verwendet werden. In allen übrigen Fällen gilt § 161 Abs. 2 StPO, wonach nach anderen Gesetzen erlangte personenbezogene Daten ohne Einwilligung der von der Maßnahme betroffenen Personen zu Beweiszwecken im Strafverfahren nur verwendet werden können, wenn die Maßnahme nach der Strafprozessordnung hätte angeordnet werden dürfen.

Die präventive Telekommunikations- und Postüberwachung wurde nach dem Urteil des Bundesverfassungsgerichts vom 12.03.2004[36] neu geregelt.[37] Diese Befugnisse beziehen sich auf Straftaten nach dem AWG und dem KWKG, sind also auf besonders gefährliche Güter in illegalen Märkten bezogen. In diesen Fällen ist das ZKA befugt, zur Verhütung dieser Straftaten die dem Brief- oder Postgeheimnis unterliegenden Sendungen zu öffnen und einzusehen sowie die dem Fernmeldegeheimnis unterliegende Telekommunikation zu überwachen und aufzuzeichnen. Die Überwachung und Aufzeichnung unterliegt einem Richtervorbehalt, § 23a ZFdG.

---

[35] Das ZKA wurde mit Wirkung ab dem 1.1.2016 als Direktion VIII in die Generalzolldirektion integriert.

[36] Vgl. NJW 2004, 2213.

[37] BGBl. I S. 3603 sowie BGBl. I 1037.

Von Bedeutung ist, dass die präventive Telekommunikations- und Postüberwachung bereits dann möglich ist, wenn Tatsachen die Annahme rechtfertigen, dass eine der in § 23a Abs. 1 genannten Straftaten betreffend die Kontrolle von Kriegswaffen *vorbereitet* wird. Die Vorbereitung ist dann in § 23a Abs. 2 ZFdG definiert:

> „Eine Vorbereitung von Straftaten im Sinne von Abs. 1 Satz 1 ist eine Handlung, die darauf gerichtet ist, Straftaten zu begehen, das geschützte Rechtsgut aber nicht unmittelbar gefährdet. Insbesondere fallen darunter das Führen von Verhandlungen über die Lieferung von Gütern oder das Erbringen von Dienstleistungen, das Anbieten, der Erwerb, die Herstellung oder die Überlassung von Gütern, das Anbieten von Dienstleistungen, die Beschaffung von Transportmitteln für die Lieferung von Gütern oder das Anwerben von Teilnehmern, soweit dies der Begehung der Straftat nützlich sein soll."

Vergleichbare Ermächtigungsgrundlagen in anderen Kriminalitätsbereichen bestehen für das ZKA im Bereich der Telekommunikationsüberwachung und des Eingriffs in das Brief- und Postgeheimnis nicht. Das ZKA betreibt das Zollfahndungsinformationssystem, das aus zwei Datenbanken besteht. Der Informationsaustausch mit anderen Sicherheitsbehörden an der Schnittstelle zwischen dem illegalen Handel, Steuerstraftaten sowie dem Terrorismus soll im Gemeinsamen Terrorismusabwehrzentrum (GTAZ) erfolgen. Beamte des ZKA nehmen deshalb auch am Informationsaustausch innerhalb dieses Koordinierungszentrums teil.

Die weitreichenden Ermittlungsbefugnisse des ZKA im Bereich der präventiven Telekommunikations- und Postüberwachung betreffen einen besonders gefährlichen illegalen Markt. Aus Gründen der Verhältnismäßigkeit hat der Gesetzgeber deshalb auch davon abgesehen, dem ZKA gleiche Befugnisse in anderen Bereichen einzuräumen. Aber auch außerhalb dieser besonderen Ermächtigungsgrundlage verfügt das ZKA über einen beachtlichen Kanon von geheimen Informationseingriffen. Entscheidend für erfolgreiche Ermittlungen ist, dass die Informationen auch zur Strafverfolgung genutzt werden und es nicht zu einer Splittung von Informationen auf unterschiedliche Behörden kommt. Deshalb ist es wichtig, die Informationen in geeigneten Kooperationsformen und unter Beachtung der Verwendungsregelungen zu teilen. Das kann in gemeinsamen Zentren erfolgen.

10.2.2 Die Zollfahndungsämter

Gemäß § 6 Abs. 2 Nr. 5 AO sind auch die Zollfahndungsämter (ZFÄ) Finanzbehörden. Anders als die FB im Sinne von § 387 AO verwalten sie jedoch keine Steuern. Das ist auch der Grund, warum sich ihre Zuständigkeit für die Verfolgung von Steuerstraftaten nicht aus § 387 AO ableiten lässt und die verfahrensrechtliche Vorschrift des § 386 Abs. 1 S. 2 AO für die ZFÄ nicht anwendbar ist. Der Begriff der FB i. S. der §§ 385 ff. AO ist also enger als der des § 6 Abs. 2 AO. In der AO werden die Aufgaben der ZFÄ in § 208 AO beschrieben. Diese Reglung gilt auch für die Steuerfahndung. Danach sind sie zur Erforschung von Steuerstraftaten und Steuerordnungswidrigkeiten, der Ermittlung der Besteuerungsgrundlagen in diesen Fällen sowie zur Aufdeckung und Ermittlung unbekannter Steuerfälle berufen. Unter besonderen Voraussetzungen können die ZFÄ auch im Besteuerungsverfahren tätig werden. Die Aufgaben und Befugnisse der ZFÄ und auch des Zollkriminalamtes sind detailreicher außerdem im Zollfahndungsdienstgesetz (ZFdG) geregelt. In § 24 ZFdG werden die allgemeinen Aufgaben beschrieben:

- Überwachung des Außenwirtschaftsverkehrs und des grenzüberschreitenden Warenverkehrs
- zuständigkeitsbezogene Informationsbeschaffung zur Verhütung und Verfolgung von Straftaten und Ordnungswidrigkeiten, zur Aufdeckung unbekannter Straftaten sowie zur Vorsorge für künftige Strafverfahren
- Erstellung von Erkenntnisberichten
- Vorhalten erforderlicher Spezialeinheiten (soweit dies nicht durch das Zollkriminalamt geschieht) zur Verhütung und Verfolgung von Straftaten sowie zur Aufdeckung unbekannter Straftaten
- Erstellung regionaler zollfahndungsspezifischer Analysen, Statistiken und Lagebilder, Beobachtung der Entwicklung der Kriminalität im jeweiligen Zuständigkeitsbereich

Die allgemeinen Befugnisse sind in § 26 ZFdG beschrieben. Abs. 1 lautet:

„Soweit die Zollfahndungsämter Ermittlungen durchführen, haben die Zollfahndungsämter und ihre Beamten dieselben Rechte und Pflichten wie die Behörden und Beamten des Polizeidienstes nach den Vorschriften der Strafprozessordnung. Die Zollfahndungsbeamten sind Ermittlungspersonen der Staatsanwaltschaft."

Eine ähnliche Formulierung findet sich in § 404 AO, wobei hier eine Verknüpfung der Ermittlungen in Bezug auf Steuerstraftaten hergestellt wird. Eine solche Eingrenzung fehlt bei § 26 Abs. 1 ZFdG jedoch. Daraus kann aber nicht abgeleitet werden, dass die ZFÄ auch bei anderen Straftaten die im ZFdG genannten Befugnisse hat.[38] Die Aufgabenzuweisung in § 24 Abs. 2 ZFdG bezieht sich ausdrücklich auf Straftaten im Zuständigkeitsbereich der Zollverwaltung. Weshalb sich aus § 26 Abs. 1 ZFdG nun ohne eine erweiterte Aufgabenzuweisung gegenüber § 404 AO eine ausgedehntere Befugnis ergeben soll, ist nicht ersichtlich.

Funktional sind die ZFÄ der Polizei ähnlich, weshalb sie auch als „Kriminalpolizei des Zolls" bezeichnet werden.[39] Das ZFdG enthält zahlreiche Ermächtigungen der ZFÄ, u. a. zur vorbeugenden Verbrechensbekämpfung (§ 26 Abs. 2 ZFdG) und zur Datenerhebung und -verarbeitung (§ 27 ZFdG). Außerdem sind sie im Rahmen ihrer Zuständigkeit zum Einsatz besonderer Ermittlungsmaßnahmen befugt, wie bspw. zur längerfristigen Observation (§ 28 ZFdG), zum Einsatz verdeckter technischer Mittel zur Anfertigung von Bildaufnahmen und Bildaufzeichnungen (§ 29 ZFdG) sowie zu optischen und akustischen Überwachungsmaßnahmen außerhalb von Wohnungen (§ 30 ZFdG). Zu den Aufgaben der ZFÄ gehört auch die

---

[38] *Möller/Retemeyer*, Steuerstrafrecht, (32. AL), D II Rn. 87 f.; a. A. *Wamers*, ZfZ 2003, 259.

[39] *Möller/Retemeyer*, Steuerstrafrecht, (25. AL), D II Rn. 77.

vorbeugende Verbrechensverfolgung. Die Vorfeldermittlungen sind auf typische
Bereiche gerichtet, in denen erfahrungsgemäß steuerlich relevante Sachverhalte
verwirklicht werden. Genannt werden bspw.[40]:

- Auskünfte von einer Zeitungsredaktion über Inserenten, die über Chiffreanzei-
  gen ausländische Immobilien zum Kauf anbieten
- Erkundigungen bei Schiffsmaklern nach den Käufern teurer Yachten
- Nachfragen bei Banken über Provisionszahlungen an für sie tätige Kreditvermittler
- Auskünfte von Goldscheideanstalten nach Geschäftsbeziehungen mit Zahnärzten

In diesen Bereichen werden häufig unversteuerte Gelder eingesetzt.

Führen die ZFÄ strafrechtliche Ermittlungen durch, so sind sie in ihren Aufgaben
auf die Aufklärung dieser Sachverhalte beschränkt. Sie haben keine Befugnisse,
verfahrensbeendende Entscheidungen wie bspw. eine Einstellung des Ermittlungsverfahrens herbeizuführen.

Bei den Ermittlungen durch die ZFÄ ergibt sich das Problem der „Durchermitt-
lung".[41] Bei Tateinheit (§ 52 StGB) zwischen der Steuerstraftat und einer weiteren
Straftat und einem Auftrag der StA an das ZFA hat der BGH diese Vorgehensweise
unbeanstandet gelassen.[42] Eine Begründung für diese Sichtweise fällt allerdings
schwer, denn es ist kaum logisch nachzuvollziehen, dass die Zuständigkeit der ZFÄ
als Hilfsbeamte der StA weiter gehen soll als der Aufgabenbereich im Hauptamt.[43]
Es dürfte sich aufgrund der allgemeinen Aufgabenzuweisung in § 24 ZFdG auch
verbieten, von einer Befugnis, wie sie in § 26 ZFdG geregelt ist, auf eine erweiterte
Aufgabenzuweisung zu schließen.

Gemäß § 208 Abs. 1 S. 2 AO haben die ZFÄ im Strafverfahren weitere steuer-
rechtliche Befugnisse, wobei § 393 AO zu beachten ist.

10.2.3   Finanzermittlungen

Von ganz wesentlicher Bedeutung für das Aufspüren und die Verfolgung von organisierter Kriminalität sind die Finanzermittlungen. Hier spielen Vorfeldermittlungen eine große Rolle. Die Zuständigkeit der ZFÄ lässt sich aus § 1 Abs. 3a ZollVG
i. V. m. Abs. 3c ZollVG ableiten:

> „Die Zollfahndungsämter haben unabhängig von ihrer Zuständigkeit nach § 208 Abs. 1 der
> Abgabenordnung die Aufgaben, die international organisierte Geldwäsche sowie damit in
> Zusammenhang stehende Straftaten, soweit diese in Verbindung mit dem Wirtschaftsver-
> kehr mit Wirtschaftsgebieten außerhalb des Geltungsbereichs dieses Gesetzes stehen, zu
> erforschen und zu verfolgen."

---

[40] *Möller/Retemeyer*, Steuerstrafrecht, (25. AL), D II 81.

[41] Vgl. *Möller/Retemeyer*, Steuerstrafrecht, (32. AL), D II Rn. 88.

[42] BGHSt 36, 283; vgl. a. die w. Nw. bei *Möller/Retemeyer*, Steuerstrafrecht, (35. AL), D II Rn. 88.

[43] *Möller/Retemeyer*, Steuerstrafrecht, (32. AL), D II Rn. 117.

Den ZFÄ wird dadurch ermöglicht, insbesondere aus den vom Zoll überwachten Bereichen des grenzüberschreitenden Waren-, Dienstleistungs-, Kapital- und Zahlungsverkehrs, Informationen zu gewinnen und auszuwerten, um erste Hinweise auf Geldwäscheaktivitäten zu erhalten. Die Ermittlungen führen gegebenenfalls zu einem Anfangsverdacht, weshalb es sich um Vorfeldermittlungen handelt. Verfahrensunabhängige Finanzermittlungen werden häufig von gemeinsamen Finanzermittlungsgruppen geführt. In diesen Gruppen sind Zoll und Polizei tätig. Sie ähneln den GER, die bei der Verfolgung von Rauschgiftkriminalität gebildet werden (vgl. dazu Abschn. 10.3.2.2). Das ZKA wirkt bei der Überwachung des grenzüberschreitenden Bargeldverkehrs ebenfalls mit. Es unterstützt die ZFÄ bei der Erforschung und Verfolgung der international organisierten Geldwäsche, vgl. § 4 Abs. 4 ZFdG.

Erträge aus kriminellen Geschäften, so auch aus dem illegalen Handel, werden nach Schätzungen jährlich in einer Größenordnung von 1.600 Mrd. US-Dollar gewaschen, was 2,7 % des weltweiten BIP entspricht.[44] Ziel der Geldwäsche ist es, die kriminellen Erträge in den legalen Wirtschaftskreislauf einzuschleusen. An dieser Stelle setzen dann auch die Finanzermittlungen an: an der Schwachstelle des Übergangs vom illegalen zum legalen Geldkreislauf. Zur Wahrnehmung der Aufgaben der ZFÄ im Zusammenhang mit der Geldwäsche haben sie gem. § 12b ZollVG „dieselben Rechte und Pflichten wie die Behörden und Beamten des Polizeidienstes nach den Vorschriften der Strafprozessordnung". Dieses Regelungsgefüge trägt dem Umstand Rechnung, dass Geldwäsche häufig in Verbindung mit Vorgängen offenbar wird, die einen zollrechtlichen Hintergrund haben. Der Gesetzgeber versucht auf diese Weise die Informationen, die der Zoll im Rahmen seiner Aufgaben erlangt, mit denen der Polizei in einem anderen Kontext erlangten Taten zusammenzuführen und die Kenntnisse des Zollfahndungsdienstes zu nutzen.[45] Von nicht zu unterschätzender Bedeutung ist die Öffnungsklausel in § 1 Abs. 3c ZollVG, die explizit nicht nur eine Aufgabenzuweisung bezüglich der international organisierten Geldwäsche formuliert, vielmehr auch die „damit in Zusammenhang stehenden Straftaten" den Zollfahndungsämtern als Aufgabe zuweist. Die Aufgaben der Zollfahndungsämter (§ 1 Abs. 3c ZollVG) und die dementsprechenden Befugnisse (§ 12b ZollVG) führen zu einer „Vollzuständigkeit bei grenzüberschreitenden Fällen der Geldwäsche"[46]. Die aufgrund der bei den Zollfahndungsdiensten vorhandenen Expertise und den Informationen großes Potenzial für erfolgreiche Ermittlungstätigkeit bietet. Dennoch wird in der Literatur beklagt, dass die Staatsanwaltschaften die Möglichkeiten nicht immer auszuschöpfen vermögen.[47]

Der Zoll erlangt bei grenzüberschreitenden Geschäften, die häufig auch in Zusammenhang mit Geldwäsche stehen können, viele Informationen zur Herkunft

---

[44] UNODC, Estimating illicit financial flows resulting from drug trafficking and other transnational organized crime, S. 5; vgl. auch https://www.unodc.org/unodc/en/press/releases/2011/October/unodc-estimates-that-criminals-may-have-laundered-usdollar-1.6-trillion-in-2009.html (zuletzt 8.11.2016).

[45] *Harder*, in: Handbuch des Wirtschafts- und Steuerstrafrechts, 4. Aufl., 22/163.

[46] *Harder*, in: Handbuch des Wirtschafts- und Steuerstrafrechts, 4. Aufl., 22/162.

[47] Vgl. *Harder*, in: Handbuch des Wirtschafts- und Steuerstrafrechts, 4. Aufl., 22/162.

der Waren, dem Absender, dem Empfänger und den Warentypen. In diesem Zusammenhang kann auffällig sein, dass ein bestimmtes Geschäft unter wirtschaftlichen Gesichtspunkten nicht nachvollzogen werden kann. Es kann weiterhin auffällig sein, dass der Import von Waren nicht zum angegebenen Geschäftszweck des Einfuhrunternehmens passt.[48] Dies können erste Anhaltspunkte für geldwäscherelevantes Verhalten sein. Ein weiterer Anhaltspunkt kann sein, wenn der Warenwert weit unter dem des Rechnungswertes liegt (überfakturierte Rechnungen).[49] Bei der Einfuhrabfertigung kann bspw. auffällig werden, dass wertlose oder stark fehlerhafte Waren zu einem völlig überhöhten Preis verkauft werden sollen, die Waren aber nicht in den freien Verkehr gelangen sollen, sondern beim Zoll zur sofortigen Vernichtung angemeldet werden. Das dient dann dem Zweck die Einfuhrabgaben nicht zahlen zu müssen.[50] Umgekehrt sind oft Fälle bekannt, in denen zwar wertvolle Waren angekauft werden, weshalb ein entsprechend hoher Rechnungswert erscheint, aber tatsächlich die Warensendung nur geringwertige Waren enthält. Auch in diesem Kontext kann es sich um das Waschen von kriminellen Erträgen handeln.[51] Ein besonders hoher Grad von Professionalität wird von *Harder* in den Fällen der Bezahlung echter Rechnungen berichtet.[52] In diesen Fällen verlangen die Täter eine Rechnungskopie mit Bezug zu einer ordnungsgemäßen Lieferung. Die Rechnungskopie wird manipuliert, und auf die Rechnung wird die entsprechend ausgewiesene Summe an ein Zielkonto, das von den Tätern selbst eingerichtet wurde, gezahlt. Bei einer Nachprüfung wird dann ein tatsächlicher Liefervorgang ermittelt werden, was das Entdeckungsrisiko der Geldwäsche mindert.[53] Anhaltspunkte für Geldwäsche können sich auch bei der Warenausfuhr ergeben, wenn Flugzeuge, Sportboote oder Luxuslimousinen aus Deutschland ausgeführt werden. Die Informationen, die andere Zollbehörden, insbesondere die US-amerikanische Zollverwaltung bei den grenzüberschreitenden Warenbewegungen erlangen, können ebenfalls wertvolle Hinweise für einen Anfangsverdacht zur Verfolgung von Geldwäsche liefern. Nicht zuletzt können weitere Anhaltspunkte aus den Informationen, die anlässlich einer Grenzkontrolle erlangt wurden, gewonnen werden. So können etwa Rechnungen, Kontoauszüge oder Belege über Wertpapierdepots Anhaltspunkte für weitere Ermittlungen liefern.[54] Da jede Finanztransaktion, die bargeldlos erfolgt, bestimmte Spuren hinterlässt, sind die Finanzermittlungen also ein wichtiges Instrument zur Aufklärung von Geldwäsche und auch zu den damit in Zusammenhang stehenden Strukturen organisierter Kriminalität. Deshalb überrascht es nicht, dass die Rolle des Bargelds auch bei der Geldwäsche eine ganz

---

[48] *Harder*, in: Handbuch des Wirtschafts- und Steuerstrafrechts, 4. Aufl., 22/163.

[49] Vgl. die Beispiele bei *Harder*, in: Handbuch des Wirtschafts- und Steuerstrafrechts, 4. Aufl., 22/164.

[50] Beispiel nach *Harder*, in: Handbuch des Wirtschafts- und Steuerstrafrechts, 4. Aufl., 22/164.

[51] Beispiel nach *Harder*, in: Handbuch des Wirtschafts- und Steuerstrafrechts, 4. Aufl., 22/164.

[52] *Harder*, in: Handbuch des Wirtschafts- und Steuerstrafrechts, 4. Aufl., 22/165.

[53] *Harder*, in: Handbuch des Wirtschafts- und Steuerstrafrechts, 4. Aufl., 22/165.

[54] Vgl. dazu *Harder*, in: Handbuch des Wirtschafts- und Steuerstrafrechts, 4. Aufl., 22/167 f.

besondere Rolle einnimmt, kann man doch durch den Transfer von Bargeld jedenfalls die Spur über ein Kreditinstitut oder einen Finanzdienstleister vermeiden. Seit 1998 existiert eine Rechtsgrundlage für die zollamtliche Überwachung des Bargeldverkehrs. Die Rechtsgrundlagen sind in §§ 1 Abs. 3a–3c und 12a–12c ZollVG niedergelegt. Mitgeführte Barmittel bzw. Bargeldbeträge und ihnen gleichgestellte Mittel, § 1 Abs. 3a ZollVG, die einen Wert von ab 10.000 Euro verkörpern, sind den Zollbehörden anzumelden bzw. auf ihr Befragen anzuzeigen. Damit verbunden ist die Offenlegung der Herkunft, des Verwendungszwecks und des wirtschaftlich Berechtigten (§ 12a Abs. 1, Abs. 2 ZollVG). Die Verletzung der Pflichten ist gem. § 31a ZollVG bußgeldbewährt. Auf EU-Ebene existiert seit 2005 eine rechtliche Regelung[55], die eine Anmeldepflicht bei der Einreise bzw. der Ausreise aus der EU hinsichtlich mitgeführter Barmittel in Höhe von 10.000 Euro oder mehr vorsieht. Erst mit der Änderung des Geldwäschegesetzes im Jahre 2008[56] wurde mit § 14 Abs. 2 GWG eine Rechtsgrundlage dafür eingeführt, dass auch die Zollbehörden dem Bundeskriminalamt, dort der Zentralstelle für Verdachtsmeldungen (zu den Umstrukturierungen vgl. bereits oben Abschn. 10.1.5.), den Verdacht einer Straftat gem. § 261 StGB oder den Verdacht hinsichtlich der Terrorfinanzierung mitteilen müssen. Bezüglich der im Geldwäschetatbestand (§ 261 StGB) angesprochenen Vortaten betreffen den Zollfahndungsdienst folgende Delikte:[57]

Verbrechen (bspw. § 34 Ab. 6 AWG), Vergehen nach § 29 Abs. 1 Satz 1 Nr. 1 BtMG und § 19 Abs. 1 Nr. 1 GÜG, Vergehen nach § 373 und nach § 374 Abs. 2 AO jeweils auch i. V. m. § 12 Abs. 1 MOG, bandenmäßig oder gewerbsmäßig begangener Subventionsbetrug gem. § 264 StGB, gewerbsmäßige oder bandenmäßige Steuerhinterziehung, § 370 AO sowie Vergehen nach dem ArtenG, UrheberrechtsG, GebrauchsmusterG, GeschmacksmusterG, PatentG, HalbleiterschutzG und SortenschutzG, wenn diese gewerbsmäßig oder bandenmäßig begangen worden sind.

10.2.4 Priorisierung der Kontrolle

Das Ausmaß des illegalen Handels, das der Zoll bei Überwachung der Warenströme zu bewältigen hat, zwingt die ZFÄ zu einer Priorisierung und Konzentration auf bedeutende Straftaten. Wie eine solche Konzentration und Priorisierung in der Praxis durchgeführt wird, lässt sich der Anlage 11 Kleinfall-Regelung (KFR) zur Dienstvorschrift für das Straf- und Bußgeldverfahren (StraBuDV) entnehmen. Dort wird festgelegt, dass kleinere Fälle des Schmuggels von den HZÄ ohne Einschaltung der ZFÄ zu bearbeiten sind. Verfahren im Zusammenhang mit Zigarettenschmuggel bis zu 20.000 Stück werden dementsprechend ohne Beteiligung der ZFÄ

---

[55] VO (EG) Nr. 1889/2005 v. 26. Oktober 2005, ABl. L 309 v. 25.11.2005.

[56] Gesetz über das Aufspüren von Gewinnen aus schweren Straftaten v. 13.08.2008, BGBl I, S. 2959.

[57] Aufstellung nach *Harder*, in: Handbuch des Wirtschafts- und Steuerstrafrechts, 4. Aufl., 22/171.

abgeschlossen. Gleiches gilt für den BtM-Schmuggel bis u. a. 100 g Haschisch oder
10 g Kokain und Straftaten, die einen Steuerschaden von 3.000 Euro nicht über-
schreiten. Allerdings bleiben bei dem Verdacht einer gewerbsmäßigen Begehung
oder Bezügen zur organisierten Kriminalität bzw. der bandenmäßigen Begehung,
dem Waffen- und Sprengstoffschmuggel, Straftaten nach dem AWG sowie nach
dem KWKG und beim Subventionsbetrug die ZFÄ beteiligt.[58]

10.2.5 Zukunft: Zoll soll Post stärker kontrollieren

Ungeachtet der notwendigen Priorisierung sind Erkenntnisse über illegalen Handel
auch mit Bezügen zur organisierten Kriminalität nicht zuletzt durch Kontrollen der
Warenströme zu erlangen. Mit einem Gesetz zur Änderung des Zollverwaltungsge-
setzes[59] aus dem Jahr 2017 wird versucht die Rolle des Zolls zu stärken, um dadurch
den Schutz der Gesellschaft vor der organisierten Kriminalität und die Bekämpfung
des Terrorismus erheblich zu verbessern. Im Kern des Gesetzes geht es darum, dass
die Ein- und Ausfuhr illegaler Waren auf dem Postweg besser kontrolliert und illegale Bargeldtransfers über die deutschen Grenzen besser ermittelt werden können.
Zu diesem Zweck werden dem Zoll mehr Kontrollmöglichkeiten eingeräumt, um
illegale Waren wie Betäubungsmittel, Waffen oder hochsteuerbare Waren zu finden
und dem Wirtschaftskreislauf zu entziehen. Hintergrund ist die Erkenntnis (s. auch
Abschn. 4.2.6.4), dass der Postverkehr zunehmend zu kriminellen Zwecken missbraucht wird.[60] Nach bisheriger Rechtslage ist aus historischen Gründen bisher nur
die Deutsche Post AG verpflichtet, der Zollverwaltung Sendungen vorzulegen, bei
denen Anhaltspukte für einen Verstoß gegen ein Einfuhr-, Durchfuhr- oder Ausfuhrverbot bestehen. Um diese Regelungslücke zu schließen, sind nun auch andere
Postdienstleister verpflichtet werden. Außerdem sollen Mitarbeiter der Zollverwaltung auch in den Geschäftsräumen der Postdienstleister risikoorientierte und
stichprobenartige Kontrollen vornehmen können. Das schließt nach dem Willen des
Gesetzgebers Bundesregierung auch ein, dass örtlich und zeitlich begrenzte Kontrollen von Sendungen innerhalb der EU möglich werden. Auch zur Bekämpfung
der Geldwäsche und im Kampf gegen die Terrorismusfinanzierung sind weitere
Maßnahmen vorgesehen. Im Gesetzentwurf heißt es dazu: „Auf Verlangen der Zoll-
bediensteten müssen natürliche Personen (…) Barmittel und gleichgestellte Zahlungsmittel im Gesamtwert von 10.000 Euro oder mehr, die sie in den, aus dem
oder durch den Geltungsbereich dieses Gesetzes verbringen, nach Art, Zahl und
Wert mündlich anzeigen sowie die Herkunft, den wirtschaftlich Berechtigten und
den Verwendungszweck dieser Barmittel und gleichgestellter Zahlungsmittel darle-
gen." Zum Nachweis der Herkunft, des Berechtigten und des Verwendungszwecks

---

[58] *Möller/Retemeyer*, Steuerstrafrecht, (25. AL), D II 78.

[59] Vgl. BT-Drs. 18/9987 seit 16.3.2017 in Kraft. Vgl. BGBl I Nr. 12 v. 15.3.2017, s. 425.

[60] Vgl. a. *Ellis*, On Tap Europe, Organised Crime and Illicit Trade in Tobacco, Alcohol and Pharmaceuticals, RUSI Whitehall Report 2-17, 2017, S. 29 ff.

müssen Belege vorgelegt werden, die auch „für Besteuerungsverfahren und für Strafverfahren wegen Steuerstraftaten verwendet werden" dürfen. Falls die Belege nicht ausreichen, dürfen die Zollbehörden weitere Belege zum Beispiel bei Banken anfordern, die diese Auskünfte innerhalb von drei Werktagen erteilen müssen.

Mit der Verpflichtung eines Herkunftsnachweises geht der Gesetzesentwurf in die richtige Richtung und setzt in diesem Bereich das Prinzip „Know your Customer" entsprechend um.

10.2.6 Zwischenfazit

Die Finanzbehörden haben weitreichende Ermittlungsbefugnisse, auf deren Grundlage sie vielfältige Informationen bezüglich illegaler Märkte erlangen können. Von großer Bedeutung sind die Finanz- und die damit im Zusammenhang stehenden Vorfeldermittlungen. Der Zoll kann bei grenzüberschreitenden Geschäften, die häufig in Zusammenhang auch mit Geldwäsche stehen können, viele Informationen zu der Herkunft der Waren, dem Absender, dem Empfänger und den Warentypen erlangen. Von ausschlaggebender Bedeutung für die Bekämpfung illegaler Märkte ist es, diese Informationen austauschen und verwerten zu können (zum Steuergeheimnis vgl. Abschn. 10.4). Die bisherigen Möglichkeiten werden noch nicht in ausreichendem Maße von den Staatsanwaltschaften ausgeschöpft. Die Priorisierung von Kontrollen ist wegen der knappen Ressourcen und aus Gründen der Verhältnismäßigkeit ein geeigneter Weg, die Masse an Verfahren zu bewältigen. Die Beteiligung der ZFÄ in den o. g. bedeutenden Fällen muss aber in jedem Fall erhalten bleiben, da andernfalls kriminelle Netzwerke und Strukturen unentdeckt bleiben. Um erfolgreich gegen illegalen Handel und OK-Netzwerke agieren zu können, bedarf es einer engen Zusammenarbeit der Ermittlungs- und Kontrollbehörden und einer auf Kriterien basierenden Priorisierung der Kontrollen. Die Kriterien müssen ständig der „Marktlage" angepasst werden, um Trends entgegenwirken und dementsprechend Ressourcen verlagern zu können. Internationale Kooperationen sind erforderlich, um den Datenaustausch und den Informationsfluss zwischen den Staaten und ihren Behörden gewährleisten und um gemeinsam auf grenzüberschreitenden illegalen Handel reagieren zu können.

10.3 Kooperationen des ZKA und des Zollfahndungsdienstes mit anderen Behörden

10.3.1 Allgemeine Kooperationen

Im nationalen Bereich bestehen vielfältige rechtliche Regelungen bezüglich der Zusammenarbeit des ZKA und des Zollfahndungsdienstes mit anderen Verwaltungs-, Überwachungs- und Ermittlungsbehörden, den Staatsanwaltschaften und den Gerichten sowie den Kommunalverwaltungen. So wird in § 105 AO die Aufhebung der

Verschwiegenheitspflichten öffentlicher Stellen gegenüber den Finanzbehörden geregelt. In § 111 AO ist die Amtshilfepflicht zur Durchführung der Besteuerung geregelt, Mitteilungspflichten beim Verdacht einer Steuerstraftat werden aufgrund von § 116 Abgabenordnung aufgestellt. In § 6 SubvG ist eine Anzeigepflicht beim Verdacht eines Subventionsbetruges geregelt. Beteiligungspflichten bei der Aufklärung von Steuerstraftaten regelt § 403 AO. Beistandspflichten der örtlichen Polizei und Gemeindebehörden werden in § 13 FVG aufgestellt. Beklagt wird jedoch, dass die gesetzlichen Verpflichtungen, wohl meist aus Unkenntnis, in der Praxis wenig Beachtung finden.[61]

10.3.2 Besondere Kooperationsformen

10.3.2.1 Überblick

Zwischen der Zollfahndung und der Polizei haben sich seit ca. zwei Jahrzehnten besondere Kooperationsformen gebildet. Um eine Kooperation auf Bundesebene handelt es sich bei der gemeinsamen Finanzermittlungsgruppe (GFG)[62] von Bundeskriminalamt und dem Zollkriminalamt mit Sitz beim BKA in Wiesbaden. Dort wurde auch eine gemeinsame Grundstoffüberwachungsstelle (GÜS) von BKA und ZKA eingerichtet. Zweck dieser Zusammenarbeit ist die Überwachung des Handels mit bestimmten Chemikalien, die zur Herstellung synthetischer Drogen geeignet sind.

Weitere besondere Kooperationsformen zwischen den ZFÄ und der Polizei bestehen auf Landesebene im Bereich der Rauschgiftkriminalität. Dort arbeiten Zoll und Polizei in gemeinsamen Ermittlungsgruppen. Im Raum Berlin besteht seit 1999 eine gemeinsame Ermittlungsgruppe zwischen Zoll und Polizei zur Verfolgung des organisierten Zigarettenhandels und der dazugehörigen Begleitkriminalität (GEZig). Inzwischen wurden mehr als 1000 Ermittlungsverfahren bearbeitet, die zu über 500 Haftbefehlen und der Sicherstellung von rund 100 Millionen unverzollter und unversteuerter Zigaretten führte.[63]

10.3.2.2 Die gemeinsamen Ermittlungsgruppen von Zoll und Polizei zur Bekämpfung der Rauschgiftkriminalität (GER)

Auf Ebene der Bundesländer haben sich im Interesse einer effektiven Bekämpfung insbesondere der schweren Rauschgiftkriminalität gemeinsame Ermittlungsgruppen von Polizei und Zoll gebildet. Die Art und Weise der Zusammenarbeit wird in Richtlinien

---

[61] Vgl. *Harder*, in: Handbuch des Wirtschafts- und Steuerstrafrechts, 4. Aufl., 22/198.

[62] Die Gemeinsame Finanzermittlungsgruppe (GFG) wurde durch eine am 15.1.1993 unterzeichnete Vereinbarung aufgrund einer gemeinsamen Initiative von Bundeskriminalamt (BKA) und Zollkriminalamt (ZKA) förmlich eingerichtet. Die GFG bestehen auch auf Ebene der Bundesländer.

[63] https://www.berlin.de/polizei/polizeimeldungen/pressemitteilung.253215.php (zuletzt 22.11.2016).

festgelegt. So wurde bspw. vom Innenministerium Nordrhein-Westfalens im Einvernehmen mit dem Bundesminister für Finanzen eine solche Richtlinie[64] verabschiedet. Danach sind bei den Polizeipräsidenten Düsseldorf, Köln, Münster und Essen GER einzurichten. Zollfahndungs- und Polizeivollzugsbeamte arbeiten in Ermittlungsgruppen ständig zusammen. Sie sind in gemeinsamen Diensträumen unterzubringen. Die Besetzung soll paritätisch sein. Der Leiter der GER ist in der Regel aus den Reihen der Polizei und er untersteht dem Leiter des für die Bekämpfung organisierter Rauschgiftkriminalität zuständigen Kommissariats, sofern dieser nicht selbst die Funktion wahrnimmt. Ihm zur Seite gestellt ist ein „Leiter Z", der leitende Beamte des Zolls, mit dem der Leiter der gemeinsamen Ermittlungsgruppe einvernehmlich handeln soll. In einer gemeinsamen Ermittlungsgruppe wird dann ermittelt, wenn sowohl Polizei als auch Zollfahndung im Bereich der Rauschgiftkriminalität zuständig sind. Mit der Richtlinie soll nicht allein eine Grundlage für eine vertrauensvolle Zusammenarbeit zwischen Zoll und Polizei geschaffen, sondern angesichts der sich überschneidenden Zuständigkeiten Kompetenzkonflikte vermieden werden.

In der Richtlinie wird festgelegt, dass die Polizei im Rahmen ihrer Zuständigkeit Ermittlungen in allen Fällen der Rauschgiftkriminalität und der Zoll im Rahmen seiner Zuständigkeit Ermittlungen, soweit er Kenntnis vom Verdacht des Rauschgiftschmuggels hat, führt. Bei Grenzaufgriffen führt der Zoll die Ermittlungen federführend, sofern nicht bereits polizeiliche Maßnahmen eingeleitet sind. In anderen Verdachtsfällen des illegalen Rauschgifthandels, in denen zugleich der Verdacht des Bannbruchs besteht, bleibt die Federführung in der Regel bei der Dienststelle von Polizei oder Zoll, die die Ermittlungen zuerst aufgenommen hat. Doppelermittlungen sind auszuschließen. Soweit der Zoll verdeckte Ermittler einsetzt, erfolgt dies grundsätzlich in Absprache mit der Polizei. Entsprechendes gilt für die Polizei, soweit erkennbar Ermittlungen des Zollfahndungsdienstes berührt werden.

Dass keine weiteren gleich entwickelten institutionalisierten Kooperationsformen zwischen Zoll und Polizei bestehen – abgesehen von regionalen Kooperationsformen wie der GEZig (vgl. o. Abschn. 10.3.2.1.) –, dürfte der Priorisierung auf die BtM-Kriminalität und die Geldwäsche geschuldet sein. Seit den 1980er Jahren ist die Rauschgiftkriminalität das dominierende Thema, wenn es um die Kontrolle illegaler Märkte und damit in Zusammenhang stehender organisierter Kriminalität geht. In diesem Kontext ist auch die Zusammenarbeit zwischen Zoll und Polizei im Bereich der Finanzermittlungen zu Geldwäscheaktivitäten zu sehen.[65]

10.3.2.3 Zwischenfazit

Seit vielen Jahren existieren besondere Kooperationsformen zwischen dem Zoll und der Polizei. Außerhalb der Zusammenarbeit bei der Bekämpfung der BtM-Kriminalität, der Geldwäsche sowie des illegalen Handels mit Tabakprodukten haben sich aber keine ähnlichen institutionalisierten Formen der Zusammenarbeit bilden

---

[64] RdErl. d. Innenministeriums v. 6.1.1994 – IV D 1/A 2 – 2933, MBl. NRW. 1994, S. 98.

[65] Vgl. *Sinn*, in: Rechtliche Initiativen gegen organisierte Kriminalität, S. 355 ff.

können. Die Kooperationsformen mögen für sich genommen erfolgreich sein, sie sind aber auch ein Beispiel dafür, dass sich seit mehr als 20 Jahren nichts an der Prioritätensetzung beim illegalen Handel geändert hat, dabei könnten die bisherigen etablierten Formen der Zusammenarbeit als Vorbild und Best Practice für weitere Kooperationen dienen.

10.4   Das Steuergeheimnis (§ 30 AO)

10.4.1   Überblick

Nachdem die komplexen und teilweise komplizierten Zuständigkeitsverteilungen und Kompetenzüberschneidungen, aber auch bestimmte Kooperationsformen dargestellt wurden, liegt auf der Hand, dass nur ein reibungsloser Informationsaustausch zwischen Zoll und Polizei/Staatsanwaltschaft die Ermittlungen auf illegalen Märkten erleichtern kann. Allerdings lassen sich bestimmte Informationen aufgrund des geltenden Steuergeheimnisses (§ 30 AO) de lege lata schon von vornherein nicht austauschen, und die Offenbarung der Informationen, die grundsätzlich dem Steuergeheimnis unterliegen, ist nur unter sehr engen Voraussetzungen gestattet. Es bietet sich also an, das Steuergeheimnis und die Möglichkeiten einer Durchbrechung einer näheren Betrachtung zu unterziehen.

In der Praxis wird das Steuergeheimnis teilweise als ein Hinderungsgrund für den Datenaustausch zwischen Zoll und Polizei bzw. Staatsanwaltschaft und damit als ein Hemmnis für die Aufklärung von Verhaltensweisen auf illegalen Märkten genannt. Demgegenüber wird eingewandt, dass die Erfahrungen der Ermittlungspraxis des Zollfahndungsdienstes belegen, dass das Steuergeheimnis bei der Aufklärung wichtiger Straftatbestände kein Hindernis darstelle.[66] Begründet wird dies damit, dass es eher die ungenügende Kenntnis der Reichweite und des Anwendungsbereichs des § 30 AO sei, die in konkreten Einzelfällen einen Datenaustausch behindere.[67] Bei näherer Betrachtung des § 30 AO sind in der Tat die Möglichkeiten zur Informationsweitergabe erheblich eingeschränkt. Die Einschränkung der Informationsweitergabe ist dem Umstand geschuldet, dass der Steuerpflichtige im Besteuerungsverfahren auch die Last einer sehr weitgehenden Mitwirkungs- und Offenbarungspflicht trägt.[68] Das Steuergeheimnis ist also der Ausgleich zwischen der Lastentragung auf der einen und dem Interesse der Finanzbehörden an der Feststellung der richtigen Besteuerungsgrundlagen auf der anderen Seite. Es dient also nicht zuletzt auch dazu,

---

[66] *Harder*, in: Handbuch des Wirtschafts- und Steuerstrafrechts, 4. Aufl., 22/183.
[67] *Harder*, in: Handbuch des Wirtschafts- und Steuerstrafrechts, 4. Aufl., 22/183.
[68] Vgl. §§ 90, 93, 97, 100 AO.

die Beteiligten am Besteuerungsverfahren zu wahrheitsgemäßen Angaben zu veranlassen.[69] Abstrakt gesehen findet also mit dem Steuergeheimnis eine Vorwegabwägung zu Gunsten der Sicherstellung des staatlichen Besteuerungsverfahrens und zu Lasten weiterer Sachaufklärungen im Kontext anderer Rechtsgebiete (Strafrecht, Verwaltungsrecht, Zivilrecht etc.) statt. Da diese Vorwegabwägung aber im konkreten Fall zu unangemessenen Ergebnissen führen kann, werden in § 30 Abs. 4 AO wiederum konkrete Fallgruppen genannt, in denen das Steuergeheimnis durchbrochen werden kann. Dem § 30 AO liegt also ein Regel-Ausnahme-Prinzip zugrunde. Nur unter den Voraussetzungen des § 30 Abs. 4 AO (vgl. u. Abschn. 10.4.3) darf das Steuergeheimnis durchbrochen werden. Weitere gesetzliche Durchbrechungen des Steuergeheimnisses finden sich weiterhin in den §§ 31 und 31 a AO sowie in § 31b AO. Dies betrifft Fälle im Zusammenhang mit der Bekämpfung der Schwarzarbeit und der Geldwäsche. Eine weitere Durchbrechung findet sich in § 117 AO sowie in der Zollamtshilfe VO, in dem Neapel-II-Übereinkommen über die Zollzusammenarbeit sowie in bilateralen Zollunterstützungsabkommen. Dies hat Deutschland u. a. mit Kanada und den USA abgeschlossen.[70] Die Übermittlung der relevanten Informationen unterliegt aber bestimmten Zweckbindungen.

10.4.2 Reichweite des Steuergeheimnisses

Die Reichweite des Steuergeheimnisses ist sehr umfangreich. Geschützt wird alles, was dem Amtsträger oder einer ihm gleichgestellten Person in einem der in § 30 Abs. 2 Nr. 1 lit. a–c AO genannten Verfahren über den Steuerpflichtigen oder andere Personen bekannt geworden ist. Unerheblich ist es, ob diese Tatsachen für die Besteuerung tatsächlich relevant sind.[71] In den Schutzbereich einbezogen sind alle natürlichen und juristischen Personen. Geschützt werden alle persönlichen, wirtschaftlichen, rechtlichen, öffentlichen und privaten Verhältnisse dieses Personenkreises. Einbezogen in den geschützten Personenkreis sind nicht nur die Steuerpflichtigen, sondern auch andere Personen, deren Verhältnisse in einem steuerlichen Verwaltungs- oder Gerichtsverfahren gegenüber einem Amtsträger bekannt geworden sind. Das Steuergeheimnis erstreckt sich auch auf Behörden, die Staatsanwaltschaft und die Gerichte, wenn ihnen Erkenntnisse zulässigerweise aufgrund gesetzlicher Vorschriften übermittelt worden sind.[72]

---

[69] Vgl. AEAO, Nr. 3 zu § 30 AO.

[70] Vgl. *Harder*, in: Handbuch des Wirtschafts- und Steuerstrafrechts, 4. Aufl., 22/185.

[71] Vgl. AEAO Nr. 1.1 zu § 30 AO.

[72] *Harder*, in: Handbuch des Wirtschafts- und Steuerstrafrechts, 4. Aufl., 22/186.

10.4.3 Durchbrechungen des Steuergeheimnisses

§ 30 Abs. 4 AO lässt einige Ausnahmen vom Steuergeheimnisses zu. So ist aufgrund § 30 Abs. 4 Nr. 1 AO eine Offenbarung von Kenntnissen zur Durchführung eines Steuerstraf- oder Bußgeldverfahrens möglich. Dabei genügt es, dass die Informationsweitergabe für die Einleitung oder dem Fortgang des Verfahrens nützlich sein könnte. Die Möglichkeit der Durchbrechung des Steuergeheimnisses ist nicht darauf beschränkt, dass die *Steuerbehörden* untereinander Informationen austauschen. Vielmehr ist auch die Mitteilung an andere Behörden zulässig, wenn dies unmittelbar der Durchführung eines Steuerstraf- oder Bußgeldverfahrens dient.[73]

§ 30 Abs. 4 Nr. 2 AO gestattet die Offenbarung, soweit sie durch Gesetz ausdrücklich zugelassen ist. Es gibt zahlreiche außersteuerrechtliche Vorschriften, die in diesem Kontext zu nennen sind.[74] Auch die mit der Erledigung eines ausländischen Rechtshilfeersuchens verbundene Offenbarung steuerlicher Verhältnisse durch völkerrechtliche Vereinbarungen oder durch § 117 AO i. V. m. § 59 Abs. 3 IRG wird durch § 30 Abs. 4 Nr. 2 AO ausdrücklich zugelassen. Zu beachten ist aber, dass eine allgemeine Bestimmung zur Amtshilfe noch nicht genügt, um die Anwendbarkeit des § 30 Abs. 4 Nr. 2 AO zu begründen. Vielmehr muss die Befugnis zum Offenbaren in einem Gesetz ausdrücklich festgelegt worden sein.

Stimmt der Betroffene zu, so ist ebenfalls eine Offenbarung möglich, § 30 Abs. 4 Nr. 3 AO. Zu beachten ist hier, dass jeder betroffen ist, dessen Verhältnisse durch § 30 AO geschützt werden. Sind mehrere Personen betroffen, müssen sie alle zustimmen.

Eine weitere wichtige Vorschrift ist § 30 Abs. 4 Nr. 4 AO, bei der es um die Durchbrechung des Steuergeheimnisses zur Durchführung eines außersteuerlichen Strafverfahrens geht. Erkenntnisse, die im Steuerstrafverfahren oder Steuerordnungswidrigkeitsverfahren gewonnen wurden, die eine außersteuerrechtliche Straftat betreffen, können an die Gerichte und Strafverfolgungsbehörden zum Zweck der Strafverfolgung weitergeleitet werden. Das schließt die Möglichkeit ein, dass die Finanzbehörden die Polizei und Staatsanwaltschaft auch über sogenannte Zufallsfunde unterrichten können.[75] Stets müssen die Erkenntnisse im Steuerstraf- oder Bußgeldverfahren selbst gewonnen worden sein. Eine Weitergabe der Erkenntnisse aus einem anderen Verfahren ist *nicht* möglich. Das betrifft etwa die Veranlagungs-, Außenprüfungs- oder Vollstreckungsverfahren.[76] Hat der Steuerpflichtige (§ 33 AO) oder die für ihn handelnde Person (§ 200 Abs. 1 AO) die relevanten Tatsachen der Finanzbehörde selbst mitgeteilt, so ist eine Weitergabe nur dann zulässig, wenn der Steuerpflichtige zum Zeitpunkt der Abgabe der Mitteilung an die Finanzbehörde die Einleitung des steuerlichen Straf- oder Bußgeldverfahrens gekannt hat. Wurden

---

[73] Vgl. AEAO Nr. 4.1 zu § 30 AO.
[74] Vgl. die Liste in AEAO Nr. 5 zu § 30 AO.
[75] AEAO Nr. 7.1 zu § 30 AO.
[76] AEAO Nr. 7.1 zu § 30 AO.

Informationen ohne Bestehen einer steuerlichen Verpflichtung oder unter Verzicht auf ein Auskunftsverweigerungsrecht erlangt, so kann eine Offenbarung gem. § 30 Abs. 4 Nr. 4 b AO zulässig sein. In diesen Fällen besteht kein schutzwürdiges Interesse an der Wahrung des Steuergeheimnisses. Die problematischen Fallgestaltungen ergeben sich im Zusammenhang mit § 30 Abs. 4 Nr. 4 AO aus dem parallelen Aufgabenvollzug des Zolls: Zu den Aufgaben des Zolls gehört auch die *Überwachung der Warenströme*. In diesem Kontext haben sie die Einhaltung der Verbote und Beschränkungen zu überwachen (vgl. Abschn. 4.2.8). Werden Tatsachen in einem Überwachungsverfahren bekannt, die keinen steuerlichen Gegenstand betreffen, so etwa bei der Überwachung der Betäubungsmitteleinfuhr nach § 21 BtMG, so findet das Steuergeheimnis keine Anwendung. Das ergibt sich bereits aus § 12 ZollVG, wonach bei zureichenden tatsächlichen Anhaltspunkten dafür, dass Waren unter Verstoß gegen Einfuhr, durch Vor- oder Ausfuhrverbote in den oder aus dem Geltungsbereich dieses Gesetzes verbracht werden, die Waren und die dazugehörigen Verwaltungsvorgänge, vorbehaltlich anderweitiger gesetzlicher Regelungen, der Staatsanwaltschaft vorgelegt werden. Denn in der Regel ist mit einem Verbot und einer Beschränkung auch gleichzeitig eine strafrechtliche Sanktionierung oder bußgeldbewerte Sanktion verbunden. Würde hier das Steuergeheimnis einschlägig sein, so wären die Zollverwaltungen daran gehindert, die ihnen übertragenen Aufgaben bis hin zur strafrechtlichen Verfolgung, nachzukommen. Allein der rein äußerliche Zusammenhang mit Besteuerungshandlungen kann noch nicht das Steuergeheimnis auslösen.[77]

Anders ist zu entscheiden, wenn bei der Vornahme einer Überwachungsmaßnahme im Rahmen der Überwachung von Verboten und Beschränkungen die Zollbeamten den Verdacht einer Straftat im Rahmen der *allgemeinen Kriminalität* – also auch der organisierten Kriminalität – erlangen. Wird bspw. eine Nichtgemeinschaftsware dem Zoll vorgeführt, so wird ein Besteuerungsverfahren ausgelöst. Hier greift das Steuergeheimnis ein. Erlangen die Zollbeamten nun den Verdacht, dass die vorgeführte Ware gestohlen ist, so sind sie an das Steuergeheimnis auch gebunden. Denn dem Zoll obliegt nicht, wie im vorgenannten Fall, die Überwachung von gestohlenen Waren. Soweit also kein Durchbrechungsgrund in § 30 Abs. 4 AO anzunehmen ist[78], so lange dürfen die Informationen auch nicht an die Polizei und Staatsanwaltschaft weitergegeben werden. Das gilt selbst dann, wenn im Einzelfall die Zollbeamten als Ermittlungspersonen der Staatsanwaltschaft handeln. Funktional wird der Zollbeamte immer im Rahmen der Überwachung nicht als Ermittlungsperson tätig. Nur als Zollbeamter hat er die verdachtsunabhängigen Befugnisse zur Überwachung. Was er in dieser Funktion und im Rahmen eines Besteuerungsverfahrens zur Kenntnis genommen hat, unterfällt deshalb auch dem Steuergeheimnis.[79] Das führt zu der Situation, dass der Zoll zwar Informationen erlangen kann, die hinreichend

---

[77] *Harder*, in: Handbuch des Wirtschafts- und Steuerstrafrechts, 4. Aufl., 22/187.

[78] § 30 Abs. 4 Nr. 4 lit a) AO greift nicht ein, weil die Informationen nicht „in einem Verfahren wegen einer Steuerstraftat oder Steuerordnungswidrigkeit erlangt worden sind".

[79] Vgl. auch *Harder*, in: Handbuch des Wirtschafts- und Steuerstrafrechts, 4. Aufl., 22/188.

wären, einen Anfangsverdacht u. a. bezüglich organisierter Kriminalität zu begründen, diese aber nicht an die Polizei/Staatsanwaltschaft außerhalb der engen Ausnahmegründe des § 30 Abs. 4 AO weitergegeben werden können. Das Problem greifen auch bspw. die „Gemeinsamen Richtlinien der Justizminister/-senatoren und der Innenminister/-senatoren der Länder über die Zusammenarbeit bei der Verfolgung der organisierten Kriminalität"[80] auf, ohne aber Lösungen anzubieten.[81]

Aus zwingendem öffentlichem Interesse kann eine Offenbarung gem. § 30 Abs. 4 Nr. 5 AO zulässig sein. § 30 Abs. 4 Nr. 5 AO enthält einen Katalog von Fällen, in denen ein zwingendes öffentliches Interesse zu bejahen ist. Es handelt sich um eine beispielhafte Aufzählung ohne abschließenden Charakter. Allerdings müssen – gleich Regelbeispielen – andere Sachverhalte in ihrer Bedeutung mit den namentlich in § 30 Abs. 4 Nr. lit. 5 AO erwähnten Fällen vergleichbar sein.[82] Im Kontext des illegalen Handels ist die Regelung des § 30 Abs. 4 Nr. 5 lit. b AO von besonderer Bedeutung, wonach eine Offenbarung möglich ist, soweit Wirtschaftsstraftaten verfolgt werden oder verfolgt werden sollen, die nach ihrer Begehungsweise oder wegen des Umfangs des durch sie verursachten Schadens geeignet sind, die wirtschaftliche Ordnung erheblich zu stören oder das Vertrauen der Allgemeinheit auf die Redlichkeit des geschäftlichen Verkehrs oder auf die ordnungsgemäße Arbeit der Behörden oder der öffentlichen Einrichtungen erheblich zu erschüttern. Nach Nr. 8.3 AEAO zu § 30 AO soll unter den Begriff der Wirtschaftsstraftat eine Straftaten nicht bereits deshalb fallen, weil sie im Katalog des § 74 c GVG (Zuständigkeit des Landgerichts – Wirtschaftsstrafkammern) aufgeführt ist. Vielmehr sei in jedem Einzelfall unter Abwägung der Interessen zu prüfen, ob die besonderen Voraussetzungen des § 30 Abs. 4 Nr. 5 lit. b AO gegeben sind. Das lässt natürlich einen erheblichen Interpretationsspielraum zu. § 30 Abs. 4 Nr. 5 lit. b AO ist allein hinsichtlich des Begriffs „Wirtschaftsstraftat" über § 74c GVG präzisierbar. Außerhalb dieser Präzisierung besteht erhebliche Unsicherheit, denn mit den Merkmalen „geeignet", „erheblich" und „erschüttern" sind kaum messbare Kriterien genannt, die den Amtsträgern die notwenige Sicherheit geben, in welchen Fällen sie das Steuergeheimnis durchbrechen können. Auch die in § 30 Abs. 4 Nr. 5 lit. 5 AO genannten weiteren Merkmale der „Begehungsweise" der Wirtschaftsstraftaten oder des durch sie „verursachten Schadens", die „wirtschaftliche Ordnung" erheblich zu stören, sind so unbestimmt, realitätsfern und einer validen Einschätzung kaum zugänglich, dass sich ein Amtsträger im Zweifel eher auf das Steuergeheimnis berufen wird, als Informationen zur Aufklärung von außerstrafrechtlichen Straftaten an die Strafverfolgungsbehörden

---

[80] Vom 8.7.1992 (JMBl 1992 (Nr. 9), S. 139) geändert durch den Gemeinsamen Runderlass v. 18.4.2000, JMBl 2000 (Nr. 5), S. 67.

[81] Vgl. Unter 8.1.2 der Richtlinien wird im zweiten Absatz nur Folgendes geregelt: „Gewinnt der Steuerfahndungsdienst im Rahmen seiner steuerstrafrechtlichen Ermittlungen Anhaltspunkte, die auf das Vorliegen von organisierter Kriminalität hindeuten und für dessen Aufklärung die Polizei/Staatsanwaltschaft zuständig ist, so unterrichtet er die zuständigen Strafverfolgungsbehörden, wenn das Steuergeheimnis dem nicht entgegensteht. Dies ist im Einzelfall zu prüfen."

[82] AEAO Nr. 8 zu § 30.

weiterzugeben. Genau aus diesem Grunde dürfte wohl auch die oben geschilderte Verunsicherung in der Praxis herzuleiten sein, Informationen weiterzugeben. Das stellt gleichzeitig einen Hinderungsgrund bei der Zusammenarbeit in den möglichen Kooperationsformen zwischen Zoll und Polizei und Staatsanwaltschaft dar. Das Problem liegt also in der mangelhaften Präzisierung der Möglichkeiten einer Durchbrechung des Steuergeheimnisses und einer zu engen Interpretation des zwingenden öffentlichen Interesses in § 30 Abs. 4 Nr. 5 AO.

Für den Bereich des Terrorismus legt Nr. 8.8 AEAO zu § 30 AO fest, dass die Finanzbehörden verpflichtet sind, den für die Bekämpfung terroristischer Aktivitäten zuständigen Stellen die nach § 30 AO geschützten Verhältnisse auf deren Ersuchen mitzuteilen. In diesen Fällen wird also ein zwingendes öffentliches Interesse im Sinne des § 30 Abs. 4 Nr. 5 lit. 5 AO angenommen. Unklar bleibt jedoch, warum dies nur bei einem Ersuchen der zuständigen Stelle mitzuteilen ist.

Vorsätzlich falsche Angaben des Betroffenen dürfen den Strafverfolgungsbehörden gemäß § 30 Abs. 5 AO gegenüber offenbart werden. Sonderregelungen zu zulässigen Mitteilungen zur Bekämpfung der illegalen Beschäftigung und des Leistungsmissbrauchs finden sich in § 31a AO. In § 31b AO sind die Möglichkeiten der Mitteilung zur Bekämpfung der Geldwäsche und der Terrorismusfinanzierung geregelt. § 31b AO statuiert in den Fällen einer geldwäscherelevanten Vortat oder einem Vermögenswert, der im Zusammenhang mit der Terrorismusfinanzierung stehen kann, eine Meldepflicht gegenüber der zuständigen Strafverfolgungsbehörde und gleichzeitig der beim BKA eingerichteten Zentralstelle für Verdachtsmeldungen (Financial Intelligence Unit – FIU). Ob ein meldepflichtiger Verdachtsfall vorliegt, entscheidet die Finanzbehörden nach pflichtgemäßem Ermessen.[83]

Liegen keine Gründe für eine Durchbrechung des Steuergeheimnisses vor, so dürfen die Informationen nicht preisgegeben werden. Damit wird gleichzeitig auch eine Datenweitergabe an OLAF, Europol oder Eurojust ausgeschlossen. Wie schon bei der Zusammenarbeit auf nationaler Ebene können damit wichtige Erkenntnisse auch auf europäischer Ebene nicht mit anderen Daten abgeglichen und mögliche Querverbindungen zu anderen Fällen nicht offengelegt werden.

10.4.4 Zwischenfazit

Das Steuergeheimnis spielt wie gesehen in der Praxis auch bezüglich des Informationsaustausches zwischen Polizei/Staatsanwaltschaft und Zoll eine ganz erhebliche Rolle. Auf dieser Grundlage darf der Zoll in bestimmten Fällen Informationen über Straftaten nicht an die zuständigen Strafverfolgungsbehörden weitergeben. Die Gründe für eine Durchbrechung des Steuergeheimnisses sind in dem praktisch bedeutsamen Bereich des § 30 Abs. 4 AO sehr eng gefasst. Hinzu kommt noch eine sehr restriktive Auslegung der Vorschrift durch die FB. Das hat zur Folge, dass bei

---

[83] Nr. 2 AEAO zu § 31b.

Anhaltspunkten für organisiert begangenen illegalen Handel in den Bereichen, in denen der Zoll keinen Überwachungsauftrag hat (bspw. gestohlene Güter), Strukturermittlungen nahezu ausgeschlossen sind. Und nicht nur das: In den o. g. Fällen der allgemeinen Kriminalität verhindert das Steuergeheimnis sogar eine Strafverfolgung der Täter. In bestimmten Konstellationen (s. das Bsp. unter Abschn. 10.1.4) kann die Tat auch nicht als Ordnungswidrigkeit verfolgt werden. Daran kann nur etwas geändert werden, wenn § 30 Abs. 4 AO einer *gründlichen* gesetzgeberischen Revision unterworfen wird.

10.5   Die Möglichkeiten der Informationsgewinnung im Rahmen der Amtshilfe auf europäischer Ebene

Für die internationale Zusammenarbeit im Wege der Amtshilfe sind regelmäßig Zentralstellen eingebunden. Die Zusammenarbeit in Zollsachen ist beim Zollkriminalamt konzentriert. Die internationale Zusammenarbeit zwischen den Zollbehörden bzw. den Zollfahndungsdiensten und der Polizei und anderen Behörden ist sehr vielschichtig und komplex.[84] Die Gründe dafür liegen in den verschiedenen völkerrechtlichen Verträgen bzw. Gesetzen, mit denen eine Zusammenarbeit geregelt wird. Es bedürfte einer eigenen Forschung, die einzelnen bilateralen und multilateralen sowie supranationalen Instrumente darzustellen und zu bewerten.[85] Zu den wichtigsten Rechtsgrundlagen für den Informationsaustausch im Rahmen der Zusammenarbeit des Zolls für die Bereiche Zölle, Agrarregelungen und Verbote und Beschränkungen im grenzüberschreitenden Warenverkehr sind die Zollamtshilfe VO vom 13.03.1997[86] und das Neapel-II-Übereinkommen vom 18.12.1997[87] zu nennen.[88]

Gemeinsam ist diesen Regelungswerken, dass sie Verstöße gegen die Zollgesetze zu verhindern, aufzudecken und zu verfolgen versuchen. Die Zollamtshilfeverordnung regelt nur die Zusammenarbeit auf dem Gebiet des Zollwesens (das Zoll- und Agrarrecht). Das Neapel-II-Übereinkommen erfasst die gesamte Zusammenarbeit bei der Verfolgung von Zuwiderhandlungen gegen die Zollgesetze und in diesem Zusammenhang auch der Verbote und Beschränkungen im grenzüberschreitenden

---

[84] *Harder*, in: Handbuch des Wirtschafts- und Steuerstrafrechts, 4. Aufl., 22/199.

[85] Vgl. den Überblick bei *Harder*, in: Handbuch des Wirtschafts- und Steuerstrafrechts, 4. Aufl., 22/200.

[86] Verordnung (EG) Nr. 515/97 des Rates vom 13.3.1997 über die gegenseitige Amtshilfe zwischen Verwaltungsbehörden der Mitgliedstaaten und die Zusammenarbeit dieser Behörden mit der Kommission im Hinblick auf die ordnungsgemäße Anwendung der Zoll- und der Agrarregelung ABl. L 083 v. 22.3.1997, S. 1 ff.

[87] ABl. C 024 v. 23.1.1998, S. 2 ff.

[88] Vgl. *Harder*, in: Handbuch des Wirtschafts- und Steuerstrafrechts, 4. Aufl., 22/201.

Warenverkehr.[89] In bestimmten Bereichen haben die Zollamtshilfeverordnung und das Neapel-II-Übereinkommen deckungsgleiche Regelungen. Zu beachten ist jedoch, dass die Zollamtshilfeverordnung als unmittelbar anwendbares Unionsrecht dem Übereinkommen von Neapel gem. Art. 288 AEUV vorgeht.[90] Auch außerhalb der genannten beiden wichtigen Regelungen und einer Vielzahl anderer Vereinbarungen ist es den Finanzbehörden gestattet, zwischenstaatliche und rechtliche Amtshilfe in Anspruch zu nehmen und zu leisten. Hinsichtlich der Reichweite der nach den einschlägigen bi- und multilateralen Zollunterstützungsabkommen zulässigen Amtshilfe besteht teilweise Unsicherheit darüber, ob die Amtshilfe nur für die Zwecke des Besteuerungsverfahrens oder darüber hinaus auch für die Strafverfolgung geleistet werden kann.[91] Dem ist jedoch mit *Harder*[92] zu entgegnen, dass die einschlägigen vertraglichen Regelungen eine Beschränkung regelmäßig nicht vorsehen, vielmehr eine gesamte Verfolgung von Zuwiderhandlungen im Blick haben. Das Neapel-II-Übereinkommen umfasst bspw. alle Verstöße gegen Zollvorschriften. Diese schließen auch Verstöße gegen VOB, das Außenwirtschaftsgesetz und das Kriegswaffenkontrollgesetz ein. Auch in der Zollamtshilfeverordnung werden die Aufdeckung und Verfolgung und Zuwiderhandlungen gegen die Zollgesetze als Umfang der Amtshilfe bezeichnet.

Das Verhältnis der in den bi- und multilateralen Regelungswerken vereinbarten Amtshilfe, insbesondere auf der Grundlage des Neapel-II-Übereinkommens, lässt häufig die Frage aufkommen, in welchem Verhältnis diese Art des Informationsaustauschs zur justiziellen Rechtshilfe steht. Für das Neapel-II-Übereinkommen kann aus Art. 3 abgeleitet werden, dass die Rechtshilfe nach den Vorschriften des IRG neben denen der Möglichkeiten der aus dem Neapel-II-Übereinkommen geleisteten Amtshilfe stehen sollen. So wird ausdrücklich in Art. 3 Abs. 2 festgelegt, dass in Fällen strafrechtlicher Ermittlungen von einer Justizbehörde zu bestimmen ist,

> ob hiermit verbundene Ersuche um Amtshilfe oder Zusammenarbeit aufgrund der geltenden Bestimmungen über die Rechtshilfe in Strafsachen oder aufgrund dieses Übereinkommens vorgelegt werden.

Es besteht also ein Wahlrecht.[93] In der Literatur wird beklagt, dass die Staatsanwaltschaften diese Wahlmöglichkeiten häufig nicht genug nutzen, obwohl sie einen flexibleren Weg bedeuten würden, um schnelle Informationen auszutauschen. Dabei wird für einige Staatsanwaltschaften konstatiert, dass sie die Praktikabilität der Zollunterstützungsverträge erkannt hätten und diese mit Erfolg für die Ermittlungsverfahren zu nutzen gewusst haben.[94] Die wesentlichen Vorteile der bi- und multilateralen Vereinbarungen liegen in erster Linie darin, direkt mit ermittelnden

---

[89] *Harder*, in: Handbuch des Wirtschafts- und Steuerstrafrechts, 4. Aufl., 22/202.

[90] Vgl. auch *Harder*, in: Handbuch des Wirtschafts- und Steuerstrafrechts, 4. Aufl., 22/202.

[91] Für eine Beschränkung auf das Besteuerungsverfahren, vgl. *Janovsky*, Kriminalistik 1998, 331 (335).

[92] *Harder*, in: Handbuch des Wirtschafts- und Steuerstrafrechts, 4. Aufl., 22/205.

[93] *Harder*, in: Handbuch des Wirtschafts- und Steuerstrafrechts, 4. Aufl., 22/207.

[94] *Harder*, in: Handbuch des Wirtschafts- und Steuerstrafrechts, 4. Aufl., 22/207.

Dienststellen kommunizieren zu können und nicht den aufwendigen Weg der Rechtshilfe bestreiten zu müssen. Im Kern geht es also um eine Vereinfachung und Beschleunigung sowie um die Herstellung eines direkten Kommunikationsweges. Für die ersuchte Behörde ergeben sich kaum Konflikte mit dem nationalen Recht, da sie die Amtshilfe auf der Grundlage der sie treffenden rechtlichen nationalen Regelungen leisten. Sowohl für die Zollamtshilfeverordnung, als unmittelbar in den Mitgliedstaaten der EU geltendes Recht, als auch für das Neapel-II-Übereinkommen, als völkerrechtlicher Vertrag, gilt, dass die auf der Grundlage der genannten Vereinbarungen erlangten Informationen gerichtsverwertbar sind.[95] Dies gilt auch für das Strafverfahren (vgl. Art. 14, Art. 18 und Art. 19 Abs. 7 Neapel-II-Übereinkommen; Art. 12, 16 der Zollamtshilfeverordnung 515/97).

10.6   Die Rolle des Europäischen Amts für Betrugsbekämpfung (OLAF), Europols sowie Eurojusts bei den Ermittlungen

10.6.1   OLAF

OLAF ist nicht nur ein wichtiger Partner bei den Ermittlungen im Bereich des illegalen Handels mit gefälschten Zigaretten und Tabakerzeugnissen, sondern auch bei der Bekämpfung der Markenpiraterie. Zu den Aufgaben des Europäischen Amts für Betrugsbekämpfung gehört die Aufdeckung von Betrug, Korruption und anderen illegalen Aktivitäten zum Schaden der finanziellen Interessen der Europäischen Union. Zu diesem Zweck führt das Amt alle dazu erforderlichen administrativen Untersuchungen durch. OLAF untersucht Fälle u. a. auch im Bereich von Betrügereien im Zollbereich. Hier kann OLAF auch eine wichtige Rolle bei der Aufdeckung von Betrügereien im Zusammenhang mit gefälschter Markenware spielen. Ein Beispiel der erfolgreichen Zusammenarbeit ist die Aktion „Fake". Dabei wurden 500 Tonnen Waren (Kleidung, Schuhe, elektronische Geräte, Arzneimittel, Zigaretten) beschlagnahmt. Insgesamt handelte es sich um 60 Container, in denen 140 für den Lufttransport vorbereitete Sendungen enthalten waren.[96] Zur wirksamen Verfolgung der Fälle international agierender Fälschernetzwerke hat die EU-Kommission das Europäische Amt für Betrugsbekämpfung mehr und mehr in eine aktive Rolle eingebunden.[97] OLAF ist zu behördlichen Ermittlungen in der EU gemäß Verordnung

---

[95] *Harder*, in: Handbuch des Wirtschafts- und Steuerstrafrechts, 4. Aufl., 22/208.

[96] Vgl. *Gedert*, Der angemessene Schadensersatz bei der Verletzung des geistigen Eigentums, S. 132.

[97] Das OLAF ist als Organglied der EU-Kommission konzipiert und hat den Status einer Dienststelle. Es ist keine Polizei- oder Justizbehörde, sondern eine Verwaltungsbehörde. Vgl. *Strobel*, Die Untersuchungen des Europäischen Amtes für Betrugsbekämpfung (OLAF), S. 38.

Nr. 515/97[98] (vgl. den Verweis in Art. 36 VO (EU) Nr. 608/2013[99] über das Vorgehen der Zollbehörden gegen Waren, die im Verdacht stehen, bestimmte Rechte geistigen Eigentums zu verletzen, sowie die Durchführungsvorschriften in der VO (EU) Nr. 1352/2013[100]) befugt. Außerdem wurden mit Drittländern Abkommen über gegenseitige Amtshilfe im Zollbereich abgeschlossen. OLAF kann sich auf Ersuchen an Untersuchungen in Drittländern beteiligen, um erforderliche Beweismaterialien zu beschaffen. Allerdings ist OLAF zu einer Priorisierung aufgrund der knappen Ressourcen gezwungen, sodass sich die Ermittlungen bisher auf Waren beschränken, die risikoreich für die Umwelt, die öffentliche Gesundheit und Sicherheit sind. Zur Effektivierung der Zusammenarbeit zwischen den EU-Mitgliedstaaten baut OLAF derzeit eine Partnerschaft mit den in der Europäischen Beobachtungsstelle für Verletzungen von Rechten des geistigen Eigentums[101] vertretenen Industriebranchen auf.[102] OLAF-Bedienstete können in unterstützender Funktion an JITs teilnehmen,[103] soweit der Kriminalitätsbereich, in dem das JIT eigesetzt werden soll, in den Zuständigkeitsbereich von OLAF fällt. Als einen Meilenstein in der operativen Kooperation bezeichnet Eurojust die erstmalige Teilnahme von OLAF an einem JIT, das von Eurojust koordiniert wurde, im Jahr 2015. Der Fall betraf eine OK-Gruppierung, die an Verbrauchssteuerbetrug, Steuerhinterziehung, Zigarettenschmuggel und Geldwäsche beteiligt war. Von den Tätern wurden riesige Mengen an Zigaretten in verborgenen Fabriken durch Verwendung illegal beschaffter Komponenten (Tabak, Filter, Folie, Packungen, Steuerstempel) hergestellt. Mit Hilfe von gefälschten Export-, Import- und Transitdokumenten wurden die Zigaretten danach illegal u. a. per Lkw in die Europäische Union verbracht.[104] Der Fall belegt sehr deutlich, dass OK-Gruppierungen, auch wenn sie einen sehr hohen Organisationsgrad aufweisen, im Rahmen von Kooperationsformen, wie sie in einem JIT zu finden sind, erfolgreich ermittelt und verfolgt werden können.

10.6.2   Europol

Europol, das Europäische Polizeiamt mit Sitz in Den Haag, gilt als ein Meilenstein in der europäischen Sicherheitsarchitektur. Die Einrichtung Europols wurde 1991 auf dem EU-Gipfel von Maastricht beschlossen. Nachdem Europol im Juli 1999

---

[98] Vgl. ABl. L 82 v. 22.3.1997, S. 1 ff.; vgl. auch *Strobel*, Die Untersuchungen des Europäischen Amtes für Betrugsbekämpfung (OLAF), S. 48 f.

[99] Vgl. ABl. L 181 v. 29.6.2013, S. 15 ff.

[100] Vgl. ABl. L 341 v. 18.12.2013, S. 10 ff.

[101] https://euipo.europa.eu/ohimportal/de/european-observatory (zuletzt 8.12.2016).

[102] Vgl. https://ec.europa.eu/anti-fraud/investigations/eu-revenue/illegal_trade_de (zuletzt 8.12.2016).

[103] Vgl. näher dazu den Leitfaden zu Gemeinsamen Ermittlungsgruppen „JITs Network" v. 26. Juli 2016 Dok. des Rates der EU 11.501/16, S. 24 ff.

[104] Vgl. Eurojust Jahresbericht 2015, S. 47 f.

auf der Grundlage des Europol-Übereinkommens[105] seine Tätigkeit aufgenommen hat, arbeitet es heute auf der Rechtsgrundlage des Europol-Ratsbeschlusses aus dem Jahr 2009.[106] Europol wurde mit dem Ziel gegründet, die EU-Mitgliedstaaten bei der Kriminalitätsbekämpfung zu unterstützen. Im Kern erfüllt Europol die Aufgabe, Informationen und Erkenntnisse zu sammeln, zu analysieren und auszuwerten und die EU-Mitgliedstaaten über die sie betreffenden Sachverhalte unverzüglich zu unterrichten. Außerdem stellt Europol den Mitgliedstaaten forensische und technische Unterstützung zur Verfügung. Zuständig ist Europol für organisierte Kriminalität, Terrorismus und andere Formen schwerer Kriminalität, wenn zwei oder mehr Mitgliedstaaten der EU betroffen sind (Art. 4 Europol-Ratsbeschluss). Außerdem muss aufgrund des Umfangs, der Bedeutung und der Folgen der Straftaten ein gemeinsames Vorgehen der Mitgliedstaaten erforderlich sein. Die Kriminalitätsformen werden im Anhang des Beschlusses konkretisiert. Danach ist Europol für eine Vielzahl von Deliktsgruppen mit Bezügen zum illegalen Handel zuständig.[107]

Die Stärke Europols liegt in der Bündelung der aus den Mitgliedstaaten stammenden Informationen sowie in den strategischen Analysen, auf deren Grundlage die Mitgliedstaaten Ermittlungen führen, Zusammenhänge herstellen, Informationen aus anderen Staaten beschaffen oder kriminalpolitische Entscheidungen treffen können. Im Europol Information System (EIS) werden Daten zu Kriminellen bereitgestellt, welche durch die Mitgliedstaaten abgerufen oder mit anderen Daten abgeglichen werden können. Selbstverständlich hängt die Datenqualität davon ab, in welcher Güte die Mitgliedstaaten die Informationen an Europol liefern und ob sie überhaupt Informationen in die Datenbanken einspeisen, denn Europol hat keine operativen Ermittlungsbefugnisse. Allerdings ist es möglich, dass Europolbeamte an Joint-Investigation-Teams mitwirken, was die Koordination grenzüberschreitender Ermittlungen erleichtert. Die Mitwirkung ist sowohl in der Errichtungsphase eines JITs als auch in der operativen Phase möglich. In der Errichtungsphase kann Europol aufgrund der dort verfügbaren Daten insbesondere zu der Erstellung eines internationalen Lagebildes und bei der Ausgestaltung der JIT-Vereinbarungen und -Regelungen zur Aufstellung des operativen Aktionsplans und/oder der Förderung der Diskussion über das taktische sowie technische Vorgehen bei den Ermittlungen

---

[105] ABl. C 316 v. 27.11.1995, S. 2 ff.

[106] ABl. L 121 v. 15.5.2009, S. 37 ff.

[107] Illegaler Handel mit Drogen, Geldwäschehandlungen, Kriminalität im Zusammenhang mit nuklearen und radioaktiven Substanzen, Schleuserkriminalität, Menschenhandel, Kraftfahrzeugkriminalität, vorsätzliche Tötung, schwere Körperverletzung, illegaler Handel mit Organen und menschlichem Gewebe, Entführung, Freiheitsberaubung und Geiselnahme, Rassismus und Fremdenfeindlichkeit, Raub in organisierter Form, illegaler Handel mit Kulturgütern, einschließlich Antiquitäten und Kunstgegenständen, Betrugsdelikte, Erpressung und Schutzgelderpressung, Nachahmung und Produktpiraterie, Fälschung von amtlichen Dokumenten und Handel damit, Geldfälschung, Fälschung von Zahlungsmitteln, Computerkriminalität, Korruption, illegaler Handel mit Waffen, Munition und Sprengstoffen, illegaler Handel mit bedrohten Tierarten, illegaler Handel mit bedrohten Pflanzen- und Baumarten, Umweltkriminalität, illegaler Handel mit Hormonen und Wachstumsförderern.

beitragen.[108] In der operativen Phase kann Europol bei Fragen der Praxis und der Koordinierung, die sich aus der Arbeitsweise der JITs und dem entsprechenden Informationsaustausch ergeben, unterstützend mitwirken. Dabei greift Europol auf eine spezielle Netzwerkanbindung, das Secure Information Exchange Network Application (SIENA), zurück. Mit SIENA steht den Mitgliedstaaten ein System zur Verfügung, über welches Informationen schnell und sicher ausgetauscht werden können.[109]

Die große Bedeutung Europols im Analysebereich ergibt sich aus der Zusammen-führung von Daten, welche die organisierte Kriminalität als Kriminalitätsform und die konkreten Tätigkeitsbereiche der OK, also das Agieren auf illegalen Märkten, betreffen. Der Zusammenhang zwischen der OK und dem illegalen Handel wird auf diese Art und Weise sehr deutlich und konkret hergestellt. Potenzial liegt sicherlich aber noch darin, die Daten zu terroristischen Aktivitäten mit denen zum illegalen Handel und zur OK abzugleichen, um die zu beobachtende Hybridisierung von ter-roristischen Gruppierungen und die Konvergenzen[110] zwischen der OK, dem illega-len Handel und dem Terrorismus näher zu beleuchten.

Die erfolgreiche Beteiligung Europols bei Ermittlungen auf illegalen Märkten wird durch die dokumentierten Ermittlungserfolge belegt.[111] So wurden bspw. zwi-schen November 2015 und Februar 2016 im Rahmen der Operation OPSON V mehr als 10.000 Tonnen und eine Million Liter gefährliche gefälschte Lebensmittel und Getränke in 57 Staaten beschlagnahmt. Durch die Sperrung von 4.500 Domains, die zum illegalen Onlinehandel benutzt wurden, trug die Operation IOS VII im Jahr 2016 bei.[112]

10.6.3   Eurojust

Eurojust mit Sitz in Den Haag wurde im Jahr 2002 mit dem Ziel eingerichtet, die Kooperation zwischen den zuständigen Behörden der Mitgliedstaaten bei der Bekämpfung schwerer grenzüberschreitender Kriminalität, wie bspw. organisierter Kriminalität, Korruption, Drogenhandel und Terrorismus zu fördern, zu verbessern

---

[108] Vgl. den Leitfaden zu Gemeinsamen Ermittlungsgruppen „JITs Network" v. 26. Juli 2016 Dok. des Rates der EU 11.501/16, S. 23.

[109] Vgl. den Leitfaden zu Gemeinsamen Ermittlungsgruppen „JITs Network" v. 26. Juli 2016 Dok. des Rates der EU 11.501/16, S. 23.

[110] Vgl. dazu a. *Sinn*, Organisierte Kriminalität 3.0, S. 6 f.; vgl. den Überblick über die Verbindun-gen zwischen Terrorismus und illegalem Handel in UNIFAB, Counterfeiting & Terrorism Report 2016, S. 1 ff.

[111] Vgl. https://www.europol.europa.eu/crime-areas-and-trends/crime-areas/intellectual-property-crime (zuletzt: 5.1.2017).

[112] https://www.europol.europa.eu/newsroom/news/over-4500-illicit-domain-names-seized-for-selling-counterfeit-products (zuletzt 16.12.2016).

und zu koordinieren. Das Eurojust-Mandat ist in den Zuständigkeitsbereichen also eng an das von Europol angelehnt. Zu den Kernaufgaben Eurojusts gehören die Erleichterung der Rechtshilfe sowie die Umsetzung von Instrumenten zur gegenseitigen Anerkennung, wie zum Beispiel dem Europäischen Haftbefehl. Eurojust wird hauptsächlich im Bereich der Kooperation zwischen den zuständigen Behörden der Mitgliedstaaten tätig, kann jedoch auch mit Drittstaaten kooperieren. Unterstützung kann in der Errichtungsphase sowie in der operativen Phase geleistet werden.[113] Die Unterstützung bezieht sich in erster Linie auf Klärung rechtlicher Fragen bspw. zur Zulässigkeit von Beweismitteln oder zur Teilnahme von entsandten Mitgliedern in ein JIT. Auch dann, wenn Parallelverfahren in anderen Staaten geführt werden, kann Eurojust bei der Übermittlung von Beweismitteln unterstützend tätig werden. In der operativen Phase kann Eurojust mit seinem Koordinierungszentrum den Echtzeitaustausch von Informationen gewährleisten. Zu den Stärken Eurojusts gehört es, Zuständigkeitskonflikte zu beseitigen und den Transfer von Beweisen und Informationen durch ein rechtlich abgestimmtes und abgesichertes Verfahren zu erleichtern. Auf dieser Basis konnten bspw. im Jahr 2015 mit Hilfe von Eurojust sechs OK-Gruppierung aufgedeckt werden, deren Mitglieder organisiert hochwertige Autoteile gestohlen hatten. Die aus deutschen, litauischen und lettischen Staatsangehörigen bestehenden Gruppierungen verbrachten die Teile über Polen nach Litauen und arbeiteten nur im Bereich der Logistik zusammen. Im Übrigen agierten die Gruppen unabhängig voneinander.[114] Ohne die koordinierte Zusammenarbeit mit den Mitgliedstaaten und der Einbeziehung von Europol wären die Querverbindungen wohl unentdeckt geblieben.

10.7 Institutionelle Zusammenarbeit zwischen der Wirtschaft und den Behörden

Die Zusammenarbeit von Wirtschaft und Strafverfolgungs- und Kontrollbehörden ist für die Ermittlungen auf illegalen Märkten unerlässlich. Häufig verfügen allein die Wirtschaftsakteure über die notwendigen Informationen hinsichtlich der legal gehandelten Güter. Erst aufgrund dieser Informationen kann sowohl im Bereich der Produkt- und Markenpiraterie als auch im Arzneimittelrecht eine Fälschung von einem Original unterschieden werden. Hinzu kommt, dass teilweise in den Unternehmen eigene Abteilungen zum Schutz vor Produkt- und Markenpiraterie eingerichtet wurden und ein Datenbestand vorliegt, der Anhaltpunkte für kriminelle

---

[113] Vgl. näher dazu den Leitfaden zu Gemeinsamen Ermittlungsgruppen „JITs Network" v. 26. Juli 2016 Dok. des Rates der EU 11.501/16, S. 20 ff.

[114] Vgl. Eurojust Jahresbericht 2015, S. 42.

Netzwerke geben könnte, wenn diese mit den Daten auch anderer Unternehmen abgeglichen werden würden.

Die Europäische Beobachtungsstelle für Verletzungen von Rechten des geistigen Eigentums (EUIPO)[115] ist ein gutes Beispiel für die Möglichkeiten einer engen Zusammenarbeit zwischen der Wirtschaft und den EU-Behörden. Die Beobachtungsstelle wurde im Jahr 2012 ins Leben gerufen. Vorläufer dieser Stelle war die im Jahr 2009 von der EU-Kommission gegründete „Europäische Beobachtungsstelle für Marken und Produktpiraterie". Die EUIPO ist ein Netzwerk von Sachverständigen und fachlichen Interessenvertretern. Tätig werden Vertreter des öffentlichen und des privaten Sektors, die in Arbeitsgruppen zusammenwirken. Zu den Zielen der Beobachtungsstelle gehören, zuverlässige Daten über Umfang und Ausmaß der Marken- und Produktpiraterie in der EU zu erheben, Sensibilisierungskampagnen in Bezug auf Marken- und Produktpiraterie und den Wert des geistigen Eigentums durchzuführen, Schulungen zu initiieren, Best Practices zwischen Interessenvertretern und aus dem öffentlichen und privaten Sektor zu fördern sowie wissenschaftliche Forschungsarbeiten zum Thema Marken- und Produktpiraterie und des Wertes des geistigen Eigentums durchzuführen. Insgesamt handelt es sich um eine Plattform, die Kräfte bündelt, den Erfahrungs- und Informationsaustausch fördert sowie Schwachstellen bei der gegenwärtigen Verfolgung und Prävention von illegalen Märkten aufdeckt. Direkte Durchsetzungsbefugnisse hat EUIPO nicht. Der Wert der Beobachtungsstelle liegt also in der Bündelung von Erfahrungen, im Wissensaustausch sowie in der Koordinierung gemeinsamer Interessen und Strategien.

10.8   Das Prinzip „Know your Customer" als Leitprinzip unternehmerischer Verantwortung bei Prävention und Aufklärung illegalen Handels

Zur Prävention des illegalen Handels und der Aufklärung illegaler Märkte ist die Einbeziehung der Unternehmen von entscheidender Bedeutung. Nicht allein der Informationsaustausch auf freiwilliger Basis ist dafür ein geeignetes Mittel, vielmehr können den Unternehmen auch *Identifizierungspflichten* (Due Diligence) zugemutet werden, damit mit den legal hergestellten Produkten nicht illegale Güter hergestellt und damit ein illegaler Markt bedient werden kann. Das Prinzip „Know your Customer" sollte in bestimmten Bereichen zum Leitprinzip wirtschaftlichen Verhaltens und der Compliance werden. Vorbild dafür kann das Precursor-Konzept zur Überwachung von Drogenausgangsstoffen sein, wie es in Art. 12 des Übereinkommens der Vereinten Nationen aus dem Jahr 1988[116] gegen den unerlaubten

---

[115] https://euipo.europa.eu/ohimportal/de/web/observatory/about-us (zuletzt 8.12.2016).
[116] Vgl. die deutsche Übersetzung im BGBl. II 1993 Nr. 25 v. 30.7.1993, S. 1136 ff. Vgl. näher dazu im Kontext der Terrorismusfinanzierung *Sieber/Vogel*, Terrorismusfinanzierung, S. 60 ff.

Verkehr mit Suchtstoffen und psychotropen Stoffen niedergelegt ist. Artikel 12 des Übereinkommens verpflichtet die Staaten zur Überwachung des Handels mit Drogengrundstoffen:

> (8) a) [...] treffen die Vertragsparteien die von ihnen als angemessen erachteten Maßnahmen, um in ihrem Hoheitsgebiet die Herstellung und Verteilung der Stoffe in Tabelle I und Tabelle II zu überwachen.
>
> b) Zu diesem Zweck können die Vertragsparteien
>
> i) alle Personen und Unternehmen kontrollieren, die mit der Herstellung oder Verteilung dieser Stoffe befasst sind;
>
> ii) im Weg der Genehmigungspflicht die Betriebe und Räumlichkeiten kontrollieren, in denen die Herstellung oder Verteilung erfolgen kann;
>
> iii) vorschreiben, dass die Inhaber einer Genehmigung eine Erlaubnis für die Durchführung der genannten Tätigkeiten erwirken; [...]
>
> (9) Jede Vertragspartei trifft in Bezug auf die in Tabelle I und Tabelle II aufgeführten Stoffe folgende Maßnahmen:
>
> a) Sie errichtet und unterhält ein System zur Überwachung des internationalen Handels mit den in Tabelle I und Tabelle II aufgeführten Stoffen, um die Aufdeckung verdächtiger Geschäfte zu erleichtern. Diese Überwachungssysteme werden in enger Zusammenarbeit mit Herstellern, Importeuren, Exporteuren, Großhändlern und Einzelhändlern angewandt, welche die zuständigen Behörden über verdächtige Aufträge und Geschäfte unterrichten; [...]
>
> d) sie schreibt vor, dass die Einfuhren und Ausfuhren ordnungsgemäß mit Aufschriften und Unterlagen versehen sind. In den Geschäftsunterlagen wie Rechnungen, Ladeverzeichnissen, Zollunterlagen, Frachtbriefen und sonstigen Versandpapieren müssen die in Tabelle I oder Tabelle II verwendeten Bezeichnungen der eingeführten oder ausgeführten Stoffe, die eingeführte oder ausgeführte Menge sowie der Name und die Anschrift des Exporteurs, des Importeurs und, soweit bekannt, des Empfängers enthalten sein;

sie stellt sicher, dass die unter Buchstabe d genannten Unterlagen mindestens zwei Jahre lang aufbewahrt werden und den zuständigen Behörden zur Einsichtnahme zur Verfügung gestellt werden können.

In Art. 15 des Übereinkommens wird die besondere Bedeutung der Transportunternehmen beim illegalen Handel deutlich:

> (2) Jede Vertragspartei fordert die gewerblichen Beförderungsunternehmer auf, zweckdienliche Vorsichtsmaßnahmen zu treffen, um zu verhindern, dass ihre Beförderungsmittel für die Begehung von in Übereinstimmung mit Artikel 3 Absatz 1 umschriebenen Straftaten benutzt werden. Diese Vorsichtsmaßnahmen können Folgendes umfassen:
>
> a) wenn sich der Hauptgeschäftssitz des gewerblichen Beförderungsunternehmers im Hoheitsgebiet der Vertragspartei befindet,
>
> i) Schulung des Personals, damit es verdächtige Sendungen oder Personen er- kennt, [...]
>
> b) wenn der Beförderungsunternehmer im Hoheitsgebiet der Vertragspartei tätig ist, [...]
>
> ii) Verwendung fälschungssicherer, einzeln überprüfbarer Siegel auf den Behält- nissen,
>
> iii) schnellstmögliche Meldung aller verdächtigen Vorfälle, die mit der Begehung von in Übereinstimmung mit Artikel 3 Absatz 1 umschriebenen Straftaten in Zusammenhang gebracht werden können, an die entsprechenden Behörden.

In der Europäischen Union sind die Zollbehörden, die Polizei und öffentliche Gesundheitsbehörden für die Kontrolle von Drogenausgangsstoffen zuständig.

Dabei ist die enge Zusammenarbeit mit der Industrie von essenzieller Bedeutung, denn diese spielt bei der Bekämpfung der Abzweigung chemischer Ausgangsstoffe eine ganz zentrale Rolle. Auch die Rechtsvorschriften der EU[117] fördern eine enge Zusammenarbeit zwischen Behörden und Wirtschaftsbeteiligten (z. B. Herstellern, Händlern, Vermittlern, Einführern, Ausführern sowie Großhändlern und Einzelhändlern). Diese Akteure kennen ihre Kunden am besten und sind daher am ehesten in der Lage, die Abzweigung von Drogenausgangsstoffen zu verhindern. Ziel dieser Zusammenarbeit auf der Grundlage eines kontinuierlichen Informationsaustauschs ist die leichtere Erkennung verdächtiger Transaktionen. Teilweise werden den Akteuren Pflichten zur Zusammenarbeit auferlegt (bei Stoffen der Kategorien 1 bis 4) und teilweise ist sie nicht verpflichtend, wird aber dringend empfohlen. Die freiwillige Zusammenarbeit hat sich als wirksam erwiesen. Sie bietet die nötige Flexibilität, um schnell auf neue Muster oder Tendenzen bei der Abzweigung von Drogenausgangsstoffen zu reagieren.[118] Die in Abb. 10.1 abgebildeten Leitlinien[119] wurden zur Erleichterung der Zusammenarbeit zwischen den zuständigen Behörden in den Mitgliedstaaten und den Wirtschaftsbeteiligten in der EU erarbeitet:

Die Einbeziehung von Wirtschaftsunternehmen in die Prävention, mit dem Ziel, bei risikoreichen Gütern die Handelswege und die beteiligten Akteure identifizieren zu können, wurde zuletzt in den UN-Sicherheitsratsresolutionen 2170 (2014)[120] und 2199 (2015)[121] im Zusammenhang mit der *Terrorismusfinanzierung* weiter vorangetrieben.[122] Zwar enthalten die Resolutionen keine konkreten Vorgaben zur Due Diligence, allerdings ist es erklärter Wille des Sicherheitsrates, dass die Wirtschaftsbeteiligten eine besondere Rolle beim Handel mit sensiblen Gütern spielen müssen und die Staaten dafür Sorge zu tragen haben, dass diese Rolle auch pflichtbewusst erfüllt wird. Insbesondere verurteilte der Sicherheitsrat jede Beteiligung am direkten und indirekten Handel (insbesondere mit Erdöl, Erdölprodukten, modularen Raffinerien und dazugehörigem Material) mit ISIS- und al-Qaida-verbundenen Personen, Gruppen, Unternehmen und Einrichtungen.

---

[117] Verordnung (EG) Nr. 111/2005 v. 22.12.2004 über den Handel mit Drogenausgangsstoffen zwischen der EU und Drittländern (ABl. L 22 v. 26.1.2005, S. 1 ff.), geändert durch die Verordnung (EU) Nr. 1259/2013 v. 20.11.2013 (ABl. L 330 v. 10.12.2013, S. 30 ff.); Verordnung (EG) Nr. 273/2004 v. 11.2.2004 über den Handel mit Drogenausgangsstoffen innerhalb der EU (ABl. L 47 v. 18.2.2004, S. 1 ff.), geändert durch die Verordnung (EU) Nr. 1258/2013 v. 20.11.2013 (ABl. L 330 v. 10.12.2013, S. 21 ff.).

[118] So http://ec.europa.eu/taxation_customs/business/customs-controls/drug-precursors-control/who-controlsm_de (zuletzt 24.11.2016).

[119] Vgl. https://ec.europa.eu/taxation_customs/sites/taxation/files/docs/body/guidelines_tableau_recap_en.pdf (zuletzt 2.2.2017).

[120] Resolution 2170 (2014) v. 15.8.2014.

[121] Resolution 2199 v. 12.2.2015.

[122] *Sieber/Vogel*, Terrorismusfinanzierung, S. 54 ff.

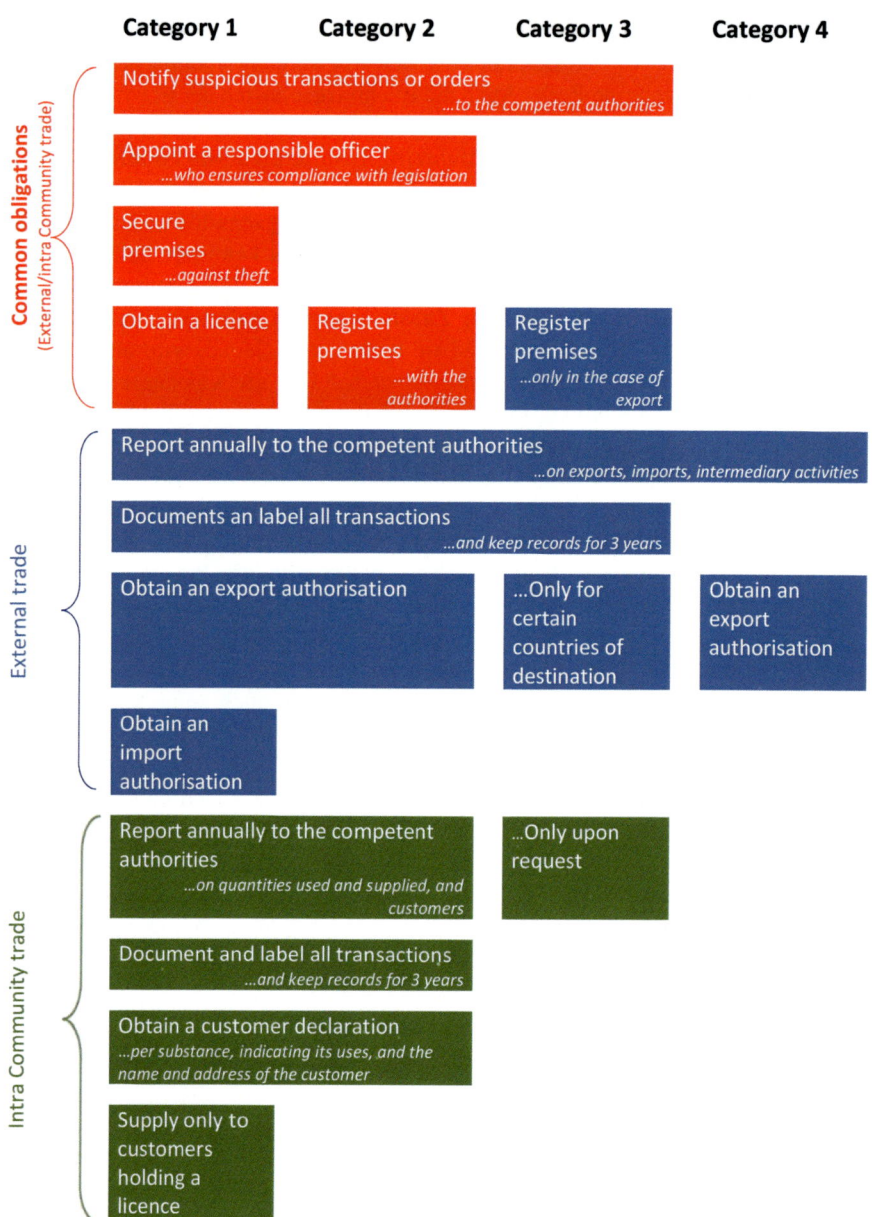

Abb. 10.1 Leitlinien zur Erleichterung der Zusammenarbeit

In der Resolution 2199 (2015) betonte er,

> *dass die Staaten verpflichtet sind, sicherzustellen, dass ihre Staatsangehörigen und Perso-*
> *nen in ihrem Hoheitsgebiet dem ISIS weder direkt oder indirekt Gelder, andere finanzielle*
> *Vermögenswerte oder wirtschaftliche Ressourcen, namentlich Erdöl, Erdölprodukte, modu-*
> *lare Raffinerien und dazugehöriges Material und andere natürliche Ressourcen, bei denen*
> *festgestellt wird, dass sie für [ISIS und ihm nahestehende] Personen, Gruppen, Unterneh-*
> *men und Einrichtungen bestimmt sind, für sie gesammelt wurden oder ihnen auf andere*
> *Weise nutzen, noch aus diesen wirtschaftlichen Ressourcen gewonnene Gelder oder handel-*
> *bare Vorteile zur Verfügung stellen.*[123]

Die Einbeziehung der Wirtschaftsunternehmen in die Prävention illegalen Handels
sowie die Zusammenarbeit zwischen Wirtschaftsakteuren und staatlichen Kontrollbehörden auf der Basis des Grundsatzes „Know your Customer" – wie es aus dem
Bereich der Überwachung von Drogenausgangsstoffen bekannt ist – kann als Vorbild
für zukünftige Kooperationsformen dienen. Welche Güter einem solchen Kon-
troll- und Kooperationsregime unterworfen werden sollen, hängt von der Gefähr-
dungsanalyse des Gutes und den damit in Zusammenhang stehenden menschlichen
Verhaltensweisen ab.

10.9   Zusammenfassung

Erfolgreiche Ermittlungen auf illegalen Märkten hängen von einer Vielzahl von Faktoren ab. Am Beginn muss die Analyse der Märkte mit den jeweiligen Gütern und
den dort wirkenden Einflussfaktoren stehen. Auf der Grundlage der Erkenntnisse
kann eine Priorisierung auf besonders bedeutsame Märkte vorgenommen werden.
Die zur Prävention und Repression tätigen Behörden müssen ihre Ermittlungen auf
klare Zuständigkeitszuweisungen gründen können. Kompetenzüberschneidungen
gilt es so weit wie möglich zu verhindern, um positive und negative Kompetenzkonflikte zu vermeiden. Der Informationsaustausch muss auf rechtliche Grundlagen gestützt werden können. Einschränkungen des Informationsaustausches bspw.
durch das Steuergeheimnis haben sich am Grundsatz der Güterabwägung und der
Verhältnismäßigkeit zu orientieren. Unverhältnismäßige Beschränkungen sind zu
vermeiden. Außerdem ist die nationale und internationale Zusammenarbeit der
Strafverfolgungsbehörden und des Zolls zu stärken und die Wirtschaft in die Prävention illegaler Märkte und in die Informationsgewinnung noch weiter als bisher
einzubeziehen. Es hat sich gezeigt, dass die Zusammenarbeit und der Informationsaustausch zwischen den Mitgliedstaaten der EU und den Institutionen OLAF,
Europol und Eurojust von ganz entscheidender Bedeutung für Ermittlungen, Analysen, das Erkennen von Querverbindungen, aber auch für Trendaussagen ist. Auf
operativer Ebene haben sich die JITs längst in der Praxis bewährt. Diese Form der
Kooperation gilt es auszubauen.

---

[123] Resolution 2199 v. 12.2.2015, Ziffer 1 und 9.

Kapitel 11
Technologie und Qualitätsmanagement zur Verhinderung illegalen Handels

11.1 Technologie gegen gefälschte Produkte

11.1.1 Sicherheitsmerkmale und Rückverfolgbarkeit (insb. Track & Trace) eines Produkts in der Lieferkette als Schutzmechanismus gegen illegalen Handel

Bereits heute existieren gesetzliche Standards, welche die Rückverfolgbarkeit von Produkten gewährleisten sollen. Allerdings unterscheiden sie sich stark von Produkt zu Produkt. Für Lebensmittel wie Fisch oder Rindfleisch oder Holzartikel werden bereits heute detaillierte Informationen (bspw. Herkunftsland, Spezies, Haltbarkeitsdatum, Verarbeitungsort, Schlachtort) erfasst und innerhalb der Lieferkette ausgewiesen.[1] Zur Sicherstellung der Kommunikation in der Lieferkette müssen die Informationen auf gemeinsamen und anerkannten Standards beruhen, andernfalls können die Informationen nicht verarbeitet und verstanden werden.

11.1.2 Fälschungsschutztechnologie

In der jüngsten Vergangenheit kann als wegweisend für eine Technologie zur Sicherung der Lieferkette die Fälschungsrichtlinie der Europäischen Union 2011/62/EU und die damit in Zusammenhang stehende DIN (vgl. Abschn. 11.1.2.1) gelten, mit der auf verschiedene Sicherungsmaßnahmen verwiesen wird. In der Richtlinie wird eine Reihe von Maßnahmen angesprochen, mit denen das Eindringen von gefälschten Arzneimitteln in die legale Lieferkette verhindert werden soll. Dazu zählt bspw. die Verpflichtung, dass bei verschreibungspflichtigen Arzneimitteln grundsätzlich

---

[1] Vgl. für den Bereich der Lebensmittel, *Kretschmer*, GS Heine, S. 221 ff.

© Springer-Verlag GmbH Deutschland 2018
A. Sinn, *Wirtschaftsmacht Organisierte Kriminalität*,
DOI 10.1007/978-3-662-55269-8_11

jede einzelne Packung mit Sicherheitsmerkmalen zu versehen ist. Diese sollen die Unversehrtheit der Verpackung erkennen lassen und eine Echtheitsprüfung ermöglichen (vgl. dazu insbesondere Artikel 54a der Richtlinie 2001/83/EG). Dabei werden Siegeletiketten zum Verschließen der Faltschachtelenden („tamper-evident") zum Schutz vor unerkannter Manipulation, das Anbringen eines „individuellen Erkennungsmerkmals" auf der Verpackung („unique identifier") sowie der Aufbau eines End-to-End-Verifikationssystems vorgeschrieben (Track & Trace).[2] Dieses muss nach der delegierten Verordnung (EU) 2016/161 der Kommission vom 2.10.2015 spätestens bis zum 9.2.2019 europaweit einsatzbereit sein, wobei für Belgien, Griechenland und Italien wegen bisheriger eigener Überprüfungssysteme längere Übergangsfristen gelten.

Zur Umsetzung der Richtlinie, die als Vorbild für viele andere Produkte dienen könnte, kommen verschiedene Sicherungsmaßnahmen[3] in Frage, die *offen* (vgl. Abschn. 11.1.2.1.), *verborgen* (vgl. Abschn. 11.1.2.2.) oder *digital* (vgl. Abschn. 11.1.2.3.) sein können. Ist die Sicherungsmaßnahme äußerlich mit bloßem Auge zu erkennen, so spricht man von einer offenen Sicherungsmaßnahme. Um eine verborgene Sicherungsmaßnahme handelt es sich, wenn es zu ihrer Feststellung spezieller Geräte bedarf. Bei digitalen Sicherungsmaßnahmen werden scannbare Codes verwendet.

11.1.2.1 Offene Sicherung

Die offenen Sicherungsmaßnahmen sind mit bloßem Auge erkennbar. Ihre Schwachstelle liegt in der einfachen Reproduzierbarkeit.[4] Zur Konkretisierung der offenen Sicherungsmaßnahmen im Bereich der Arzneimittel hat maßgeblich die DIN EN 16.679: 2013-11 vom 18.10.2013 beigetragen.[5] In dieser DIN werden explizit einzelne Arten offener Sicherungsmerkmale genannt:

- Die Laschen von Faltschachteln werden mit Klebstoff, einem Etikett oder einem Klebeband verschlossen,
- Faltschachteln mit speziellem Aufbau,
- Siegeletiketten und Siegelbänder,
- Umhüllung der Sekundärverpackung mit einer Folie,
- Manschetten,
- Bruchverschluss und Abreißverschluss,

---

[2] Zur Umsetzung der Fälschungsschutzrichtlinie wird in Deutschland ein Arzneimittel-Verifikationssystem unter Verwendung des Data-Matrix-Codes nach dem „End to End"-Ansatz von den Verbänden der Marktbeteiligten in einem Stakeholder-Modell mit Überwachung durch nationale zuständige Behörden (securPharm-Projekt) entwickelt und betrieben.

[3] Vgl. zu den nachfolgend benannten Fälschungsschutztechnologien *Völcker*, Fälschungsschutztechnologien für Arzneimittel, Pharmind 76 (2014), S. 62 ff.

[4] *Destratis*, Arzneimittelfälschungen und die neuen Regularien, S. 55.

[5] Finalisierung mit DIN EN 16.679:2015-03.

- Blister-Sichtverpackung,
- flexible Verpackung,
- Behälter, die nach dem Blasen-Füllen-Schließen-Verfahren hergestellt werden.

Nicht in der Richtlinie genannt werden Sicherungsmaßnahmen, die im *Bedrucken* von festen Arzneiformen bestehen. Bei dieser Art der Kennzeichnung werden Arzneimittel direkt mit genießbarer Farbe bedruckt. Bestimmte Verfahren machen es möglich, auf den Kapseln oder Tabletten nicht nur Firmenlogos, Buchstaben und Texte aufzudrucken, sondern auch Strichcodes oder DataMatrix-Codes aufzubringen. Das führt zu einer Einzigartigkeit jeder einzelnen Tablette oder Kapsel.[6]

Als ein weiteres offenes, sicheres Sicherungsmerkmal kommen auch *Hologramme* in Frage. Aufgrund der vielfältigen Gestaltungsmöglichkeiten von Hologrammen bieten sie den Herstellern einen sehr großen Gestaltungsspielraum.[7]

Kippfarben können ebenfalls als Sicherungsmerkmal eingesetzt werden und ermöglichen eine offene Erkennbarkeit. Dabei handelt es sich um Farben, die sich je nach Betrachtungswinkel eines Etiketts verändern. Beim Kippen der Verpackung entsteht ein changierender Farbeindruck.[8]

Thermoaktive Farben werden eingesetzt, um bei der Überschreitung gewisser Temperaturen verborgene Merkmale sichtbar werden zu lassen. Die Sichtbarkeit wird dadurch hergestellt, dass die Farben bei einer bestimmten Temperatur durchsichtig werden und dann den darunter aufgedruckten Text oder Zeichen sichtbar werden lassen. Außerdem können diese Farben Manipulationen durch Reibung anzeigen.

11.1.2.2 Verborgene Sicherheitsmerkmale

Außerhalb der o. g. Richtlinie werden auch verborgene Sicherheitsmerkmale produktspezifisch eingesetzt. Sie sind mit bloßem Auge nicht erkennbar und deshalb auch für Fälscher schwieriger nachzuahmen. Häufig benötigt man für das Aufbringen derartiger Sicherheitsmerkmale besondere Technologien.[9]

Jeder Druckfarbe können *Spezialpigmente* (Taggants) beigemischt werden, die geruchs- und farbneutral sind. Das ermöglicht es, dass die Echtheit mittels spezieller Scanner festgestellt werden kann, die diese Taggants sichtbar machen.

Mittels *magnetisch codierter Fäden* auf den Umverpackungen kann ebenfalls eine Echtheitsprüfung von Verpackungen mittels entsprechender technischer Geräte stattfinden. Mit diesen Geräten können die Charakteristika der magnetisch codierten Fäden ausgelesen werden. Die zahlreichen verschiedenen

---

[6] *Destratis*, Arzneimittelfälschungen und die neuen Regularien, S. 63.

[7] Zu den unterschiedlichen Varianten vgl. *Destratis*, Arzneimittelfälschungen und die neuen Regularien, S. 65.

[8] Vgl. mehr *Destratis*, Arzneimittelfälschungen und die neuen Regularien, S. 66 f.

[9] Vgl. mehr *Destratis*, Arzneimittelfälschungen und die neuen Regularien, S. 68 f.

Möglichkeiten unterschiedlicher Legierungen lassen sehr individuelle Codierungen der Produkte zu.[10]

Ein besonders hohes Sicherheitsniveau bieten synthetische *DNA-Sicherheitsdrucker*. Dabei werden für den Druck DNA-Moleküle auf die Verpackungen aufgebracht. Auf diese Art und Weise wird es ermöglicht, durch molekularbiologische Analysen eine Fälschung eindeutig zu identifizieren.[11]

11.1.2.3 Digitale Sicherungsmerkmale

Bei digitalen Sicherungsmerkmalen handelt es sich um komplex verschlüsselte und computergenerierte Codierungen in Form von Glasschriftnummern, 2-D-DataMatrix-Codes oder spezifischen Rauschmustern.[12] Da der Aufdruck allein noch kein Sicherheitsmerkmal ist, muss die Identifizierung des Originals über die Nutzung einer Datenbank erfolgen. Bei der Sicherung der Verpackungen für Arzneimittel werden digitale Sicherungsmerkmale in Form von DataMatrix-Codes verwendet.[13]

11.1.2.4 Vergleich der offenen mit verborgenen und digitalen Sicherheitsmerkmalen

Vergleicht man die einzelnen Kategorien der Sicherheitsmerkmale (offen, verborgen und digital), so können verschiedene Kriterien für einen Vergleich herangezogen werden:[14]

• Prüfaufwand des Merkmals,
• besonders sichere Prüfung,
• Registrierungsbedarf,
• Qualitätsprüfung in Serienfertigung,
• technisches Fälschungsschutzniveau,
• Aufwand der Fertigungsintegration,
• Kosten pro Merkmal,
• individueller Gestaltungsspielraum,
• Referenzierung mit Serialisierung,
• Investitionsbedarf in Hardware,
• Alleinstellungsmerkmal,
• maschinenlesbarer Dateninhalt.

---

[10] Näher dazu *Destratis*, Arzneimittelfälschungen und die neuen Regularien, S. 68.

[11] Näher dazu *Destratis*, Arzneimittelfälschungen und die neuen Regularien, S. 69.

[12] Vgl. *Destratis*, Arzneimittelfälschungen und die neuen Regularien, S. 69 f.

[13] Vgl. dazu *Destratis*, Arzneimittelfälschungen und die neuen Regularien, S. 70 ff.

[14] Vgl. die Kriterien bei *Völcker*, Fälschungsschutztechnologien für Arzneimittel, Pharmind 76 (2014), S. 64.

Vergleicht man die unterschiedlichen Kategorien der Sicherheitsmerkmale miteinander, so sind bei den *offenen Sicherheitsmerkmalen* der Prüfaufwand in der Fertigungsintegration und die Kosten pro Merkmal zwar relativ hoch, allerdings ist der Prüfaufwand des Merkmals demgegenüber gering und ein Investitionsbedarf in Hardware zur Prüfung nicht nötig.[15] Allerdings wird dieser Vorteil wiederum durch eine tendenziell höhere Nachahmungsfähigkeit des offenen Sicherheitsmerkmals „erkauft". Bei den *verborgenen Sicherheitsmerkmalen* sind stets spezielle Lesegeräte notwendig, die aber auch eine automatische Prüfung möglich machen. Die Kosten pro Sicherheitsmerkmal liegen unter denen der offenen Sicherheitsmerkmale, wobei jedoch der Gestaltungsspielraum geringer ist. Außerdem muss in spezielle Lesehardware investiert werden.[16] Bei den *digitalen Sicherheitsmerkmalen* ist stets ein Standardlesegerät notwendig. Es ist eine vollautomatische Überprüfbarkeit des Sicherheitsmerkmals möglich. Allerdings gilt es hohe Technologiehürden zu überwinden. Vorteilhaft sind demgegenüber die sehr geringen Kosten des Merkmals, wohingegen der individuelle Gestaltungsspielraum sehr beschränkt bleibt. Der Investitionsbedarf in Hardware liegt unter denen bei den verborgenen Sicherheitsmerkmalen.[17]

11.2 Sicherheit bei Tabakerzeugnissen – die EU-Tabakproduktrichtlinie

Hinsichtlich Tabakerzeugnissen gilt die EU-Tabakproduktrichtlinie 2014/40/EU vom 3.4.2014[18] die am 19.5.2014 in Kraft getreten ist. Auf Unionsebene soll ein interoperables System für die Verfolgung und Rückverfolgung sowie die Sicherheitsmerkmale entwickelt werden.[19] Auf Grundlage der Bestimmungen der Art. 15 und 16 der EU-Tabakproduktrichtlinie sollen Packungen von Tabakerzeugnissen mit einem individuellen Erkennungsmerkmal und Sicherheitsmerkmal gekennzeichnet und ihre Verbringungen durch die Verknüpfung von entsprechenden Informationen mit dem individuellen Erkennungsmerkmal elektronisch erfasst werden. In Art. 15 Abs. 1 der EU-Tabakproduktrichtlinie wird der Umfang eines *individuellen* Erkennungsmerkmals festgelegt:

---

[15] Nw. auch *Destratis*, Arzneimittelfälschungen und die neuen Regularien, S. 76.

[16] *Destratis*, Arzneimittelfälschungen und die neuen Regularien, S. 76.

[17] *Destratis*, Arzneimittelfälschungen und die neuen Regularien, S. 76.

[18] Richtlinie 2014/40/EU zur Angleichung der Rechts- und Verwaltungsvorschriften der Mitgliedstaaten über die Herstellung, die Aufmachung und den Verkauf von Tabakerzeugnissen und verwandten Erzeugnissen und zur Aufhebung der Richtlinie 2001/37/EG vgl. ABl. EU L 127, S. 1. vom 29.4.2014.

[19] Richtlinie 2014/40/EU (Fn. 18) Erwägung Nr. 30.

Artikel 15

Rückverfolgbarkeit

(1) Die Mitgliedstaaten sorgen dafür, dass alle Packungen von Tabakerzeugnissen ein individuelles Erkennungsmerkmal haben. Zur Gewährleistung der Unversehrtheit des individuellen Erkennungsmerkmals muss dieses unablösbar aufgedruckt oder befestigt und unverwischbar sein und darf nicht verdeckt oder getrennt werden, auch nicht durch Steuerzeichen und Preisschilder oder durch das Öffnen der Packung. Im Fall von Tabakerzeugnissen, die außerhalb der Union hergestellt werden, gelten die Verpflichtungen gemäß diesem Artikel nur für die Erzeugnisse, die für den Unionsmarkt bestimmt sind oder dort in den Verkehr gebracht werden.

In Art. 15 Abs. 2 der EU-Tabakproduktrichtlinie wird der Zweck des individuellen Erkennungsmerkmals festgelegt:

(2) Das individuelle Erkennungsmerkmal ermöglicht die Feststellung

a) des Herstellungstags und -orts;

b) der Herstellungsstätte;

c) der Maschine, die zur Herstellung der Tabakerzeugnisse verwendet wurde;

d) der Arbeitsschicht oder der Uhrzeit der Herstellung;

e) der Produktbeschreibung;

f) des geplanten Absatzmarktes;

g) des geplanten Versandweges;

h) gegebenenfalls desjenigen, der das Erzeugnis in die Union einführt;

i) des tatsächlichen Versandweges von der Herstellung bis zur ersten Verkaufsstelle, einschließlich aller genutzten Lager sowie des Versanddatums, der Versandadresse, des Versandorts und des Empfängers;

j) der Identität aller Käufer von der Herstellung bis zur ersten Verkaufsstelle und

k) der Rechnungs- und Bestellnummer sowie der Zahlungsbelege aller Käufer von der Herstellung bis zur ersten Verkaufsstelle.

Die EU-Tabakproduktrichtlinie schreibt in Art. 16 außerdem vor, dass alle Packungen von Tabakerzeugnissen, die in Verkehr gebracht werden, ein *fälschungssicheres Sicherheitsmerkmal*, bestehend aus sichtbaren und unsichtbaren Elementen, aufweisen müssen. Das Sicherheitsmerkmal muss unablösbar aufgedruckt oder befestigt und unverwischbar sein und darf nicht verdeckt oder getrennt werden, auch nicht durch Steuerzeichen und Preisschilder oder andere gesetzlich vorgeschriebene Elemente.

Die EU-Kommission verfolgt mit der EU-Tabakproduktrichtlinie das Ziel, diese so gekennzeichneten Produkte besser im Hinblick auf ihre Übereinstimmung mit der Richtlinie überwachen und die Rückverfolgbarkeit dieser Produkte durch die Kette Einzelhandel – Großhandel – Logistik – Hersteller sicherstellen zu können.

Deutschland hat mit dem Gesetz zur Umsetzung der Richtlinie über Tabakerzeugnisse und verwandte Erzeugnisse vom 4.4.2016 die europäischen Verpflichtungen umgesetzt.[20] Der Inhalt, die Art und Weise, der Umfang und das Verfahren der

---

[20] Vgl. BGBl. I Nr. 15 v. 8.4.2016, S. 569.

Kennzeichnung mit einem individuellen Erkennungsmerkmal und einem fälschungssicheren Sicherheitsmerkmal bedürfen allerdings noch besonderer Regelungen
(vgl. § 7 Abs. 2 des Gesetzes zur Umsetzung der Richtlinie über Tabakerzeugnisse
und verwandte Erzeugnisse).[21] Eine solche Regelung wurde mit der Verordnung zur
Umsetzung der Richtlinie über Tabakerzeugnisse und verwandte Erzeugnisse vom
27.4.2016 erlassen.[22] Hinsichtlich des individuellen Erkennungsmerkmals gilt § 19
der Verordnung:

> § 19
> Individuelles Erkennungsmerkmal
>
> (1) Die Hersteller und Importeure von Tabakerzeugnissen sind nach Maßgabe des Absat-
> zes 2 vor dem Inverkehrbringen zur Anbringung des individuellen Erkennungsmerk-
> mals nach § 7 Absatz 1 Nummer 1 des Tabakerzeugnisgesetzes verpflichtet.
> (2) Das individuelle Erkennungsmerkmal darf weder verwischbar noch ablösbar sein
> und darf weder verdeckt noch getrennt werden. Es enthält folgende Informationen:
> 1. den Tag und Ort der Herstellung,
> 2. die Herstellungsstätte,
> 3. Angaben zur Identifizierung der Maschine, die zur Herstellung verwendet wurde,
> 4. die Arbeitsschicht oder den Zeitpunkt der Herstellung,
> 5. eine Produktbeschreibung,
> 6. den vorgesehenen Absatzmarkt,
> 7. den vorgesehenen Versandweg und
> 8. den Namen, die Anschrift und die elektronischen Kontaktdaten des Importeurs.

Zur Gewährleistung der *Rückverfolgbarkeit* werden in § 20 der Verordnung
bestimmte Vorgaben formuliert:

> § 20
> Rückverfolgbarkeit
>
> (1) Die Wirtschaftsakteure mit Ausnahme der Händler, die Tabakerzeugnisse unmit-
> telbar an den Verbraucher abgeben, stellen sicher, dass die folgenden Informatio-
> nen bereitgestellt werden und mit dem individuellen Erkennungsmerkmal nach § 7
> Absatz 1 Nummer 1 des Tabakerzeugnisgesetzes elektronisch verknüpft werden:
> 1. der tatsächliche Versandweg einschließlich aller genutzten Lager sowie des Versandorts
> und -datums sowie die Namen und Anschriften aller Abnehmer in der Vertriebskette und
> 2. die Rechnungs- und Bestellnummer sowie die Zahlungsbelege aller Käufer in der
> Vertriebskette.

---

[21] Vgl. o. Fn. 20.
Rückverfolgbarkeit; Erkennungs- und Sicherheitsmerkmal
(2) Das Bundesministerium für Ernährung und Landwirtschaft wird ermächtigt, im Einvernehmen
mit dem Bundesministerium der Finanzen durch Rechtsverordnung mit Zustimmung des Bundes-
rates zur Durchführung von Rechtsakten der Europäischen Union, Inhalt, Art und Weise, Umfang
und das Verfahren der Kennzeichnung mit einem individuellen Erkennungsmerkmal und einem
fälschungssicheren Sicherheitsmerkmal zu regeln.
[22] BGBl. I Nr. 20 v. 2.5.2016, S. 980.

(2) Um die Informationen nach Absatz 1 zu gewinnen, erfassen die dort genannten Wirtschaftsakteure den Warenein- und -ausgang aller Packungen einschließlich aller zwischenzeitlichen Verbringungen. Der Warenein- und -ausgang kann auch durch Kennzeichnung aggregierter Verpackungen erfasst werden, sofern die Rückverfolgung aller Packungen gewährleistet ist.

(3) Hersteller von Tabakerzeugnissen sind verpflichtet, den nach Absatz 1 Verpflichteten die Ausrüstung bereitzustellen, die notwendig ist, um die Informationen nach Absatz 1 zu erfassen. Die Ausrüstung muss dazu geeignet sein, die erfassten Informationen elektronisch zu lesen und an einen Datenspeicher nach § 21 zu übermitteln.

(4) Alle Wirtschaftsakteure haben die in Absatz 1 genannten Informationen schriftlich aufzuzeichnen und der zuständigen Behörde und den Zollbehörden auf Verlangen vorzulegen. Für Händler, die Tabakerzeugnisse unmittelbar an den Verbraucher abgeben, gilt dies nicht für den Warenausgang unmittelbar an den Verbraucher. Die Aufzeichnungen dürfen weder geändert noch gelöscht werden.

§ 21 der Verordnung regelt u. a. die Verpflichtung der Hersteller und Importeure von Tabakerzeugnissen, einen von der Kommission zugelassenen unabhängigen Dritten mit der elektronischen Verarbeitung aller Informationen, die über das individuelle Erkennungsmerkmal erfasst werden (Daten), durch einen von der Kommission genehmigten schriftlichen Vertrag zu beauftragen.

Hinsichtlich des fälschungssicheren Sicherheitsmerkmals gilt § 23 der Verordnung:

(1) Das Sicherheitsmerkmal nach § 7 Absatz 1 Nummer 2 des Tabakerzeugnisgesetzes darf weder verwischbar noch ablösbar sein und darf weder verdeckt noch getrennt werden.

(2) Als Sicherheitsmerkmal ist das Steuerzeichen nach § 4 Nummer 12 des Tabaksteuergesetzes vom 15. Juli 2009 (BGBl. I S. 1870), das zuletzt durch Artikel 6 des Gesetzes vom 4. April 2016 (BGBl. I S. 569) geändert worden ist, zu verwenden.

Vergleicht man die Sicherheitsmerkmale, die in der o. g. Fälschungsrichtlinie für Arzneimittel genannt werden, mit denen, die nach der EU-Tabakproduktrichtlinie verwendet werden sollen, so ist festzustellen, dass für beide Produkte (Arzneimittel und Tabak) eine individuelle Erkennbarkeit gewährleistet werden muss. Beides dient der Rückverfolgung der Produkte und damit der Sicherung der Lieferkette. Außerdem ist bei beiden Produkten ein weiteres Sicherheitsmerkmal vorgeschrieben. Auch dieses dient dem Schutz vor Manipulationen und Fälschungen. Bei Arzneimitteln soll das über die Umverpackung (offenes Sicherheitsmerkmal) und bei Tabakprodukten über das Steuerzeichen sichergestellt werden.

Der europäische Gesetzgeber ist sich der Problematik besonders fälschungsanfälliger Produkte und damit besonders lukrativer illegaler Märkte also durchaus bewusst. Deshalb hat er Regelungen zur Sicherung der Lieferkette und der Originalität der Produkte erlassen, die den Mitgliedstaaten jedoch einen gewissen Gestaltungsspielraum bei der Umsetzung der Vorgaben einräumen. Der Vergleich zwischen den Erkennungs- und Sicherheitsmerkmalen bei Arzneimitteln und Tabakprodukten zeigt, dass es keinen einheitlichen Sicherheitsstandard gibt, vielmehr produktabhängig bestimmte Erkennungs- und Sicherheitsmerkmale

Anwendung finden können. Allerdings wird auch deutlich, dass sich prinzipiell technische Systeme zur Sicherung der Lieferkette (insb. Track-&-Trace-Systeme) auf der Grundlage individueller Erkennungsmerkmale und deren Serialisierung durchsetzen. Der Vorteil dieser Methode ist es, dass jedes Produkt mit einem eindeutigen Code gekennzeichnet werden kann. Über diesen kann das Produkt gegebenenfalls weltweit verfolgt werden. Der Code in Verbindung mit dem Produkt lässt dieses einzigartig und damit in Zusammenhang mit Datenbanksystemen auch hinsichtlich Herkunft, Vertriebsweg Zusammensetzung etc. gläsern werden. Die komplette Lieferkette vom Zulieferer über den Hersteller bis hin zum Kunden kann überwacht und nachvollziehbar gemacht werden. Die Nummer bleibt mit dem bestimmten Produkt verknüpft, solange sie existiert. Letztendlich handelt es sich um eine Kombination von eindeutiger Objektidentifikation mit einer transparenten und jederzeit abrufbaren Objekthistorie. Auf einem globalisierten Markt sind jedoch international harmonisierte Standards der Identifikation und Datenerfassung notwendig, da andernfalls die Möglichkeiten der Rückverfolgbarkeit des Produkts an den unterschiedlichen nationalen technischen Gegebenheiten scheitern würden. Die zu entwickelnden Standards bedürfen einer ständigen Anpassung an neue technische Innovationen und Möglichkeiten. Daraus folgt, dass Serialisierungssysteme erst dann Chancen für die Sicherung der Lieferkette und Schutz vor Fälschungen bieten und damit die Risiken auf illegalen Märkten für kriminelle Aktivitäten steigern, wenn

- sie bei den Geschäftspartnern akzeptiert und anerkannt sind,
- die Eindeutigkeit der Identifizierung des Produkts und
- die Kompatibilität der Datensätze sowie
- die Automatisierung der Datenerhebung

gewährleistet ist.[23]

11.3 Zwischenfazit

Zusammenfassend lässt sich festhalten, dass die Vor- und Nachteile der jeweiligen Sicherheitsmerkmale auf das konkrete gefälschte Produkt abgestimmt werden müssen. Allerdings bieten die o. g. Kriterien eine sehr gute Referenzbasis, um auch für andere Produkte ähnliche Sicherheitsmerkmale zu überdenken. Jedenfalls schafft jedes einzelne Sicherheitsmerkmal allein oder in Kombination mit anderen Merkmalen mehr Sicherheit der Originalprodukte, der Lieferkette und letztendlich auch Zuwachs an Sicherheit für den Verbraucher sowie einen erhöhten Aufwand für die Fälscher.[24]

---

[23] Vgl. a. *Kirschner*, Produktfälschung – ein unlösbares Problem?, http://vernetztesicherheit.de/ 2016/10/11/produktfaelschung-ein-unloesbares-problem/ (zuletzt 1.11.2016).

[24] Zum Zusammenhang zwischen dem illegalen Markt und den Kosten vgl. 7.5.

Internationale Lösungen, die auf einheitlichen Standards beruhen, führen zu einer größeren Verbreitung der Sicherheitsmerkmale und Systeme, zu einer erhöhten Akzeptanz sowie Kompatibilität und nicht zuletzt zu einer Kosteneffizienz. Allerdings gilt es bei den *verpflichtend* eingeführten technischen Systemen zur Sicherung der Lieferkette (insb. Track & Trace) auch besondere Herausforderungen zu überwinden, die nicht zuletzt in der Wahl des Betreibers liegen. Zwar ist unter Berücksichtigung der Kostenwirksamkeit und eines Impact Assessments einem Stakeholder-Modell bei hinreichender Kontrolle durch nationale zuständige Behörden auch aus der Sicht der Europäischen Kommission jedenfalls im Bereich Arzneimittelsicherheit der Vorzug einzuräumen.[25] Effizienz, Flexibilität, Kostenwirksamkeit sowie die Innovationsmöglichkeiten sind bei einem Stakeholder-Modell deutlicher ausgeprägt als bei einer in der Regel statischeren Lösung im Rahmen eines reinen Behördenmodells. Aber soweit die Systeme von den Stakeholdern erstellt, betrieben und unterhalten werden, ergeben sich Fragen nach der Datenübermittlung an die Strafverfolgungsorgane, die es zu lösen gilt. Track & Trace dient natürlich der Sicherung der Lieferkette und dem Verbraucherschutz, aber es muss auch sichergestellt werden, dass Fälschungsfälle oder illegaler Handel den Strafverfolgungsbehörden bekannt werden und dementsprechende Ermittlungen eingeleitet werden. Im System muss also ein Clearingmechanismus vorgesehen werden, in den alle auffälligen Tatsachen einfließen und die dann von den Strafverfolgungsbehörden ausgewertet werden. Dieser Clearingmechanismus ist das Scharnier zwischen dem Stakeholder-Modell und den Strafverfolgungsorganen. Die Unabhängigkeit des Betreibers wird dadurch nicht unverhältnismäßig eingeschränkt, geht es doch allein um eine Informationsdurchleitung. Im Bereich der Umsetzung der Fälschungs- und der Tabakproduktrichtlinie ist dieser Clearingmechanismus bisher noch unterentwickelt, denn für Arzneimittel gilt nur, „nicht abgabefähig verifizierte Packungen werden identifiziert, ausgesondert, von securPharm bewertet und nachfolgend die notwendigen Maßnahmen eingeleitet". Die Rolle der Strafverfolgungsorgane und ihre Beteiligung am Informationsfluss ist bisher noch nicht genau beschrieben

---

[25] Zur Wahl standen drei Modelle:
a) ein (nationales) Stakeholder- Modell mit Überwachung durch (nationale) zuständige Behörden,
b) ein zentrales Behördenmodell auf EU-Ebene,
c) ein nationales Behördenmodell.
Diese Modelle wurden im Rahmen des Stakeholder-Workshops am 6. Dezember 2013 vorgestellt. Am 31. Januar 2014 hat die Kommission den Stakeholdern schriftlich mitgeteilt, dass sie auch unter Berücksichtigung der Kostenwirksamkeit in den delegierten Rechtsakten und damit für die Mitgliedstaaten verbindlich ein Stakeholder-Modell festschreiben werde: „The repository containing the unique identifiers will be set up and managed by stakeholders. National competent authorities will be able to access and supervise the database." Vgl. http://www.securpharm.de/fileadmin/pdf/systembeschreibung/Systembeschreibung.pdf (zuletzt 24.11.2016).

worden. Hinsichtlich Tabakerzeugnissen sind die „Informationen schriftlich auf-zuzeichnen und der zuständigen Behörde und den Zollbehörden auf Verlangen vorzulegen". Hier wird eine Zusammenarbeit zwischen den Wirtschaftsakteuren und den zuständigen Behörden zwar benannt, aber eine unmittelbare Verdachts-meldung ist nicht vorgesehen. Für zukünftig einzurichtende technische Systeme zur Sicherung der Lieferkette (insb. Track-&-Trace-Systeme) muss dies aber an Bedeutung gewinnen, da andernfalls zwar das illegale Produkt aus dem Verkehr gezogen wird, mangels Durchleitung der diesbezüglichen Information aber die dahinterstehenden Personen oder Gruppierungen nicht zur Verantwortung gezogen werden.

11.4 Der risikobasierte Ansatz zur Verhinderung von Produktfälschungen

11.4.1 Qualitätsrisikomanagement

Qualitätsrisikomanagementsysteme dienen Unternehmen in erster Linie dazu, durch die Sicherstellung der Qualität der Produkte und der Eliminierung oder Verringe-rung von Risiken bei der Fertigung erfolgreich am Markt zu agieren. Die Idee eines Qualitätsrisikomanagements lässt sich grundsätzlich aber auch auf die Verringerung oder Eliminierung von Risiken in einem Unternehmen anwenden, dessen Produkte auf illegalen Märkten gehandelt werden (bspw. gestohlene Autoteile aus der legalen Lieferkette, Tabakprodukte, Nahrungs- und Genussmittel). Es dient dann dazu, die Schwachstellen in einem Unternehmen zu erkennen, die dazu beitragen, dass ille-galer Handel mit den Produkten floriert. Die Schwachstellen können im IT-Bereich liegen (Industriespionage), beim Produkt (fälschungsanfällig), beim Vertrieb und der Logistik (Unzuverlässigkeit), beim Personal oder in der Überwachung der Fer-tigung oder des Produktionsstandorts (Diebstähle). Die Schwachstellen und dem-entsprechend die Risiken können vielfältig sein und bedürfen einer eingehenden Analyse des Unternehmens. Im Bereich der Pharmaindustrie wurde mit der ICH Q9 ein Leitfaden über ein effizientes Qualitätsrisikomanagement erstellt, der in den Anhang 20 des EG-Leitfadens zur guten Herstellungspraxis übernommen wurde (Abb. 11.1).[26] Die Abläufe, die in diesem Leitfaden vorgestellt werden, können sinn-gemäß auch auf ein Qualitätsrisikomanagement zur Verhinderung/Eindämmung des illegalen Handels angewendet werden.

---

[26] Anlage 3 zur Bekanntmachung des Bundesministeriums für Gesundheit zu § 2 Nr. 3 der Arznei-mittel- und Wirkstoffherstellungsverordnung – AMWHV – v. 18.7.2008 (BAnz. S. 2798), Anhang 20 zum EG-Leitfaden der guten Herstellungspraxis.

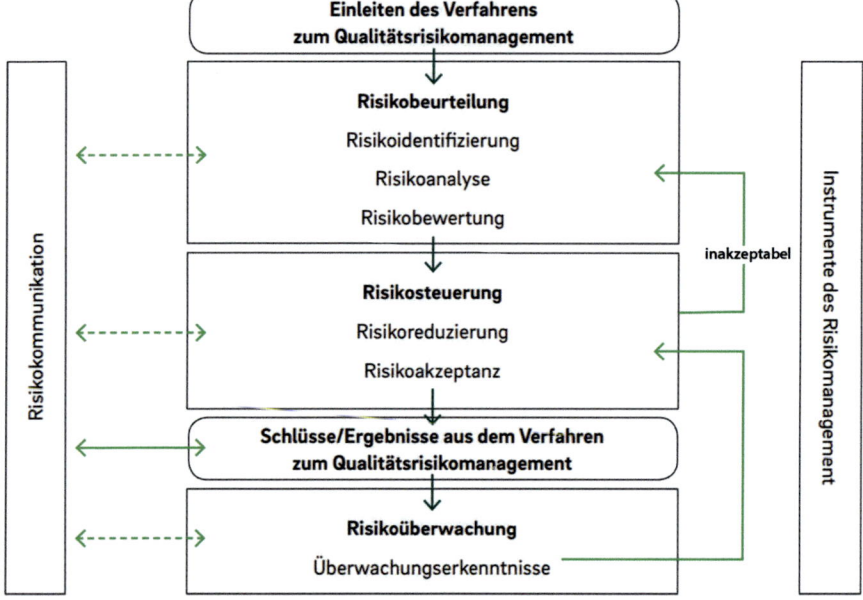

Abb. 11.1 Typisches Verfahren eines Qualitätsrisikomanagements[27]

11.4.2 Durchführung des Risikomanagementverfahrens

Entscheidend für ein Risikomanagementverfahren ist zunächst die Analyse der Unternehmensstruktur. Verantwortlichkeiten werden in einem Unternehmen in verschiedenen Abteilungen wahrgenommen. Diese Verantwortungsbereiche können auch mit der Produktsicherheit zusammenhängen und nicht in einer Abteilung konzentriert sein. So kann die Frage der Sicherheit in einem Konzern in den Abteilungen Konzernschutz, Werksicherheit, Produktsicherheit, Markenschutz, Recht und IT-Sicherheit jeweils mit speziellen Aufgabenbereichen wahrgenommen werden. Entscheidend ist also, um welche Art von Sicherheit es gehen soll. Geht es um den Bereich Produktsicherheit, so sind dann die unterschiedlichen Verantwortungsbereiche in einem Team zusammenzuführen. In diesen Teams werden dann die Repräsentanten verschiedener Abteilungen die mit der Risikoidentifizierung zusammenhängenden Fragestellungen erörtern. Ziel dieser Teams ist es, die zu behandelnden Probleme und Risiken und alle Informationen und Daten zu potenziellen Risiken zusammenzutragen.[28] Im Bereich der *Risikobeurteilung* werden potenzielle Risiken

---

[27] Vgl. o. Fn. 26.

[28] Vgl. *Destratis*, Arzneimittelfälschungen und die neuen Regularien, S. 79.

benannt, analysiert und bewertet. Bei der *Risikosteuerung* geht es um die Risiko-reduzierung oder auch die Risikoakzeptanz. Insbesondere spielt hier eine Aufwand-Nutzen-Analyse eine große Rolle.[29] Die aus der Risikobeurteilung und Risiko-steuerung gewonnenen Erkenntnisse fließen dann in die Maßnahmen ein, die zur Risikoeliminierung oder

-verringerung führen sollen. Am Ende des Prozesses steht die *Risikoüberwachung*, bei der es um ein Monitoring der gewonnenen Überwachungserkenntnisse geht.

Am Anfang eines jeden Risikomanagementsystems steht zunächst eine Zielana-lyse. Gefragt wird also danach, welches Ziel mit der Eliminierung oder Verringe-rung von Risiken verbunden ist. Die Ziele können vielfältiger Natur sein. So kann es um Produktsicherheit auf der einen Seite oder um den Schutz des Verbrauchers auf der anderen Seite gehen. Es kann um Vermögensinteressen des Unternehmens und/oder um das Reputationsinteresse des Unternehmens gehen. Je nachdem wie die Zielanalyse ausfällt, schließen sich daran die Risikobeurteilung, Risikosteuerung, das Maßnahmenpaket und die Risikoüberwachung an.

11.5 Zusammenfassung

Bestimmte Produkte lassen sich als besonders geeignet für illegale Märkte identi-fizieren (bspw. Drogen, Tabak, Arzneimittel, Ersatzteile, Kleidung). Das ergibt sich aus den Einflussfaktoren, die auf illegalen Märkten wirken (vgl. Kap. 7). Für der-artige Güter sollten zum Schutz des Verbrauchers, der Wirtschaft und der Gesell-schaft Mechanismen zur Sicherung der Lieferkette eingeführt werden. Prinzipiell sind Track-&-Trace-Systeme auf der Grundlage individueller Erkennungsmerk-male und deren Serialisierung geeignete technische Vorkehrungen zum Schutz der Lieferkette. Durchsetzen muss sich auch ein unternehmensinterner risikobasierter oder gefahrenorientierter Ansatz zur Verhinderung des illegalen Handels insbeson-dere von Produktfälschungen. Dahinter verbirgt sich die Idee, Schwachstellen in einem Unternehmen zu erkennen, die dazu beitragen, dass illegaler Handel mit den Produkten floriert.

---

[29] Vgl. *Destratis*, Arzneimittelfälschungen und die neuen Regularien, S. 79.

Kapitel 12
Ergebnisse

12.1 Was ist illegaler Handel?

Die Erfassung des illegalen Handels ist eine große Herausforderung. Denn mit ille-
galem Handel wird zunächst einmal nur ein nicht gewolltes Phänomen beschrieben.
Um dieses Phänomen (straf-)rechtlich zu erfassen, ist es erforderlich, die einzelnen
Erscheinungsformen des illegalen Handels zunächst zu verstehen und die illegalen
Märkte zu erhellen. Dazu gehört zum einen, die Betätigungsfelder zu benennen.
Diese sind vielfältig und reichen von den klassischen illegalen Märkten, also insbesondere dem illegalen Drogen-, Waffen- und Kraftfahrzeughandel, bis hin zu neuen
lukrativen Geschäftsbereichen, wie dem illegalen Handel mit Pflanzenschutzmitteln oder Arzneimitteln sowie der Marken- und Produktpiraterie. Zum anderen sind
aber auch die Handelsplätze ausfindig zu machen, die sich produktspezifisch vom
Offline- in den Onlinemarkt verschoben haben können. Dementsprechend werden
auch unterschiedliche Interventionsmöglichkeiten strategischer und rechtlicher
Art benötigt. Es ist nicht zu übersehen, dass sich organisierte Kriminalität mehr
und mehr in neue Betätigungsfelder ausbreitet. So hat Europol bereits im Januar
2012 darauf hingewiesen, dass der Handel mit illegalen und gefälschten Pflanzenschutzmitteln zu einem der am schnellsten wachsenden Bereiche der organisierten
Kriminalität in der Europäischen Union geworden ist.[1] Die Gründe dafür sind ein
niedriges Entdeckungsrisiko, ein hoher Profit und ein geringes Sanktionsniveau.

Das Recht muss, wenn es mit der Sanktion „Strafe" auf Verhaltensweisen (personales Modell illegaler Märkte s. Abschn. 3.2), die im Zusammenhang mit dem
illegalen Handel stehen, reagieren will, die notwendigen Instrumentarien dafür

---

[1] Vgl. Europol Pressemitteilung v. 13.1.2012: https://www.europol.europa.eu/newsroom/
news/europol-warns-of-growing-trade-in-counterfeit-pesticides-worth-billions-of-euros-
yea; vgl. auch http://www.n-tv.de/politik/Europol-warnt-vor-Pestizidhandel-article5210881.
html (zuletzt 8.11.2016).

© Springer-Verlag GmbH Deutschland 2018
A. Sinn, *Wirtschaftsmacht Organisierte Kriminalität*,
DOI 10.1007/978-3-662-55269-8_12

bereithalten. Zu diesen Instrumentarien gehören im Bereich des Strafrechts Straftatbestände, im Bereich des Prozessrechts Ermittlungsbefugnisse, und für grenzüberschreitende Fälle werden ein effektives Rechtshilferecht und die Möglichkeit der Amtshilfe benötigt. Da das Strafrecht aber immer nur letztes Mittel – also Ultima Ratio – in einem Rechtsstaat sein kann, um bestimmte ungewollte Verhaltensweisen zu sanktionieren, dürfen auch die anderen Rechtsbereiche nicht unberücksichtigt bleiben. Handelsbeschränkungen müssen zunächst einmal zivil- oder verwaltungsrechtlich definiert werden. Verstöße dagegen können mit Bußgeldern geahndet werden oder als letztes Mittel auch strafrechtliche Folgen haben. Dabei sind selbstverständlich die speziellen Eigenheiten jedes besonderen Typs des illegalen Handels mit seinen sozial- und umweltschädlichen Folgen zu berücksichtigen. Zu erforschen ist also, an welcher Stelle der Umgang mit einem Wirtschaftsgut zur Gefahr für die Zivilbevölkerung und gegebenenfalls der Umwelt wird. Dieser Gefahrenpunkt muss auf die Handlung einer Person zurückgeführt werden können. Das Recht hat dann die Aufgabe, diese Handlung aufgrund ihrer Gefährlichkeit mit den juristischen Möglichkeiten als illegal zu beschreiben. So ist bspw. das Umverpacken beim Handel mit Pflanzenschutzmitteln ein besonders sensibler Bereich, weil hier die Gefahr besteht, dass dabei illegale Güter unter der Bezeichnung eines legalen Wirtschaftsgutes in den Markt gelangen und Mensch und Umwelt schädigen können. Ebenso ist der illegale Arzneimittelhandel insbesondere über das Medium Internet gefährlich, weil selbst bei scheinbar harmlosen, weil wirkungslosen gefälschten Medikamenten gerade das Fehlen einer Wirksubstanz lebensgefährlich sein kann. Hinzu kommt, dass die Möglichkeiten der Anonymität und der Distanz zwischen den Tätern und den Opfern bei einem Versand via Internet tatbegünstigend wirken. Die Gefährlichkeit der verschiedenen Handlungen im Zusammenhang mit gefährlichen Gütern zu beschreiben, ist Aufgabe des (Straf-)Rechts.

12.2   Welches Bedrohungspotenzial birgt illegaler Handel?

Die Bedrohungen durch illegalen Handel sind vielfältig. Sie betreffen individuelle und kollektive Interessen. Erstere werden konkret gefährdet, wenn die Konsumenten über die Herkunft oder die Marke eines Produkts betrügerisch getäuscht werden. In diesen Fällen sind die Vermögensinteressen betroffen. Gehen von einem Produkt bestimmte Gefahren aus, so wie dies bei gefälschten Lebens- und Genussmitteln, Kosmetika, Arzneimitteln, minderwertigen Maschinenteilen oder auch Kleidung nicht selten der Fall ist, so handelt es sich um Gesundheitsgefahren und in bestimmten Fällen auch um Gefahren für das Leben. Die Unternehmen erleiden Reputationsverluste und verlieren Vertrauen. Hinzu kommen Verletzungen des geistigen Eigentums sowie Umsatzeinbußen. Der illegale Handel betrifft auch kollektive Interessen. Mit dem illegalen Handel entwickelt sich eine Schattenwirtschaft, die aufgrund neuer Vertriebsmethoden (Onlinehandel) von der legalen wirtschaftlichen Betätigung vom Verbraucher kaum zu unterscheiden ist. Zahlreiche illegale Online-Handelsplätze suggerieren ein seriöses Angebot, und die Illegalität der Angebote ist schwer zu durchschauen und wird verschleiert. Damit wird Kaufkraft aus der legalen Wirschaft abgezogen, was zu volkswirtschaftlichen Schäden führt. Innovation und Einnahmen nehmen ab. Das Steueraufkommen sowie die Beschäftigungsquoten sinken, Arbeitsplätze gehen verloren. Durch Geldwäsche werden illegale Gewinne in den legalen Finanzkreislauf zurückgeführt. Die Folge ist, dass die organisierte Kriminalität zur Wirtschaftsmacht avanciert. All das betrifft und verletzt gesamtgesellschaftliche Interessen.

12.3 Was ist zu tun?

12.3.1 Empirisch/Rechtlich

Jeder rechtlichen Regelung muss eine umfassende Datenbasis zu den einzelnen Typen des illegalen Handels zugrunde gelegt werden. Dazu gehört, die aktuelle Rechtswirklichkeit im Hinblick auf zentrale Täter- und Tatstrukturen in den verschiedenen Tätigkeitsbereichen des illegalen Handels zu erfassen. Mit der Datenerhebung muss eine Prognose verbunden werden, um auf potenzielle Zukunftsmärkte angemessen vorbereitet zu sein und reagieren zu können. So werden bspw. der demografische Wandel oder knappe Ressourcen (Wasser, Öl, Gas, seltene Erden) dazu führen, dass neue illegale Märkte entstehen, die es zu antizipieren gilt.

Der illegale Handel hat viele Gesichter. Hierin liegt auch eine erste Herausforderung für das Recht. Es muss gelingen, diese Gesichter zu beschreiben, die Gefährdungspunkte zu erkennen und zu analysieren und schließlich Lösungsmechanismen anzubieten. Diese Lösungsmechanismen können von Gewerbeuntersagungen auf verwaltungsrechtlicher Ebene bis hin zur Sanktionierung auch strafrechtlicher Art reichen. Die rechtliche Lösung der Probleme kann dabei nur durch einen ganzheitlichen Ansatz gelingen. Das bedeutet, alle Akteure (Wissenschaft, Praxis, Wirtschaft) bei der Verhinderung der durch den illegalen Handel bewirkten Gefahren in die Problemlösung einzubeziehen. Insbesondere bei den neuen Erscheinungsformen des illegalen Handels wie bspw. bei der Arzneikriminalität ist es der Rechtswissenschaft noch nicht gelungen, das Gefahrenpotenzial des Missbrauchs aufgrund der Öffnung des Arzneimittelversandhandels umfassend darzustellen, die sich daraus ergebenden Herausforderungen für die Strafverfolgungsbehörden hinreichend zu analysieren und wirksame Strafverfolgungsstrategien zur Bekämpfung der internetgestützten Arzneimittelkriminalität aufzuzeigen.

Ein Grund für die Schwierigkeiten der rechtlichen Bewältigung des illegalen Handels ist die teilweise fehlende Harmonisierung der Rechtsvorschriften. Das wirkt sich spätestens bei der Bearbeitung der Fälle illegalen Handels aus, die grenzüberschreitenden Charakter haben. Denn Rechtshilfe wird, soweit keine bilateralen oder multilateralen Vereinbarungen zwischen den Staaten gelten, nur dann geleistet, wenn dem Prinzip der beiderseitigen Strafbarkeit entsprechend das Verhalten in dem ersuchenden und in dem ersuchten Staat strafbar ist. Die Schwierigkeiten beginnen dabei schon am Anfang der Ermittlung, da die Ermittlungsbehörden das einschlägige Recht anderer Staaten nicht kennen. Hinzu kommt, dass die einschlägigen Regelungen in manchen Staaten in zahlreichen Nebengesetzen verstreut sind und Übersetzungen ins Englische nicht existieren oder kaum aufzufinden sind. Der Rechtsanwender muss sich also mit einer starken Fragmentierung der Vorschriften sowie den Schwierigkeiten beim Zugang zu den einschlägigen Rechtstexten auseinandersetzen. Außerdem hat sich der Gesetzgeber aufgrund des EU-Einflusses durch marktregulierende Verordnungen zu einer in manchen Bereichen hoch komplexen Regelungstechnik entschlossen (Verweisungstechnik in einem Straftatbestand oder Bußgeldtatbestand), die es zu hinterfragen gilt, gefährdet sie doch die Normenklarheit und damit die abschreckende Wirkung einer Norm. Nicht zuletzt bestehen zwischen den Rechtsordnungen der Staaten ganz wesentliche Unterschiede bei der Strafverfolgung, die auf die Geltung des Legalitäts- und/oder Opportunitätsprinzips zurückzuführen sind. All diese Schwierigkeiten wirken sich schließlich auf die praktische Strafverfolgungstätigkeit aus und beeinträchtigen diese.

Verschärfend kommt hinzu, dass bisherige Harmonisierungsmaßnahmen innerhalb der EU ebenfalls fragmentarischen Charakter haben und grundlegende Bereiche wie subjektive Tatbestandsvoraussetzungen, die Versuchs- und Teilnehmerstrafbarkeit sowie das Sanktionensystem nicht umfassen. Trotz erheblicher Erweiterungen der Rechtssetzungsmöglichkeiten auf EU-Ebene durch das Europäische Parlament und den Rat auf der Grundlage des Vertrages von Lissabon, wodurch nun neben der organisierten Kriminalität auch die Computerkriminalität erfasst werden kann (vgl. Art. 83 AEUV), ist aufgrund der Beschränkung der Harmonisierungskompetenzen auf Mindestvorschriften auch in Zukunft nicht mit einem einheitlichen Strafrecht in den EU-Mitgliedstaaten zu rechnen, sodass der Bedarf nach einer umfassenden Erhebung der einschlägigen straf- und strafprozessrechtlichen Normen in den nationalen Rechtsordnungen nichts an seiner Aktualität verlieren wird. Dennoch sollten aber die bestehenden Harmonisierungskompetenzen genutzt werden, um eine Verbesserung der Rechtslage jedenfalls in der EU zu bewirken.

12.3.2 Politisch

Die Politik hat die Aufgabe, auf die Entwicklungen des illegalen Handels zu reagieren. Aus dem geschilderten Bedrohungspotenzial, das von illegalen Märkten ausgeht, folgen Schutzpflichten für den Staat, die im parlamentarischen Diskurs erfüllt werden müssen. Die zu erfüllenden Schutzpflichten betreffen die oben genannten Interessen. Die Instrumente zur Erfüllung der Schutzpflichten liegen im rechtlichen Bereich sowie in der Prävention. Die Anziehungskraft des illegalen Handels beruht darauf, dass durch ihn hohe Profite erwirtschaftet werden können und das Entdeckungsrisiko gering ist. An diesen beiden Stellen gilt es anzusetzen. Das bedeutet, dass der Handel unattraktiv gemacht werden muss. Es muss verhindert werden, dass sich die Geschäfte lohnen und dass die Gewinne reinvestiert werden. Der Profit muss also abgeschöpft werden. Rechtliche Instrumentarien dafür sind zwar vorhanden, und auch die EU hat Regelungen dazu verabschiedet. Allerdings erweisen sich diese als noch zu ineffektiv, und inwieweit sie die organisierte Kriminalität treffen und schwächen, ist bisher nicht belegt. Es gilt dementsprechend den Anpassungsbedarf zu erheben.

Die EU sollte die Harmonisierungsmöglichkeiten nutzen. Der illegale Handel hört allerdings nicht an den EU-Grenzen auf, im Gegenteil: Der illegale Handel wird vielfach außerhalb der Grenzen der EU begünstigt, weil die dortigen Rahmenbedingungen einen guten Nährboden bieten, weil kriminelle Strukturen sich dort bereits ausbreiten konnten und weil der Strafverfolgungsdruck dort geringer ist. Es ist deshalb von besonderer Bedeutung, auf internationaler Ebene durch den Abschluss völkerrechtlicher Verträge (Europarat, VN) einen gemeinsamen rechtlichen Rahmen zu etablieren und auch Präventionsmodelle und -strategien zu entwickeln. Die Prävention und die Repression des illegalen Handels müssen deshalb ein Teil der außen- und wirtschaftspolitischen Entwicklungshilfe werden.

Die Strafverfolgungspraxis muss national und international (Europol, Interpol, OLAF) eng bei der Verfolgung der verschiedenen Erscheinungsformen des illegalen Handels zusammenwirken. Das gesammelte Wissen bspw. bei der OECD oder FATF und von Forschungszentren sollte bei der strategischen Arbeit berücksichtigt werden. Den Strafverfolgungs- und Kontrollbehörden müssen die notwendigen Ressourcen zur Verfügung gestellt werden, was auch justizielle Ressourcen einschließen muss.

12.3.3 Zusammenarbeit mit der Wirtschaft

Die Zusammenarbeit mit der privaten Wirtschaft ist essenziell, denn dadurch wird es bereichsspezifisch möglich, effektive Sicherheitstechnologien zu entwickeln. Technische Systeme zur Sicherung der Lieferkette (insb. Track-&-Trace-Systeme) sind geeignete Maßnahmen zur Verbesserung der Produktsicherheit, der Nachvollziehbarkeit und Transparenz der Lieferkette und zum Schutz des Verbrauchers vor Fälschungen. Die Zusammenarbeit der Wirtschaft mit den Strafverfolgungsorganen national und international kann zu einem Wissensgewinn auf Seiten der Strafverfolgungsorgane führen und damit die Professionalisierung der Strafverfolgung fördern. Der Austausch der Unternehmen untereinander schafft darüber hinaus eine Allianz gegen illegale Märkte und fördert standardisierte Sicherheitsmerkmale. Die Unternehmen haben es in der Hand, bestimmte Qualitätskriterien bei der Zusammenarbeit mit Lieferanten und Logistikern einzufordern. Das Prinzip „Know your Customer" sollte zum Leitprinzip bei der Prävention illegaler Märkte werden.

12.4 Handlungsempfehlungen

Illegaler Handel und damit illegale Märkte lassen sich nur mit einem umfassenden Maßnahmenpaket zurückdrängen. Die Maßnahmen sprechen die Politik, die Forschung, die Strafverfolgungsorgane, die Wirtschaft und auch die Konsumenten illegal gehandelter Produkte an.

Auf *politischer Ebene* muss das Bewusstsein gestärkt werden, dass illegaler Handel langfristig enorme Auswirkungen auf Wirtschaft und Gesellschaft hat. Die Schäden mögen weniger präsent und einprägsam sein, wie bspw. bei Terrorismus. Die Folgen des illegalen Handels können aber so nachhaltig sein, dass Innovationskraft, Arbeitsplätze, Reputation der Unternehmen, Produktvertrauen, Wirtschaftsleistung und nicht zuletzt auch Gesundheit und Wohlstand gefährdet sind. Hinzu kommt, dass organisierte Kriminalität die Gewinne aus dem illegalen Handel in die legale Wirtschaft reinvestiert und damit den legalen Wirtschaftskreislauf durch Kriminalität infiltriert. Nicht zuletzt belegen auch die offengelegten Verbindungen zwischen organisierter Kriminalität, dem illegalen Handel und dem Terrorismus bzw. dessen Finanzierung die Dringlichkeit einer politischen Agenda.

Forschung zu illegalen Märkten ist ein ganz wesentlicher Faktor zum Aufbau einer verlässlichen Datenbasis und auf dieser Basis der Entwicklung einer Strategie gegen illegalen Handel. Von den Steuer- und Zollbehörden, internationalen Organisationen, der Industrie und Forschungseinrichtungen werden unterschiedliche Methoden zur Bestimmung des Ausmaßes des illegalen Handels auf nationaler bzw. regionaler Ebene angewendet. Damit werden zwar viele Zahlen zusammengetragen und Schlaglichter auf illegale Märkte geworfen. Idealerweise sollten aber groß angelegte Studien durchgeführt werden. Erst dadurch wird es möglich, die komplexen Mechanismen, die auf illegalen Märkten wirken, zu erforschen. Die wissenschaftliche Durchdringung des Phänomens illegaler Märkte und des illegalen Handels muss systematisch und strukturiert erfolgen. Der Vergleich der Statistiken und Analysen legt die Basis dafür, die ständigen Veränderungen im illegalen Handel wahrzunehmen und geeignete Präventionsstrategien gegen zukünftige Veränderungen zu entwickeln. Ein interdisziplinärer Ansatz kann das Verständnis für die unterschiedlichen Wirkungsmechanismen schulen. Die Daten über die Beschlagnahmen des Zolls lassen sich sicherlich als ein Indikator für die Problematik „illegaler Märkte" heranziehen. Allerdings darf nicht übersehen werden, dass diese Zahlen nur einen geringen Anteil des illegalen Handelsvolumens belegen. Ein Grund dafür ist sicherlich darin zu sehen, dass Güter bei der Einfuhr nur zu einem geringen Teil kontrolliert werden. Außerdem müssen die einschlägigen Straf- und Strafprozessnormen auf den folgenden drei Ebenen beschrieben, verglichen und bewertet werden: 1. nationale Ebene, 2. Ebene der 28 EU-Mitgliedstaaten, 3. internationale Ebene. Daneben müssen alternative Lösungsmodelle auf den Gebieten des öffentlichen Rechts und des Privatrechts zur Prävention aufgestellt und bewertet werden.

Es bedarf einer Stärkung der *Strafverfolgungs- und Kontrollorgane.* An den Grenzübergängen werden nur verhältnismäßig wenige Ladungen gescannt und eingehend übersucht. Containerladungen werden anhand eines Risikoprotokolls (Risikobewertung) kontrolliert, um illegale Waren zu entdecken. Im Bereich des illegalen Zigarettenhandels kann auf der Grundlage der KPMG-Studie „Project Star"[2] und

---

[2] Vgl. http://www.pmi.com/eng/media_center/media_kit/Documents/Project_Star_2012_ Final_Report.pdf (illegaler Zigarettenkonsum in der EU: ca. 65,3 Mrd. Stück).

den von OLAF erhobenen Beschlagnahmezahlen[3] für das Jahr 2011 davon ausgegangen werden, dass innerhalb der Europäischen Union für illegale Zigaretten eine durchschnittliche Beschlagnahmerate von unter 10 % anzunehmen ist. Eine wichtige Rolle beim illegalen Handel spielt auch der Transit der Güter. Bewusst wird von den kriminellen Akteuren nicht immer der direkte Weg zwischen Ursprungsland und dem Land, in dem das Gut auf den Markt kommen soll, gewählt. Vielmehr durchlaufen die Waren häufig bewusst mehrere Logistikpunkte (Häfen, Flughäfen, Zwischenlager etc.), um die Entdeckung der Waren zu erschweren. Deshalb spielen auch Transitstaaten in der Schmuggelkette eine ganz entscheidende Rolle. Die Länge der Logistikkette und die unterschiedlichen Knotenpunkte, an denen die Ware umgeschlagen wird, sind Einfallstore dafür, die Dokumentation der Waren zu ändern und die Wege zu verschleiern. Der weltweite Handel ist derart schnell geworden, dass die Häfen die Dauer der Frachtabfertigung und die Abfertigungszeiten der Schiffe reduzieren, nicht zuletzt um Kosten zu sparen. Das geht einher mit einer Minimierung der Kontrollen. Im Blick müssen also die Logistikknotenpunkte behalten werden. An diesen Knotenpunkten sind stärkere Kontrollen durchzuführen. Da dies dazu führen kann, dass aufgrund des erhöhten Kontrolldrucks die kriminellen Akteure ausweichen, müssen die anderen Logistikknotenpunkte einem Monitoring unterworfen werden.

Selbstverständlich ist die Überwachung der Warenströme auf den Routen grenzüberschreitender Handelswege sehr ressourcenintensiv und erfordert die Zusammenarbeit nationaler und internationaler Strafverfolgungs- und Kontrollbehörden. Diesen sind die benötigten Ressourcen zur Verfügung zu stellen. In gemeinsamen Ermittlungsteams sind Wissen, Erfahrung und Kompetenz zusammenzuführen. Innerhalb der Teams kann nicht nur personelle Intelligenz, sondern auch moderne IT-Technik eingesetzt werden. Strukturelle Hemmnisse, die einen erfolgreichen Austausch von Daten und die gegenseitige Zusammenarbeit behindern, können in einer Prozessanalyse ermittelt, analysiert und beseitigt werden. Im Rahmen des geltenden Datenschutzrechts ist der gegenseitige Austausch der für den illegalen Handel relevanten Daten zwischen den nationalen und internationalen Strafverfolgungsbehörden grenzüberschreitend sicherzustellen. Vergleiche zwischen den Dokumenten aus dem Herkunftsland (bspw. Ausfuhrerklärungen) und Versandmeldungen und Einfuhrerklärungen am endgültigen Bestimmungsort sind ein wirksamer Mechanismus, um illegalem Handel auf die Spur zu kommen und Täter zu ermitteln. Neueste Technologie ist auch für eine effektive Kontrolle der Logistikknotenpunkte einzusetzen.

Die OECD und die WCO haben Bedenken hinsichtlich fehlender angemessener Rechtsvorschriften, Kontrollen und Strafverfolgungsbehörden für Transitwaren geäußert. So führt die OECD in ihrem Bericht aus dem Jahr 2007 aus, dass Transitwaren sehr oft ausdrücklich von den Verboten für gefälschte Waren ausgeschlossen

---

[3] http://ec.europa.eu/smart-regulation/impact/planned_ia/docs/2013_olaf_001_fighting_cigarette_smuggling_en.pdf (4,5 Mrd. Stück beschlagnahmte Zigaretten im Jahr 2011).

sind, was dazu führt, dass diese nicht abgefangen werden können.[4] Freihandels-
zonen führen nicht nur zur Liberalisierung des Handels, vielmehr werden sie auch
von kriminellen Organisationen für die Herstellung und den Schmuggel genutzt. Es
wird vermutet, dass die Freihandelszone als Orte der Herstellung illegaler Waren,
aber auch der Falschdeklarierung missbraucht werden.

Außerdem müssen die Gesetzeslage, die Kooperationsformen sowie der Datenaustausch auf nationaler und internationaler Ebene evaluiert werden. Dabei spielt
die Zusammenarbeit mit den Herkunftsstaaten eine bedeutende Rolle: Den illegalen Handel und illegale Märkte zu bekämpfen bedarf einer Strategie, die an
der Wurzel des Problems ansetzt. Am erfolgversprechendsten ist es, in den *Herkunftsländern* der Produkte Wirkmechanismen zu etablieren, die den illegalen
Handel mit diesen Gütern verhindern oder wenigstens erschweren. Dafür ist es
notwendig,

- bei den dortigen politischen Kräften den Willen zu schärfen, den illegalen
  Handel als eine Priorität innerhalb der Kriminalitätsbekämpfungsstrategien
  anzuerkennen,
- die Zusammenarbeit und Koordinierung verschiedener staatlicher Behörden
  voranzutreiben,
- das dortige Rechtssystem zu evaluieren und fehlende oder mangelnde Gesetze
  festzuschreiben oder zu überarbeiten,
- die Strafverfolgungsbehörden mit den notwendigen Ressourcen auszustatten,
- Strafverfolgungsbehörden/Zollbehörden mit dem notwendigen Expertenwissen
  zu schulen,
- die Daten zum illegalen Handel zu dokumentieren und auszuwerten,
- Korruption und Machtmissbrauch zu verhindern.

Die Einbeziehung der *Wirtschaft* in die Prävention und Repression ist ebenfalls von
entscheidender Bedeutung bei der Erstellung der Datenbasis, der Analyse sowie
dem strategischen Handeln in Bezug auf den illegalen Handel. Viele der für eine
Strafverfolgung oder ein präventives Vorgehen erforderlichen Daten liegen bei den
Wirtschaftsakteuren. Hinzu kommt, dass bei ihnen auch das Potenzial weiterer
Kontrollmaßnahmen nutzbar gemacht werden kann (Know your Customer, Due
Diligence). Die Verantwortung der Wirtschaft bei der Prävention illegaler Märkte
und der Verfolgung illegal agierender Akteure muss sich in Kooperation niederschlagen. Diese Kooperation kann in der Form von Austausch von Expertenwissen
erfolgen, aber auch in Kontrollmechanismen bezüglich der Überwachung der Lieferkette. Regelungen zum Austausch personenbezogener Daten im Zusammenhang
mit dem illegalen Handel können sich am Vorbild bestehender Regularien (bspw.
Geldwäsche) orientieren.

---

[4] Vgl. OECD, The Economic Impact of Counterfeiting and Piracy, 2008, S. 86; krit. a. *Ellis*,
On Tap Europe, Organised Crime and Illicit Trade in Tobacco, Alcohol and Pharmaceuticals,
RUSI Whitehall Report 2-17, 2017, S. 25 ff.

Nicht zuletzt sind auch den *Konsumenten* und *Verbrauchern* die Folgen des illegalen Handels zu veranschaulichen. Es muss erklärt werden, dass die Nachfrage illegaler Güter den illegalen Markt stabilisiert und u. U. sogar wachsen lässt, dass der Konsum die Volkswirtschaft schädigt, kriminelle Organisationen erstarken können und der Konsum bestimmter Produkte auch im Zusammenhang mit der Finanzierung des Terrorismus steht. Es muss – neben den Möglichkeiten von persönlichen Gesundheits- und Vermögensschäden – die Gemeinschädlichkeit der eigenen Teilhabe am illegalen Handel durch den Erwerb dieser Güter in das Bewusstsein rücken. Darüber hinaus kann eine niedrigschwellige Sanktionierung im Rahmen einer Ordnungswidrigkeit durchaus präventiv wirken und die Nachfrage an illegal hergestellten Markenartikeln senken.

Zusammengefasst müssen aus deutscher Sicht in der Zukunft folgende strategische Weichen gestellt werden (Abb. 12.1):

Aufgabe	Maßnahmen
Wissen schaffen	• Erkennen, analysieren und überwachen des Problems „illegaler Handel" in seinem Ausmaß und seinen Erscheinungsformen. • Bewertung der zentralen Einflussfaktoren auf den „illegalen Handel", einschließlich Kontrollmechanismen bei der Herstellung gefährlicher Güter, der Ein- und Ausfuhr sowie Kontrolle der Freihandelszonen und Transitoperationen.
Priorisieren	• Aufnahme des „illegalen Handels" in den Prioritätenkatalog nationaler und internationaler Kriminalitätsprävention und Repression. • Entwicklung nationaler und internationaler Strafverfolgungsstrategien, unter Einbeziehung aller zuständigen Stellen.
Evaluieren	• Evaluation der bestehenden Gesetze, Verordnungen und weiterer Vorschriften zur Feststellung von Schwachstellen, Lücken und gegebenenfalls Anpassung der Gesetzeslage. • Prüfung von Sanktionierungsinstrumenten bezüglich des Erwerbs/Besitzes gefälschter Produkte auf der Nachfrageseite (Konsument).

Abb. 12.1 Strategieplan

Aufgabe	Maßnahmen
Internationalisieren und Daten austauschen	• Schaffung nationaler und internationaler Kooperationen zur Verfolgung und Aufdeckung des illegalen Handels. • Schaffung und Nutzung gemeinsamer nationaler und internationaler Datenpools unter Einbeziehung der Wirtschaftsakteure.
OK-Netzwerke erkennen	• Stärkung von Strukturermittlungen. • Bildung gemeinsamer Ermittlungsgruppen.
Illegale Gewinne abschöpfen	• Nutzung der Möglichkeiten zur Vermögensabschöpfung.
Leistungsfähigkeit herstellen	• Bereitstellung angemessener Ressourcen zur Sicherung der Leistungsfähigkeit der Strafverfolgungs- und Kontrollbehörden.
Awareness schaffen	• Bewusstsein schaffen, dass es sich beim Handel im Bereich der Produkt- und Markenpiraterie nicht um Bagatellkriminalität handelt. • Durchführung einer Awareness-Kampagne zur Bewusstseinsschärfung der Bevölkerung über die Auswirkungen des illegalen Handels.
Kooperation und Verpflichtung der Wirtschaft	• Zusammenarbeit mit den Wirtschaftsakteuren zur Aufdeckung und Prävention von illegalem Handel. • Erarbeitung effektiver Mechanismen zur Schließung von Domains, unter denen illegal Güter gehandelt werden. • Durchsetzung des Prinzips „Know your Customer" (Due Diligence) bei besonders risikoreichen Gütergruppen oder Dienstleistungsbereichen (Logistik). • Entwicklung von produktbezogenen Sicherheitsmerkmalen sowie technische Systeme zur Sicherung der Lieferkette (insb. Track-&-Trace-Systeme) zum Schutz der Lieferkette und des Verbrauchers. • Einführung von Risikomanagementsystemen.

Abb. 12.1 Fortsetzung

Literatur

Arlacchi, Pino, Some Observations on Illegal Markets, in: Ruggiero, Vincenzo/South, Nigel/Taylor, Ian (Hrsg.), The New European Criminology: Crime and Social Order in Europe, London 1998, S. 203 ff.

Aspers, Patrick/Beckert, Jens, Märkte, in: Maurer, Andrea (Hrsg.), Handbuch der Wirtschaftssoziologie, Wiesbaden 2008, S. 225 ff.

Beare, Margaret, Organized corporate criminality – Tobacco smuggling between Canada and the US, In: Crime, Law and Social Change 37 (2002), 225 ff.

Beckemper, Katharina, Der Bannbruch. Oder: Wie sich die Einfuhr von Vordrucken amtlicher Ausweise oder die Ausfuhr eines Gemäldes als Steuerstraftat verhält, In: HRRS 2013, S. 443 ff.

Beckert, Jens, Die soziale Ordnung von Märkten, in: Beckert, Jens/Diaz-Bohne, Rainer/Ganßmann, Heiner (Hrsg.), Märkte als soziale Strukturen, Frankfurt a. M. 2007, S. 43 ff.

Beckert, Jens/Wehinger, Frank, In the shadow: illegal markets and economic sociology, In: Socio-Economic Review 11 (1), 2013, S. 5 ff.

Beil, Steffen, In: Wannemacher & Partner (Hrsg.), Steuerstrafrecht, Handbuch, § 372 AO, 6. Aufl., Bonn 2013.

Bender, Peter, BTM-Schmuggel als Steuerstraftat, in: ZfZ 1984, 322 ff.

Bender, Peter, Die Bekämpfung der grenzüberschreitenden Rauschgiftkriminalität als Aufgabe des Zollfahndungsdienstes, in: wistra 1990, 285 ff.

Besozzi, Claudio, Illegal, legal – egal?, Bern 2001.

Blackburn, Ashley G./Taylor, Robert W./Davis, Jennifer Elaine, Understanding the Complexities of Human Trafficking and Child Sexual Exploitation: The Case of Southeast Asia, In: Women and Criminal Justice 20 (2010), 105 ff.

Desroches, Frederick J., The Crime That Pays: Drug Trafficking and Organized Crime in Canada, Toronto 2005.

Ellis, Clare, On Tap Europe, Organised Crime and Illicit Trade in Tobacco, Alcohol and Pharmaceuticals, RUSI Whitehall Report 2-17, 2017.

Europäische Kommission, Report on EU customs enforcement of intellectual property rights Results at the EU border 2014, 2015.

Europol, SOCTA EU Serious and Organised Crime Threat Assessment, 2013.

Europol, SOCTA EU Serious and Organised Crime Threat Assessment, 2017.

Europol, Exloring tommorows organised crime, 2015.

Europol/OHIM, 2015 Situation Report on Counterfeiting in the European Union, A joint project between Europol and the Office for Harmonization in the Internal Market, 2015, verfügbar unter: https://euipo.europa.eu/ohimportal/documents/11370/80606/2015+Situation+Report+on+Counterfeiting+in+the+EU (zuletzt abgerufen: 21.1.2017).

© Springer-Verlag GmbH Deutschland 2018
A. Sinn, *Wirtschaftsmacht Organisierte Kriminalität*,
DOI 10.1007/978-3-662-55269-8

Eurojust, Jahresbericht 2015, 2016, verfügbar unter: http://www.eurojust.europa.eu/doclibrary/corporate/eurojust%20Annual%20Reports/Annual%20Report%202015/AR2015_DE__web%20version%202.pdf (zuletzt 21.1.2017).

Fischer, Thomas, Strafgesetzbuch, 63. Aufl., München 2016.

Gedert, Ulrike, Der angemessene Schadensersatz bei der Verletzung geistigen Eigentums, Oldenburg 2008.

Hall, Tim, The geography of transnational organized crime. Spaces, networks and flows, in: Allum, Felia/Gilmor, Stan (Hrsg.), Routledge Handbook of Transnational Organized Crime, London/New York 2015, S. 173 ff.

Harder, Marion, in: Wabnitz, Heinz-Bernd/Janovsky, Thomas (Hrsg.), Handbuch des Wirtschafts- und Steuerstrafrechts, 4. Aufl., München 2014.

Hornsby, Rob/Dick Hobbs, A Zone of Ambiguity: The Political Economy of Cigarette Bootlegging, In: The British Journal of Criminology: An International Review of Crime and Society 47 (2007), S. 551 ff.

International Labour Organization (ILO), Profits and Poverty: The Economics of Forced Labour, Genf 2014.

Janovsky, Thomas, Ermittlungen in Wirtschaftsstrafsachen: Eine Handlungsanleitung, in: Kriminalistik 1998, S. 331 ff.

Kenney, Michael, The Architecture of Drug Trafficking: Network Forms of Organisation in the Colombian Cocaine Trade, In: Global Crime 8 (2007), 233 ff.

KPMG, Project Star 2012 Results, 2013, verfügbar unter http://www.pmi.com/eng/media_center/media_kit/Documents/Project_Star_2012_Final_Report.pdf (zuletzt abgerufen 21.1.2017).

Kramer, Bernhard, Zur Zulässigkeit gemeinsamer Ermittlungsgruppen des Polizeivollzugsdienstes und des Zollfahndungsdienstes in Zusammenhang mit der Bekämpfung der Betäubungsmittelkriminalität, in: wistra 1990, 169 ff.

Kretschmer, Bernhard, Lebensmittelsicherheit, Rückverfolgbarkeit und strafrechtliche Verantwortung, in: Gropp, Walter u. a. (Hrsg.), Strafrecht als ultima ratio, Gießener Gedächtnisschrift für Günter Heine, Tübingen 2016, S. 221 ff.

Luhmann, Niklas, Vertrauen: Ein Mechanismus der Reduktion sozialer Komplexität, 2. Aufl., Stuttgart 1973.

Maske-Reiche, Barbara, in: Joecks, Wolfgang/Miebach, Klaus (Hrsg.), Münchener Kommentar zum Strafgesetzbuch, Bd. 6/1, München 2010.

May, Channing, Transnational Crime and the Developing World, Global Financial Integrity (Hrsg.), 2017, verfügbar unter: http://www.gfintegrity.org/wp-content/uploads/2017/03/Transnational_Crime-final.pdf (zuletzt 11.4.2017).

Menke, Ingo/Piekenbrock, Dirk/Sauerland, Dirk (Hrsg.), Gabler Wirtschaftslexikon, Stichwort: Markt, verfügbar unter: http://wirtschaftslexikon.gabler.de/Archiv/4487/markt-v14.html (zuletzt abgerufen: 05.12.2016).

Möller, Doris, in: Wabnitz, Heinz-Bernd/Janovsky, Thomas (Hrsg.), Handbuch des Wirtschafts- und Steuerstrafrechts, 4. Aufl., München 2014.

Möller, Thomas, in: Bender, Peter/Möller, Thomas/Retemeyer, Alexander (Hrsg.), Steuerstrafrecht. Mit Schwerpunkt Zoll- und Verbrauchsteuerstrafrecht, Regensburg, Stand 2016.

OECD, The Economic Impact of Counterfeiting and Piracy. OECD Publishing, Paris 2008.

OECD/EUIPO, Trade in Counterfeit and Pirated Goods: Mapping the Economic Impact, OECD Publishing, Paris 2016.

OECD, Illicit Trade: Converging Criminal Networks, OECD Reviews of Risk Management Policies, OECD Publishing, Paris, 2016.

Pacheco, Fernando Celaya, Narcofearance: How Has Narcoterrorism Settled in Mexico?, In: Studies in Conflict and Terrorism 32 (2009), S. 1031 ff.

Paoli, Letizia, Die unsichtbare Hand des Marktes: Illegaler Drogenhandel in Deutschland, Italien und Russland, in: Oberwittler, Dietrich/Karstedt, Susanne (Hrsg.), Soziologie der Kriminalität, Kölner Zeitschrift für Soziologie und Sozialpsychologie, Sonderheft 43, Wiesbaden 2003, S. 356 ff.

Paoli, Letizia/Rabkov, Irina/Greenfield, Victoria A./Reuter, Peter, Tajikistan: The Rise of a Narco-State, In: Journal of Drug Issues 37 (2007), S. 951 ff.

Pekala, Karolina M., Markenpiraterie, Erscheinungsformen, strafrechtliche Bekämpfung und zivilrechtliche Ansprüche, Freiburg 2013.

Ramos, Alejandro, Illegal Trade in Tobacco in MERCOSUR Countries, In: Trends in Organized Crime 12 (2009), 267 ff.

Retemeyer, Alexander, in: Bender, Peter/Möller, Thomas/Retemeyer, Alexander (Hrsg.), Steuerstrafrecht. Mit Schwerpunkt Zoll- und Verbrauchsteuerstrafrecht, Regensburg, Stand 2016.

Reuter, Peter, Disorganized Crime in the Economics of the Visible Hand, Cambridge 1984.

Savona, Ernesto U./Riccardi, Michelle (Hrsg.), From illegal markets to legitimate businesses: the portfolio of organised crime in Europe, Final Report of Project OCP – Organised Crime Portfolio (HOME/2011/ISEC/AG/FINEC/4000002220).

Schelling, Thomas C., Economic Analysis of Organized Crime, in: The President's Commission on Law Enforcement and Administration of Justice (Hrsg.), Task Force Report, Washington, DC 1967, S. 114 ff.

Schelling, Thomas C., Economics and Criminal Enterprise, in: Schelling, Thomas C., Choice and Consequence: Perspectives of an Errant Economist, Cambridge 1984, S. 158 ff.

Scherschneva-Koller, Elena, Strukturermittlungen als Ermittlungsmethode zur Bekämpfung krimineller Syndikate, Linz 2014.

Schmitz, Roland, Der Bestimmtheitsgrundsatz im Verbraucherschutzstrafrecht, in: Hefendehl, Roland/Hörnle, Tatjana/Greco, Luis (Hrsg.), Festschrift für Bernd Schünemann zum 70. Geburtstag, Berlin 2014, S. 235 ff.

Sieber, Ulrich/Vogel, Benjamin, Terrorismusfinanzierung, Prävention im Spannungsfeld von internationalen Vorgaben und nationalem Tatstrafrecht, Freiburg i. Br. 2015.

Seneca Creek Associates/Wood Resources International, "Illegal" Logging and Global Wood Markets: The Competitive Impacts on the U.S. Wood Products Industry, 2004.

Sinn, Arndt, Europäische Gemeinschaften, in: Gropp, Walter/Huber, Barbara (Hrsg.), Rechtliche Initiativen gegen organisierte Kriminalität, Freiburg i. Br. 2001, S. 287 ff.

Sinn, Arndt, Straffreistellung aufgrund von Drittverhalten – Zurechnung und Freistellung durch Macht, Tübingen 2007.

Sinn, Arndt, Anmerkung zu BGH, Urt. v. 22.05.2014-4 StR 430/13 (Serienbetrug im Lastschriftverfahren - Irrtumserregung beim Opfer), in: ZJS 2014, S. 701 ff.

Sinn, Arndt, Organisierte Kriminalität 3.0, Heidelberg 2016.

Sinn, Arndt, Transnational Organised Crime: Concepts and Critics, in: Hauck/Peterke (Hrsg.), International Law and Transnational Organised Crime, Oxford University Press, 2016, S. 24 ff.

Sinn, Arndt, Risiken und Nebenwirkungen bei Arzneimittelkriminalität, in: Zoche, Peter/Kaufmann, Stefan/Arnold, Harald (Hrsg.), Grenzenlose Sicherheit?, Gesellschaftliche Dimensionen der Sicherheitsforschung, Berlin 2016, S. 197 ff.

Snyder, Richard/Duran-Martinez, Angelica, Does Illegality Breed Violence? Drug Trafficking and State-sponsored Protection Rackets, in: Crime, Law and Social Change 52 (2009), S. 253 ff.

Spener, David, Mexican Migrant-Smuggling: A Cross-Border Cottage Industry, In: Journal of International Migration and Integration 5 (2004), S. 295 ff.

Strobel, Stefan, Die Untersuchungen des Europäischen Amtes für Betrugsbekämpfung (OLAF), Baden-Baden, 2013.

Thoss, Frank, Abschied vom Bannbruch, München 2004.

Unions des fabricants (unifab), Counterfeiting & Terrorism Report 2016, verfügbar unter: https://euipo.europa.eu/ohimportal/documents/11370/71142/Counterfeiting+%26%20terrorism/7c4a4abf-05ee-4269-87eb-c828a5dbe3c6 (zuletzt abgerufen: 21.1.2017).

UNODC, World Drug Report, Estimating the value of illicit drug markets, Wien 2005, verfügbar unter: https://www.unodc.org/pdf/WDR_2005/volume_1_chap2.pdf (zuletzt abgerufen: 21.1.2017).

UNODC, Smuggling of Migrants: A Global Review and Annotated Bibliography of Recent Publications, Wien 2010.

UNODC, Estimating Illicit Financial Flows Resulting from Drug Trafficking and other Transnational Organized Crime: Research report, Wien 2011.

UNODC, World Drug Report 2015, Wien 2015, verfügbar unter: https://www.unodc.org/docu-
ments/wdr2015/World_Drug_Report_2015.pdf (zuletzt abgerufen: 21.1.2017).

UNODC, World Drug Report 2016, Wien 2016, verfügbar unter: https://www.unodc.org/doc/
wdr2016/WORLD_DRUG_REPORT_2016_web.pdf (zuletzt abgerufen: 21.1.2017).

U.S. Chamber of Commerce, Measuring the Magnitude of Global Counterfeiting, 2016.

VDMA-Studie Produktpiraterie 2016, 2016, verfügbar unter http://pks.vdma.org/docu-
ments/105969/1437332/VDMA%20Studie%20Produktpiraterie%202016/d519cd4e-ca05-
4910-b2cf-502a11f360db (zuletzt abgerufen 21.1.2017).

Venhius, B. J./Mosimann, R./Scammell, L/Digiorgio, D, van Cauwenberghe, R./Moester, M. G.A.
M./Arieli, M./Walser, S. u. a., Identification of health damage caused by Medicrime products in
Europe, An exploratory study, hrsg. vom National Institute for Public Health and Enviroment,
RIVM Report 040003001/2012, 2013.

Völcker, Thomas, Fälschungsschutztechnologien für Arzneimittel, in: Pharmind 76 (2014), S. 62 ff.

Wamers, Paul, in: Wabnitz, Heinz-Bernd/Janovsky, Thomas (Hrsg.), Handbuch des Wirtschafts-
und Steuerstrafrechts, 2. Aufl., München 2004.

Weber, Max, Wirtschaft und Gesellschaft, 5. rev. Aufl., Tübingen 1980.

Wegner, Carsten, in: Joecks, Wolfgang/Miebach, Klaus (Hrsg.), Münchener Kommentar zum Strafgesetzbuch, Bd. 6/1, München 2010.

Wehr, Matthias, Bundespolizeigesetz, 2. Aufl., Baden-Baden 2015.

Wehinger, Frank, Illegale Märkte: Stand der sozialwissenschaftlichen Forschung, MPIfG Working
Paper, Köln 2011.

Weigand, Herbert/Büchler, Heinz, Ermittlungs- und Sanktionserfolge der OK-Ermittlungen in
Baden-Württemberg, Stuttgart: Landeskriminalamt Baden-Württemberg, 2002.

Williams, Phil, Cooperation Among Criminal Organizations, in: Berdal, Mats/Serrano, Mónika
(Hrsg.), Transnational Organized Crime and International Security: Business as Usual?,
London 2002, S. 67 ff.

Williams, Phil, Crime, Illicit Markets and Money Laundering, Carnegie Endowment, 2015, verfügbar unter: http://carnegieendowment.org/pdf/files/mgi-ch3.pdf (zuletzt abgerufen: 05.12.2016).

World Customs Organization, Illicit Trade Report 2013, Brüssel 2013, verfügbar unter: http://
www.wcoomd.org/~/media/wco/public/global/pdf/topics/enforcement-and-compliance/acti-
vities-and-programmes/illicit-trade-report/illicit-2013-_-en_lr2.pdf?la=en (zuletzt abgerufen:
21.1.2017).

Zeitfracht Medien GmbH
Ferdinand-Jühlke-Straße 7
99095 Erfurt, Deutschland
produktsicherheit@kolibri360.de